HEINZ SCHAEFFER

U 977

Geheimfahrt nach Südamerika

WILHELM HEYNE VERLAG

MÜNCHEN

HEYNE-BUCH Nr. 5214
im Wilhelm Heyne Verlag, München

5. Auflage

Ungekürzte Taschenbuchausgabe mit Genehmigung des
Limes Verlag, Max Niedermayer, Wiesbaden-München
Copyright © 1950 by Conrado Jorge Enrique Schaeffer
Printed in Germany 1979
Umschlaggestaltung: Atelier Heinrichs, München
Gesamtherstellung: Presse-Druck, Augsburg

ISBN 3-453-00561-9

Inhalt

Schatten steigen auf ...

Graue Nachkriegszeit, besonders grau im Lande der Geschlagenen, in Deutschland, besonders hart für den einstigen Berufssoldaten und für den jungen Menschen, der die besten Jahre seines Lebens im Kriegsdienst verbrachte und nun, als ungelernter Zivilist, einen Start ins Leben machen soll, für den er zwar menschlich aufs beste, praktisch jedoch überhaupt nicht vorbereitet ist.

Ich haste, wie Millionen andere deutsche Männer, die der Orlog übrigließ, durch diesen grauen, deutschen Nachkriegsalltag auf der Jagd nach Existenzmitteln und sehe mich überhaupt nicht um. In solchen Zeiten möchte man am liebsten Scheuklappen wie die Gespannpferde haben, um das Meer von Bitterkeit und Trauer, durch das man gerade schwimmt, nicht in seiner ganzen, furchtbaren Größe zu sehen. Aber die Trümmer, die steinernen und die menschlichen, schreien dich überall an. Die Selbstbehauptung in dieser Atmosphäre ist nicht nur eine Frage des Geldbeutels und des Magens, sondern vor allem ein seelisches Problem.

Das Schicksal hat mich, den Berliner, nach Düsseldorf am Rhein verschlagen. Auch diese einst so duftige und lustige Stadt ist kaum mehr zu erkennen. Heute mache ich gerade einen Törn durch das Zentrum. Um mich her magere, schlecht angezogene Menschen, Häuserskelette und die fremden Uniformen der Besatzungsmächte. Ich gehe gerade nachdenklich über die gute, alte »Koe«, die Königstraße, denke, daß wir uns schon an vieles gewöhnt haben und wahrscheinlich noch werden gewöhnen müssen; da vernimmt mein Ohr eine Ziffer, deren Klang ich vielleicht sogar als Tauber wahrnehmen würde, war sie doch die knappe, kurze Formel, unter der sich die letzten Monate meines bewegten, seemännischen Kriegseinsatzes abspielten.

Irgendwo, so scheint es mir, ruft einer in gewissen Abständen »977 — 977 — 977«. Das U-Boot, das ich im letzten Teil des Krieges führte, trug das Erkennungszeichen »U-977«. Und man kann sich denken, wie mich diese Zahl immer wieder elektrisiert. — Ich höre sie heute zum ersten Male nach langen, zu langen Monaten der Kriegsgefangenschaft im Aus- und Inland und bin mir zunächst gar nicht im klaren, ob ich die Nummer wirklich mit meinen eigenen Ohren höre, oder ob meine Phantasie mir gerade ein Schnippchen schlagen will. Ich spitze die Ohren. Aber ich höre nur noch das Klappern der in dieser Mangelzeit Mode gewordenen Holzsohlen und das müde Schlürfen der Schritte über dem Boden. — Nein! Ich habe nichts gehört. Ich habe mir nur eingebildet, ganz deutlich »Neunhundertsiebenundsiebzig...« verstanden zu haben. Der Menschenstrom der »Koe« hat mich wieder erfaßt. Ich haste weiter.

So komme ich an einem Zeitungsstand vorbei. Ein alter, schäbig angezogener Verkäufer brüllt in alle Himmelsrichtungen mit heiserer, fast krächzender Greisenstimme: »Hitler lebt! Hitler lebt!« — Welche Sensationsnachricht hat man nach diesem Kriege noch nicht erfunden, um der Lizenzpresse auf die Beine zu helfen? In welcher wilden Redaktion hat man wieder diese tolle »News« ausgekocht, denke ich gerade und will an dem Zeitungshändler vorbeigehen, da fällt mein Blick auf die schreiend aufgemachte Boulevardzeitung, die mir der Alte entgegenhält. Und da lese ich »U-977...«

Oder habe ich mich diesmal genauso versehen, wie vorhin verhört? Bin ich schon genauso durchgedreht wie alle großstädtischen Trümmerblüten? — Ich schaue genau hin und lese nochmals die Schlagzeilen des Blattes und... diesmal lese ich einwandfrei und klar: »HITLER LEBT!« und darunter in kleinerer Schrift: »Er floh nach Argentinien an Bord des ›U-977‹.« Mitten auf der Koe bleibe ich wie angewurzelt stehen und bekomme einen solchen Lachkrampf, daß mich die kleinen Mädchen und sonstigen Passanten des Düsseldorfer Bummels entgeistert ansehen und scheu einen Bogen um mich machen. Sie denken sicher: »Da ist wieder einer vor lauter Hunger übergeschnappt.« —

Dabei ist mein Magen einigermaßen gefüllt und mein Kopf wirklich nicht durcheinander. Ich lache nur über diese billige Sensationsmache, denn schließlich weiß ich mehr über die letzte Reise des »U-977« als sämtliche Zeitungsmänner der Erde zusammengenommen. — Mal sehen, was in dem Blättchen steht!

Ich bin einer der ganz wenigen Passanten, die das Blatt überhaupt kaufen. Mit ihm unter dem Arm steuere ich ein Kaffeehaus an und führe mir bald bei einem Glase wässerigen Nachkriegsbieres die »Bombennachricht« zu Gemüte. Es handelt sich um einen Agenturbericht aus Buenos Aires, in dem steht, daß in der argentinischen Hauptstadt ein gewisser Ladislao Szabo unter dem Titel »Hitler lebt!« ein Buch veröffentlicht hat, in dem behauptet wird, daß »U-530«, das Boot meines Waffenkameraden Wehrmut und »U-977«, mein Schiff, die beiden einzigen Einheiten der ehemaligen deutschen Kriegsmarine, die, lange nach der deutschen Kapitulation, argentinische Häfen anliefen, Teile des Geleits eines »Geisterkonvois« gewesen seien, mit welchem Hitler und andere »big shots« des Dritten Reiches zunächst nach Argentinien und dann in die Antarktis flohen. In der Meldung heißt es, daß Szabo seine Angaben durch eine ganze Reihe von Indizien und Einzelheiten erhärtet habe.

Sogar eine Karte der Reiseroute des »Geisterkonvois« mit Eintragung der Stelle, an der sich die beiden U-Boote von ihm getrennt haben sollen, wird gebracht. Die beiden deutschen U-Boots-Kommandanten sollen zudem eine große Rolle in seiner Beweisführung spielen.

Natürlich habe ich nicht das Vergnügen, Herrn Ladislao Szabo persönlich zu kennen und weiß, daß auch Wehrmut dem Herrn niemals begegnet ist, der jetzt aus ihm und mir sensationsumwitterte Berühmtheiten gemacht hat. Wer weiß, wo der Schreiberling in Buenos Aires seine Daten her hat. Mich amüsieren sie auf der ganzen Linie, sofern sie aus der Agenturmeldung stammen. Das Buch muß natürlich weitaus erheiternder sein, aber Argentinien ist weit weg.

Doch diese Veröffentlichung in Argentinien hat auch eine nicht ganz heitere Seite für mich, zumal ich seit dem 17. August 1945 immer wieder mit der Behauptung verfolgt werde: »Sie, Schaeffer, haben Hitler nach Argentinien gebracht!« Immer und immer wieder, vor Sonderbeauftragten eines alliierten Komitees, die eigens nach Buenos Aires flogen, vor gewieften Intelligence-Offizieren des Pentagons zu Washington, die mich extra im Flugzeug nach dort verbringen ließen, und vor Vernehmungsspezialisten der britischen Admiralität mußte ich mich gegen diesen Verdacht verteidigen.

Sollte nun das Szabo-Buch eine neue Reihe von Verhören, Vernehmungen, protokollarischen Erhebungen usw. für mich bedeuten? Ich halte es an sich für unwahrscheinlich, nachdem ich den Behörden alle Einzelheiten meiner, nach außen hin, tatsächlich ein wenig mysteriösen Reise mehrfach klargestellt habe.

Einstweilen belustigt mich die ganze Geschichte. Da liest

heute die ganze Welt die, ach so aufregende, Zeitungsmeldung aus Buenos Aires und läßt sich von Herrn Szabo über die Flucht Hitlers »aufklären«. Und ich, einer der Männer, die bei dieser Flucht maßgeblich mitgewirkt haben sollen, sitze nun ungeschoren als harmloser Zivilist in einem Düsseldorfer Kaffeehaus und ... weiß so wenig über die Flucht des deutschen Schicksalsmannes, daß ich mich ebenfalls von dem Bonaerenser Journalisten über die Einzelheiten aufklären lassen muß. Es kitzelt mich keineswegs, daß mein Name im Zusammenhang mit dem angeblich »größten Geheimnis dieser Nachkriegszeit« genannt wird, aber ich fühle jetzt um so deutlicher die Verpflichtung, die Dinge einmal von mir aus der Öffentlichkeit darzustellen. Man wird nicht umsonst urplötzlich ein »berühmter Unbekannter«.

Ich erinnere mich noch deutlich der großen Bedeutung, die man in Washington meinem »Falle« beimaß. Die Intelligence-Offiziere Onkel Sams sahen in meiner Person den Schlüssel zu einem der vielen ungeklärten Fälle des vorigen Krieges. Einer verstieg sich sogar zu der Erklärung: »Schaeffer, Sie sind für uns als Hitler-Verstecker weitaus interessanter und gefährlicher als Skorzeny, der sagenhafte Mussolini-Befreier.« Inzwischen habe ich jene aufgeregten Herren beruhigen können und hätte es vielleicht sogar mit Herrn Szabo fertiggebracht, wenn ich ihn gekannt hätte. Aber, wie man sieht, hat er dafür gesorgt, daß jener Nimbus, der mich seit dem 17. August 1945 umgibt, neu genährt wird.

Unterdes ist es dunkel geworden. Ich schlage nachdenklich den Weg nach Hause ein, lande bald in meinem unfreundlichen Junggesellenzimmer und lege mich zum Schlafen nieder. Doch die Zeitungsmeldung aus Buenos Aires hat einen wahren Sturm von Erinnerungen in mir hervorgerufen. Ich kann beim besten Willen nicht einschlafen, liege hell wach in meiner Koje und starre die weiße Zimmerdecke an, über die gelegentlich Lichter der draußen fahrenden Autos huschen. In meiner Vorstellung drängt sich Bild an Bild. Zwischendurch begeben sich meine Gedanken auf phantastische Spaziergänge. Instinktiv wird mir klar, wie aufregend eigentlich die Geschichte ist, mit der man mich in Zusammenhang bringen will. Legenden, Romane und dunkle historische Ereignisse wie der Fall Kaspar Hauser und die Angelegenheit des »Mannes mit der eisernen Maske« könnten nicht spannender sein. Herr Szabo hat aus mir einen »mystery man«, so etwas wie einen Edmund Dantes gemacht.

Doch drüben in der Schublade meines Schreibtisches liegen die zerknitterten Hefte mit meinen Kriegsaufzeichnungen. Nur einmal hatte ich Ruhe, sie zusammenhängend zu lesen. Das war damals im Jahre 1945, als ich die ersten 24 Stunden auf argentinischem Boden verbrachte. Seitdem habe ich sie nicht wieder in der Hand gehabt. Diese Hefte enthalten die volle Wahrheit über die mysteriöse Reise des »U-977« und über den »Hitler-Verstekker«, Heinz Schaeffer. Und diese Zeilen, die in der Freizeit an Bord entstanden, weil ich das Bedürfnis empfand, alle Stufen meiner eigenen Entwicklung, alle Erlebnisse des harten U-Boot-Krieges festzuhalten, würden vollauf ausreichen, um den Tabano-Verlag in Buenos Aires das Geschäft mit dem romanhaften Buch Szabos zu verderben.

Ich fühle plötzlich das unbedingte Bedürfnis, diese Tagebücher wieder in die Hand zu nehmen, knipse meine Nachttischlampe an, springe auf und hole die Papiere hervor. Sie haben noch jenen typischen Geruch nach Öl, Tampen, Teer und Seewasser, den alle Sachen an Bord eines U-Bootes annehmen. Ich atme ihn tief ein, denn es ist ein guter männlicher Geruch in einer Zeit wie dieser.

Die Seiten der Hefte sind heute noch klamm von der Feuchtigkeit des Meeres. Und meine Schrift spiegelt deutlich meine Gemütsverfassung in allen Phasen meines Seemannslebens wider. Mal ist sie ruhig und ausgeglichen, wie auf den sauber mit Tinte geschriebenen Seiten, die während meiner Ausbildung und in der U-Boots-Schule entstanden, mal ist sie flatternd mit Bleistift hingeworfen, wie auf den Blättern, die während meiner verschiedenen Feindunternehmungen nur mit Stichworten gefüllt wurden. Dann wird sie wieder auf 66 Seiten so klar und deutlich, als hätte ich als Sekundaner eine Aufsatzreinschrift gemacht. Während ich diese Hefte duchblättere, schlage ich instinktiv die Seiten auf, die die Ankunft des »U-977« im argentinischen Kriegshafen Mar del Plata behandeln. Und die Stichworte formen sich zu klaren und deutlichen Erinnerungen ...

Wir sind in den Hafen von Mar del Plata eingelaufen und ankern in strahlendem Sonnenschein, umgeben von verschiedenen Schiffen der argentinischen Kriegsmarine. Der Flottillenchef kommt mit seinem Stabe an Bord. Meine Mannschaft ist vollzählig an Deck angetreten. Ich selbst mache in deutscher Sprache militärische Meldung. Der Argentinier versteht offensichtlich kein Wort, begreift jedoch voll und ganz die Bedeutung der

Zeremonie, grüßt in bester Haltung und fragt mich, ob ich Französisch spreache. Nun endlich kommen wir ins Gespräch. Er bedeutet mir, daß wir in spätestens einer halben Stunde das Boot verlassen müssen. Die Mannschaft könne jedoch alle ihre Sachen mitnehmen. Wir sind auf den Fall bereits vorbereitet, so kommen wir beim Wegschaffen unserer Utensilien keineswegs in Zeitnot. Man gestattet mir, mich von meiner Mannschaft zu verabschieden.

Jetzt kommt einer jener Augenblicke über mich, in denen man, jenseits jeder billigen Sentimentalität, innerlich vollständig gepackt ist. Jeder Seemann, jeder Soldat hat das in seinem Leben irgendwann erlebt. Ich stehe nun hier vor meiner angetretenen Mannschaft und bin mir urplötzlich darüber im klaren, daß dieser Abschied zugleich einen Abschnitt meines eigenen Lebens beschließt. Ich blicke in die Gesichter meiner Matrosen, deren Augen alle forschend auf mich gerichtet sind und Erwartung ausdrücken. Man soll in solchen Augenblicken eigentlich nicht reden. Aber ich muß diesen anständigen Jungen wenigstens einige Worte mit auf ihren schweren Nachkriegsweg geben. Ich räuspere mir den trocken gewordenen Mund klar und finde für meine Ansprache einen Ton, der zwar nicht gerade »zackig« ist, aber bestimmt ebenso tief und schlicht wie unsere Gefühle in diesem Augenblick:

»Kameraden! So wie wir es am 9. Mai dieses schicksalsschweren Jahres beschlossen, gelang es uns, einen argentinischen Hafen zu erreichen. Ich bin überzeugt davon, daß wir richtig gehandelt haben. Keiner wird jemals diese Fahrt bereuen. Für die meisten von uns wird sie das Haupterlebnis ihres Lebens darstellen. Wir können zudem stolz auf die dabei vollbrachte Leistung sein. Diese Trennung ist für uns alle sehr schwer, nachdem wir so vieles gemeinsam durchgestanden haben, und unsere Existenz und unser Schicksal so eng aneinandergekettet waren, daß sie eine Einheit darstellten. Nun wird in Zukunft jeder von uns wieder Herr seiner Entschlüsse sein und kann seinen eigenen Lebensweg gehen. Keiner von uns soll aber dabei vergessen, daß wir deutsche Soldaten, Überlebende der gefürchtetsten Waffe dieses gewaltigen Kampfes sind. Dieser Gedanke wird uns auch in Zukunft unsichtbar zusammenhalten und eine klare Haltung abverlangen. Ich danke euch für eure Treue und euer Vertrauen und wünsche jedem einzelnen von euch, daß sich seine Hoffnungen und Wünsche erfüllen mögen.«

Von jedem verabschiede ich mich durch Händedruck. Die bärtigen Soldatengesichter zeigen Rührung. Vielen stehen Tränen in den Augen. Auch ich muß mich sehr zusammennehmen, um bis zur letzten Minute eisern zu bleiben. Als letztem gebe ich dem Jüngsten an Bord, unserem »Moses«, die Hand. »Um dich, Junge, habe ich keine Bange. Du wirst Deinen Weg schon gehen. Viel Glück, Moses!«

Nachdem ich allen die harten Seemannshände gedrückt habe, gilt es nun von unserem getreuen Kampfgefährten, »U-977«, Abschied zu nehmen. Über den in der Sonne glänzenden Wassern Mar del Platas gellt zum letzten Male ein deutsches Kommando:

»Besatzung stillgestanden! Auf unseren stählernen Kameraden, unser getreues und unverwüstliches ›U-977‹ ein dreifaches Hurra! . . . Hurra, Hurra, Hurra . . .«

Die argentinischen Offiziere wohnen in soldatischer Andacht der kurzen Abschiedszeremonie bei. Dann fordern sie mich und meine Offiziere auf, das Chefboot zu besteigen. Das Boot bewegt sich in Richtung auf einen in der Nähe ankernden Kreuzer. »U-977« entschwindet unseren Blicken . . . Ich habe alle Dokumente des Bootes, d. h. Logbuch, gebrauchte Seekarten, astronomische Berechnungsbücher bei mir und freue mich darüber, daß ich sie nicht zerstört habe, denn sie werden uns allen noch wichtige Dienste leisten. Schon während der Überfahrt zum Wohnschiff der argentinischen U-Boot-Flottille fange ich an zu ahnen, welche Bedeutung man unserem Erscheinen in Mar del Plata beimißt. Ich werde unverblümt gefragt: »Capitán, haben Sie Hitler, Eva Braun und Bormann an Bord gehabt? Haben Sie den brasilianischen Dampfer »Bahia« versenkt?«

Als ich entschieden verneine, lächeln die Argentinier. — Meine Offiziere blicken auf die schwarze Aktentasche, die ich unter dem Arm habe. Sie wird klare Antworten erteilen können . . .

An Deck des Kreuzers »Belgrano« sind argentinische U-Boots-Besatzungen angetreten. Ein Musikzug spielt einen Marsch. Wir steigen das Fallreep empor. Ich melde mich und meine Kameraden beim Wachoffizier. Er begleitet uns beim Abschreiten der Front der weiß-uniformierten Matrosen. Und obwohl ich noch nicht weiß, wie inzwischen in anderen Ländern und Häfen, ja in der Heimat selbst, deutsche Seeleute und Soldaten erniedrigt und wie ehrlose Hunde behandelt worden sind, empfinde ich dankbar diese ritterliche Geste gegenüber uns Unterlegenen. Hier sind die soldatischen Anstandsbegriffe ganz offensichtlich noch intakt. Wir haben Grund, dankbar zu sein. —

In der Chefmesse werde ich aufgefordert, an Hand der mitgebrachten Seekarten und Berechnungsbücher meine Aussagen zu machen. Zunächst geht es dem Flottillenchef darum, festzustellen, warum ich nicht mein Boot in Küstennähe versenkt habe. Ich kann ihm darauf antworten, daß, wenn wir so gehandelt hätten, wir uns jeder Möglichkeit beraubt haben würden, die Wahrheit über unsere Fahrt ans Tageslicht zu bringen. —

Wie ungemein wichtig aber eine klare Beweisführung unsererseits ist, ergibt sich aus seiner Antwort: »Capitán, Ihr Boot steht in dem Verdacht, vor wenigen Tagen den brasilianischen Dampfer ›Bahia‹ versenkt zu haben. Man vermutet außerdem, daß Sie Adolf Hitler, Eva Braun und Martin Bormann an Bord gehabt und irgendwo nach dem Süden unseres Kontinentes verbracht haben. Diese Punkte müssen wir zunächst aufklären.«

Seelenruhig packe ich meine Seekarte aus, lege sie auf den Tisch und erläutere unseren Kurs seit dem 9. Mai.

»Wenn diese Karte stimmt, dann waren Sie am Tage der Versenkung der ›Bahia‹ über 50 Seemeilen weit vom Orte der Versenkung entfernt. Wir werden Ihre Dokumente prüfen.«

Ich fühle Genugtuung, daß ich nicht mit leeren Händen, sondern mit ausreichenden Unterlagen vor diesen Offizieren stehe. Meiner Mannschaft werden so allerhand Scherereien und Schikanen erspart bleiben.

Die Herren Offiziere haben offensichtlich keine Absicht, das Verhör heute noch weiter auszudehnen, bevor sie sich meine Dokumente nicht näher angesehen haben und ein Dolmetscher aus Buenos Aires eingetroffen ist. Man bedeutet uns nochmals offiziell, daß wir in Kriegsgefangenschaft seien, trennt mich von meinen Kameraden, und geleitet mich in eine geräumige Offizierskammer, wo ich auf dem Tisch eine Flasche guten schottischen Whisky vorfinde. Draußen ziehen zwei Posten auf.

Nach langen, langen Monaten bin ich zum erstenmal allein mit meinen Erinnerungen und meiner Verantwortung.

Wie kam ich dazu, in einen argentinischen Hafen einzulaufen, nachdem ich mit meinem Boote 66 Tage unter Wasser blieb? Warum hörte der Krieg für uns über hundert Tage später auf als für die gesamte deutsche Wehrmacht? Weshalb war ich mit intaktem Boot und vollständigen Dokumenten zur Übergabe in einen seit März des Jahres ebenfalls feindlichen Hafen eingelaufen? Wieso kommt man zu dem Glauben, Hitler sei bei uns an Bord gewesen?

Jene Nacht auf dem Kreuzer »Belgrano« stand im Zeichen einer großen Gewissensprüfung. Sie begann damit, daß ich meine Kriegstagebücher hervorholte und zum ersten Male in vollem Zusammenhange las. Ich verknüpfte sie mit den Erinnerungen und Erlebnissen meiner Kindheit. So rollte der Film meines jungen, aber bereits so inhaltsreichen Lebens vor meinem geistigen Auge ab . . .

Von den weißen Segeln zu den Grauen Wölfen

Das Bild der großen Stadt, in der ich geboren und aufgewachsen bin, steht vor mir: Berlin mit seinem flutenden Leben, den weiten Straßenzügen, in denen der Verkehr braust, mit seinen Häusern und Menschen, deren Arbeit und humorvolle Art der Hauptstadt des Deutschen Reiches so sehr ihr Gepräge gegeben haben.

Aber Berlin ist für mich vor allem der schimmernde Gürtel, den es besitzt: Das Wasser seiner Flußläufe und Kanäle, die glitzernde Fläche seiner Seen, die ins Weite locken. Und deren verschwiegene, verschilfte Buchten dann wieder zum Verweilen einladen.

Die hohen märkischen Kiefern, die sich in diesen Wassern spiegeln, kommen mir in den Sinn . . .

Ich sehe mich als Knirps von fünf Jahren. »Wenn ich einmal groß bin, dann werde ich Kapitän«, beteuerte ich meiner Mutter, als sie vor meinem Bettchen stand und mich tüchtig ins Gebet nahm, da ich wieder einmal ins Wasser gefallen war. An und für sich galt es als nichts Besonderes mehr, denn ich war eine kleine Wasserratte geworden und konnte schon schwimmen.

Ich lebte in enger Vertrautheit mit dem nassen Element. Das Rudern wurde fleißig betrieben. Aber meine Aufmerksamkeit wurde bald von etwas anderem gefangengenommen. Neidvoll betrachtete ich mit meinem Freunde die anscheinend so mühelos dahingleitenden Segelboote. Wir kamen auf den Gedanken, den Kahn meines »Alten Herrn«, der ursprünglich zum Angeln bestimmt, aber nie dazu benutzt worden war, umzugestalten. Die Gelegenheit schien günstig, da mein Vater für längere Zeit auf seine Jagd gefahren war und meine Mutter durch das Einkochen von Obst stark in Anspruch genommen wurde.

Die Arbeit ging schnell vonstatten. Jeder verschaffte sich auf die Art, für die sich im deutschen Sprachgebrauch später der Ausdruck »Organisieren« einbürgerte, ein Bettlaken. Als Mast wurde eine Bohnenstange verwendet. An großen Eisennägeln befestigte Wäscheleinen dienten zum Verspannen.

Der erste Segelversuch befriedigte. Bei achterlicher Brise trieben wir mehrere Stunden flußabwärts. Nur zurück gegen Wind ging es nicht, da zu kreuzen ohne Kiel oder Schwert schlecht möglich ist.

Aber hatten wir nicht oft bei Frachtkähnen seitlich angebrachte Bretter erblickt, die das Abtreiben verhindern? Also an die Arbeit: Holz gab es im Garten und auch viele Nägel besorgten wir uns. Gut, daß mein Vater weit weg war und nicht sehen konnte, was wir mit seinem Kahne machten. Nach Befestigung der provisorischen Seitenschwerter glichen die Bootswände Fakirbrettern.

Es stellte sich heraus, daß Wasser an vielen Stellen hineinlief. Jungs sind oft sehr erfinderisch, aber damit zugleich unbewußt große Zerstörer! Das war auch bei uns der Fall. Wir gossen unser Schiffchen mit heißem Teer aus und schleppten als Ballast zentnerweise Mauersteine hinein. Das Werk schien gelungen. Hinaus zum zweiten Versuch!

Aber ach, die erste Bö ließ uns kentern. Im Nu entschwand der »stolze Segler« bis auf die Mastspitze im Wasser. Fischer brachten das Wrack an Land.

»Mach du nur so weiter, das wird wohl nicht das letzte Schiff sein, das du versenkst«, schalt mich mein Vater, gab mir eine Tracht Prügel und legte mir Hausarrest auf. Ob er ahnte, um wieviel später er mit seinen Worten noch recht behalten sollte?

Jahre vergingen, der Knirps entwickelte sich zum Knaben. — Ich war der Jugendabteilung eines großen und angesehenen Segelklubs beigetreten.

»Jugendmitglied Schaeffer soll sich beim Klubvorstand melden«, hieß es eines Sonntags im Frühling 1934. Klopfenden Herzens betrat ich den Sitzungssaal, wo hinter einem mächtigen, mit grauem Tuch bespannten Tisch das Oberhaupt unseres Vereins, ein mit vielen Titeln ausgezeichneter Kommerzienrat, saß. — »Willst du auf dem Schoner ›Sonnenwende‹ als Bootsmann anheuern?« — meine Augen strahlten; denn es war eine Auszeichnung, von dem Eigner einer großen Segeljacht angefordert zu werden. Zwar wußte ich, daß es viel Arbeit gab, aber es galt vorerst etwas zu lernen, um möglichst bald die Segelsportprüfung ablegen und Klubboote verantwortlich bei Regatten vertreten zu können. »Jawohl.« Mit diesem Wort verpflichtete ich mich für die Saison. Ich unterschrieb die Klubrolle, die der Seemannsrolle, wie sie bei der Handelsmarine üblich ist, nachgebildet war. Ich wußte, daß man bei Nichterfüllung der gestellten Anforderungen unweigerlich aus der Gemeinschaft gestoßen würde. Dies durfte auf keinen Fall sein — eine solche Schande!

Von nun an erwartete ich jeden Sonnabend um sieben Uhr früh meinen Herrn und Gebieter, um als Bootsmann, natürlich unbezahlt, die mir zustehenden Dienste zu versehen. Mit meinen dreizehn Jahren war ich der jüngste von allen angeheuerten Jungs. Das Beiboot hatte ich klargemacht, auch war ich auf das sorgfältigste weiß gekleidet. Mein Chef kam endlich; mit ihm die ganze Familie und viele Freunde. Außer mir faßte das Übersetzboot nur drei Personen. Die Jacht selbst lag etwa hundert Meter vom Anleger entfernt vor Anker. Viermal ging es hin und her. Ziemlich erschöpft bewerkstelligte ich die letzte Fahrt.

»Wir wollen keine Zeit verlieren, Heinz«, wurde mir gesagt, »bereite das Segelsetzen vor, in einer halben Stunde soll es losgehen!« Ich bereitete vor — während die anderen sich vergnügten und Wermut tranken. Beim Vorheißen der Segel hakte sich zu allem Unglück noch ein Tau los, und Heinz mußte auf den Mast. Zwanzig Meter war er hoch; ein schwindelerregender Gedanke, dort oben hantieren zu müssen. Jedoch keine Angst zeigen und hinauf!

Bei steifer Brise ging es den Fluß hinunter. Zu gern hätte ich einmal das gewaltige Schiff gesteuert. Es war ein sechzehn Tonnen großer Zweimastschoner. Jedoch Pustekuchen: Ich mußte vielmehr die Bilge, den Kielraum, mit seinem angesammelten Wasser und Schmutz reinigen und sah bald aus wie ein richtiger Neger. Begeisternd war das nicht; aber was half es? Zähne zusammengebissen und an die Arbeit! — »Die Praxis ist der beste Lehrmeister«, meinte mein Kapitän, und so blieb mir nichts erspart: Schoten dichtholen und wieder fieren, Ankermanöver und überhaupt alles, was zu einem Segelschiffsbetrieb gehört. Es war recht vielseitig. Sogar Geschirr mußte ich abwaschen — nicht einmal zu Hause hatte ich das getan, in diesem Punkt ein verwöhnter Bengel! Und zu allem Überfluß setzte auch noch der Wind am nächsten Tage auf der Heimfahrt aus. Schwitzend legte ich mich, wie ein Galeerensklave, in die Riemen, um mit dem Beiboot zu schleppen. Wehe, wenn ich nur so tat, als ob ich eifrig ruderte, die scharfe Stimme des Eigners fuhr mir in die Glieder. Hoffentlich erfülle ich die Anforderungen und man wirft mich nicht hinaus, waren stets meine Gedanken!

Mir kam es so vor, als sollte ich ein neues Schiff bauen. Tauwerk mußte ausgewechselt, Blöcke geölt und Splisse angefertigt werden. Lackierarbeiten waren an der Tagesordnung. Mein Kapitän war ehemaliger Marineoffizier und deshalb durchaus Fachmann. Bei Regatten schnitt er ohne Ausnahme gut ab.

Später durfte ich bei Wettfahrten die Vorsegel selbständig bedienen und endlich gelegentlich sogar steuern. — Stolz berichtete ich meinem Vater von der bestandenen Segelsportprüfung, die mich berechtigte, Segeljachten aller Größen auf deutschen Binnengewässern verantwortlich zu führen. Eigentlich war ich mit vierzehn Jahren zu jung dafür, aber mein Kapitän setzte die Abnahme meiner Prüfung beim Seglerverband durch.

Von nun an begann meine eigentliche Zeit. Mein Vater hatte mir eine 10-qm-Rennjolle geschenkt. Sie war fast 7 m lang und nur 1,30 m breit, ein ausgesprochenes Regattaboot. Jede freie Minute wurde ihm gewidmet. Viele Tricks hatte ich mir von den besten Sportlern im Klub abgeguckt. Für jede Windstärke gab es verschieden dicke Segellatten, und auch der Mast mußte durch Trimmen in die jeweils richtige Stellung gebracht werden. Jeder Zentimeter machte etwas aus.

Die erste Wettfahrt! Eine große Rolle spielt die Glätte des Unterwasserschiffes. Jeder hatte dafür ein Geheimrezept. So auch ich. Zuerst zerrieb ich Graphit mit einem Korken, dann wurde Wachs aufgetragen und spiegelglatt poliert, und den Abschluß bildete Öl, mit einem Ei vermischt.

Der Startschuß war gefallen. Trotz des starken Windes fuhren wir mit vollen Segeln, um auch die etwas stilleren Stellen unter Land besser ausnutzen zu können. Schon hatten wir etliche Eimer Wasser im Boot. Hans, mein Vorschotmann, arbeitete wirklich prächtig. Mit der einen Hand schöpfte er aus, mit der anderen bediente er das Vorsegel. Gleichzeitig legte er sich weit hinaus, um mit dem Körper Balance zu halten. Drei Konkurrenten waren bereits gekentert. Zu viel mutete man den kleinen Booten zu. — Als Schwierigstes galt eine Strecke mit achterlichem Wind. Im allgemeinen setzte man bei ruhigerem Wetter in solchem Fall ein kugelartiges Spezialsegel, das wie ein Ballon vor dem Boot stand und die Segelfläche um rund das Dreifache vergrößerte. Bisher hatte es noch keiner gesetzt. Da ich aber noch weit achteraus lag, bestand meine einzige Möglichkeit, in eine hoffnungsvollere Position zu kommen, darin, dieses Risiko einzugehen. Als hoch damit.

Wie ein Pfeil schossen wir durchs Wasser. Im ganzen waren es nun fast 30 qm Segelfläche für ein Boot, das nur für 10 gebaut war, und dann dieser Wind! Binnen kurzem lagen wir in der Spitzengruppe. Ganz wohl war uns allerdings nicht dabei. denn wir schwankten beträchtlich, und das Boot ließ sich nur schwer auf Kurs halten. Die Gegner konnten nun nicht umhin, das gleiche zu tun. Das Ergebnis war verhängnisvoll. Zwei kippten schon bei dem Versuch um, und weiteren drei zerriß die kostbare Ballonseide und flog davon. — Mit Erfolg hielten wir uns in der Spitzengruppe. Nach sechs Stunden wurde uns der dritte Preis zugesprochen.

An weiteren Regatten nahm ich mit wechselnden Erfolgen teil. Fast immer waren sehr bekannte Rennsegler mit Titeln, wie »Deutscher Meister«, »Olympiasieger« usw. vertreten, die sich jedes Jahr ein neues Boot konstruieren ließen. Da war nur schwerlich gegen anzukommen.

So lebte ich in meiner Schulzeit ganz dem Sport. Kein Wunder, daß ich einer der schlechtesten Schüler war. Allerdings hatte ich die Schulen durchlaufen, ohne ein Jahr zu verlieren. Im ganzen wechselte ich die Lehranstalten sechsmal, teils freiwillig, teils unfreiwillig.

Für Mathematik hatte ich am meisten übrig. Bei anderen Fächern mußte man, so erschien es mir, zuviel büffeln. Mit schwerem Gedächtniskram konnte ich mich nicht anfreunden.

Im Jahre 1938 ermöglichte mir mein Vater einen längeren Auslandsaufenthalt in den Vereinigten Staaten. Allein schon die Seereise wurde zu einem nachhaltigen Erlebnis. Die Eindrücke, die ich in dem großen fremden Lande empfing, waren für mich äußerst interessant und lehrreich. Ich besuchte eine High School in Cleveland; natürlich war dies alles meinen englischen Sprachkenntnissen äußerst förderlich.

Nach meiner Rückkehr trat die Frage der Berufswahl näher an mich heran. Was sollte ich werden? Eine Zeitlang ging in meiner Familie der Gedanke um, daß ich die Forstlaufbahn einschlagen sollte, und tatsächlich besaß ich viel Sinn für Natur und Wald, für Wild und Jagd. Aber das Wasser zog mich doch stärker an. Es war klar, daß ich mich da in meinem Lebenselement befand.

Für einen jungen Menschen wie mich waren das Ansehen und der Beruf eines Seeoffiziers bestechend. Im Klub hatten wir oft Gelegenheit, Offiziere der Kriegsmarine kennenzulernen und zu beobachten. Wie mir ihre Art imponierte! Das waren doch Menschen, die was bedeuteten, die was konnten, die was erlebten, die die Welt kennenlernten, die mit Wind und Wetter, aber auch mit allerlei mich interessierenden technischen Errungenschaften zu tun hatten.

An Krieg dachte ich dabei weniger. Daß es einmal blutig ernst werden konnte, kam mir nicht in den Sinn. Macht sich je ein Junge darüber problematische Gedanken? — Wenn es dazu kommen würde, hätte man ohnehin an gleich welcher Stelle seine vaterländische Pflicht zu erfüllen.

Für Politik zeigte ich niemals Interesse. Zu der nationalsozialistischen Gedankenwelt hatte der Kreis, in dem ich lebte, keine Beziehung. Der Hitlerjugend gehörte ich nicht an. Ich hatte wohl während eines meiner Schuljahre in den großen Ferien freiwilligen Arbeitsdienst auf dem Lande geleistet. Ich fand es ganz ergötzlich; der Dorfbürgermeister stellte mir eine Dankesurkunde aus, die ihren Eindruck bei der Schulleitung nicht verfehlte. Aber von irgendeiner organisatorischen Zugehörigkeit, außer derjenigen zu meinem Segelklub, hatte ich mich ferngehalten.

Ich wußte natürlich, daß man als Offizier in eine Ordnung eingespannt und unter das Gesetz des unbedingten Gehorsams gestellt wird. Aber es war doch eine Gemeinschaft mit klarer Verteilung von Befehlsbefugnis und Verantwortung, mit festgefügter Tradition und Ehrenkodex.

Ich erwirkte von meinem Vater, daß ich mich zur Aufnahmeprüfung als Seeoffiziersanwärter melden konnte. Sie fand noch vor der Reifeprüfung im letzten Schuljahre statt. Ich hatte einen handgeschriebenen Lebenslauf und andere geforderte Dokumente eingereicht. Der Termin — es war gegen Ende des Jahres 1938 — rückte näher. Vierzehn Tage sollte die Prüfung dauern.

Es herrschte große Aufregung. Würde man es schaffen? Die

noch kleine Marine konnte nur einen Bruchteil aller Gemeldeten einstellen. Fiel man darunter?

In Kiel ging es vor sich. Eine große Zahl von Psychologen beobachtete uns ständig. Nach ärztlicher Untersuchung und Beantwortung unzähliger Fragen wurden gar seltsame Dinge mit uns angestellt. Wir mußten uns in einen riesigen Kasten setzen. Auf einer großen Tafel sah man Lampen, die plötzlich und in gewissen Zeitabständen aufleuchteten und mit den dafür vorgesehenen Hebeln auszuschalten waren. Bei Überschreiten einer Zeitgrenze erloschen sie von selbst, und man verlor einen Punkt. Bei Erscheinen zweier Farbtafeln galt es, ein Steuerrad nach links oder rechts zu legen. Außerdem gab es zwei Sirenen und eine Klingel unter dem Sitz, die mit den Füßen bedient werden mußten. Viele verloren dabei völlig ihre Nerven.

Besonders eindrucksvoll war auch eine Elektrisiermaschine. Wir hatten vorher gehört, daß Eiweiß gut isoliert und die Hände dementsprechend präpariert. Ich mußte aber leider feststellen, daß der Erfolg bei mir wie auch bei meinen Kameraden ausblieb und wir die Qual wohl oder übel überstehen mußten. Die beiden Pole wurden angefaßt; einmal unter Strom gesetzt, war es unmöglich, sie wieder loszulassen. Man wollte sehen, wie wir uns bei der »Folterung« anstellten. Manche schrien auf, und das war auf jeden Fall verkehrt; andere verbissen die Gesichter und bekamen einen krampfhaft energischen Ausdruck. Während dieses Vorganges lief eine Filmapparatur. Leider sahen wir die Aufnahmen niemals, sie wären bestimmt hochinteressant gewesen. Bei der Fremdsprachenprüfung konnte ich natürlich meine englischen Sprachkenntnisse gut an den Mann bringen.

Verstanden wir auch richtig zu essen? — Da die Prüfung vierzehn Tage dauerte, war natürlich auch Zeit dafür, dieses eingehend festzustellen. Wir wurden vielen unbekannten höheren Offizieren vorgestellt; selbstverständlich nach der streng gesellschaftlichen Etikette, die gar nicht so ganz einfach zu beherrschen ist, zumal wenn Ehefrauen und Töchter älterer Dienstgrade zugegen sind. Gerade die holde Weiblichkeit ist oft in dieser Hinsicht ganz besonders empfindlich und meint im Mittelpunkt jeder Gesellschaft stehen zu müssen. Diesmal hatten wir noch Glück, da wir vorgestellt wurden und uns nicht selber vorstellen mußten. Es hätte wohl kaum einer richtig gemacht.

Zwischen vielen Ärmelstreifen hatten wir an einer langen Tafel Platz genommen. Alle Prüflinge saßen steif und andächtig da, der Dinge harrend, die nun kommen würden. Die Blicke gingen nach rechts und links, vielleicht machte man doch etwas falsch und konnte sich an irgend jemand ein Beispiel nehmen. Aber weit gefehlt. Die Offiziere boten ein durchaus uneinheitliches Bild. Selbstverständlich absichtlich, denn sie dachten gar nicht daran, uns alles richtig vorzumachen. So hatten sie zum Beispiel Arme und Beine verschränkt, andere gossen sich Wein ein, ohne die Ordonnanz abzuwarten. Kurzum, sie wären mit ihrem Benehmen in guter Gesellschaft unmöglich gewesen. Wehe dem, der darauf hereinfiel und nachzuäffen versuchte.

Unzählige Bestecke und Gläser bedeckten den Tisch. Aber hier und dort fehlte dann doch ein Löffel, eine Gabel oder ein Messer. Man konnte natürlich mit irgendeinem beliebigen Besteck anfangen, auch wenn es nicht zu dem entsprechenden Gang paßte. Es mußte dann der Punkt kommen, an dem man mit dieser Taktik nicht weiterkam. Mein Nebenmann fand eine geniale Lösung, indem er einem alten Kapitän geschickt einen Löffel fortnahm und in seine Eßwerkzeuge eingliederte. Er hatte aber Pech, denn nur selten entging so etwas den scharfen Augen der Psychologen. Andere machten es richtig, indem sie sich von dem Bedienungspersonal alles Fehlende bringen ließen. Es herrschte ein buntes Durcheinander.

Den Höhepunkt bildete der Nachtisch. Mirabellen gab es. Sie sahen wirklich prächtig aus. Noch ahnte keiner die Falle, die dahintersteckte. Die Bestecke hatten sich bis auf einen kleinen Löffel erschöpft. Es war also ohne Frage so vorgesehen, damit zu essen. Es waren besonders schöne Früchte, eigens schienen sie für uns ausgesucht, groß und saftig. Nur leider etwas hart. Und darin lag das Verhängnis. Unmöglich konnte man sie mit dem Löffel zerteilen, unmöglich war es auch, sie ganz in den Mund zu nehmen. Tat es jemand, konnte er sicher sein, etwas gefragt zu werden, oder man prostete ihm zu. Die meisten wurden dann rot und gaben ein komisches Bild ab.

Besonderes Pech war mir beschieden, als ich nichtsahnend die Früchte mit dem Löffel zerkleinern wollte. Er rutschte ab, und in elegantem Bogen landete die so herrlich anmutende Mirabelle in dem Kragenausschnitt des neben mir sitzenden Psychologen. Ich entschuldigte mich, beauftragte die Ordonnanz, etwas Wasser zu bringen, um den Schaden zu beheben, und aß, zornig über diese unfaire Methode, die restlichen unbekümmert mit dem Finger weiter.

Nun, die Prüfung ging vorüber. Ich konnte wieder nach Hause reisen und erfuhr dann später, daß ich bestanden hatte.

Das Jahr 1939 brach an. Da mein Aufenthalt in den USA mit der Erweiterung meines Blickfeldes und dem allgemeinen Gewinn, den er bedeutete, doch nicht das aufwog, was ich an konkretem Wissensstoff in manchen einzelnen Fächern versäumt hatte, mußte ich mich von der Reifeprüfung, die vor Ostern stattfand, einige Monate zurückstellen lassen. Ich konnte sie dann im Herbst 1939 ablegen.

Unterdes war der Krieg entbrannt. Ein gewaltiges Ringen hatte angehoben, ohne daß man dessen Ausmaße und Ergebnisse zu Beginn hätte abschätzen können. Der Polenfeldzug wurde rasch beendet — aber welchen Lauf würde der Krieg nun nehmen? Und was stand mir bevor, der ich nun in der Marine Dienst tun würde? Daß sie eine große und ausschlaggebende Rolle im Kampfe gegen das vorerst noch meerbeherrschende England spielen würde, lag auf der Hand. Aber zunächst galt es weniger für mich, große seestrategische Gedanken zu wälzen; ich mußte ja erst noch die Ausbildung erfahren.

Gegen Ende des Jahres ging es nach Stralsund, dem Gestellungsort. Im Zuge traf ich viele meiner Artgenossen, von der »Crew« des Jahrgangs 1939-B. Dieses englische Wort, das eigentlich Mannschaft, Besatzung, bedeutet, ist in der Kriegsmarine die traditionelle Bezeichnung der zu gleichem Zeitpunkt eintretenden Offiziersanwärter. Der Begriff Crew schlingt ein festes inneres Band um sie, so stark, wie es wohl nicht einmal bei den gemeinsamen Altersklassen von Schülern und Studenten der Fall ist.

Da saßen wir nun in den Abteilen und standen in den Gängen des Zuges, der uns vom Stettiner Bahnhof nordwärts brachte: leicht erkenntlich an den besonders kurzen Haaren, die wir uns vorsorglich hatten schneiden lassen. Denn wir wußten schon, daß auf kurze Haare bei Rekruten großer Wert gelegt wurde. An machen Orten war man wohl so weit gegangen, allen Neulingen den Kopf zu rasieren. Das nimmt natürlich die Lust zum Ausgehen, und der psychologische Zweck ist erreicht: Kein junger Mann läuft gern mit einer Glatze herum, und so fühlt er sich in der ersten Zeit an die Kaserne gebunden und ist bemüht, sich möglichst rasch in den militärischen Stil einzufinden.

Stralsund! — Wir waren in unmittelbarer Nähe der Stätte unseres zukünftigen Wirkens. Auf dem Bahnhof erwarteten uns einige Unteroffiziere und bildeten aus den Neuankömmlingen eine Marschformation. Unter fröhlichem Gesang ging es auf den sogenannten Dänholm, eine Insel, die ausschließlich der Marineerziehung gewidmet ist. Es herrschte strenges Winterwetter, vierzehn Grad unter Null. Trotz der Kälte waren wir bald warm, denn es wurde ein ordentliches Marschtempo vorgelegt. Eine Zugbrücke, die hinter uns hochging, bedeutete die vorläufige Trennung von der Außenwelt. Nach Passieren von zwei Wachhäusern befanden wir uns im Kasernenbereich. Die Wachposten grinsten unverschämt. Sie wußten, daß uns die Lustigkeit zunächst einmal vergehen würde, wenn uns der rauhe Ton des berühmten Kommiß, der auf dem Dänholm in einer krassen Form wohl absichtlich gepflegt wurde, in die Glieder fahren würde. Es waren Offiziersanwärter, die im Vorlehrgang durchgefallen waren und nun das Vergnügen hatten, die Grundausbildung noch einmal über sich ergehen zu lassen, wenn sie nicht etwa aus eigenen Stücken den Rückzug antreten wollten. Es handelte sich um eine durchaus freiwillige Angelegenheit. Keiner wurde gezwungen, Offizier zu werden. Allerdings verlor der Vater in diesem Fall die gestellte Kaution von 800 Mark, die jeder Aspirant für den Fall hinterlegen mußte, daß sein Versuch mißglückte, das erstrebte Ziel zu erreichen. Diese Einbehaltung wurde mit den Unkosten der Prüfung und Ausbildung gerechtfertigt.

Drei Monate sollten wir auf dem Dänholm hergenommen werden. Ich gestehe offen, daß mir diese Zeit zuwider war. Ich kann sie nicht nachträglich verklären. Aber andererseits erscheint es auch nicht angebracht, in das andere Extrem zu verfallen und die Zeit, da man unglaublich herumgebeutelt und hart angefahren wurde, zu einer tragischen Leidenszeit zu stempeln.

Solange es auf der Welt Militär gibt, wird es wohl immer so sein, daß der Neuling rauh angepackt und schwer geschliffen wird. Es gehört auch zur menschlichen Erfahrungsbereicherung, daß man darauf richtig zu reagieren weiß. Was einen nicht umbringt, macht einen nur stärker.

Der preußisch-deutsche Kommiß ist nicht allein auf der Welt. Inzwischen weiß man, wie es bei der Wehrmacht anderer Länder zugeht — — — und da verblaßt manches, was bei uns üblich war.

Acht Mann wohnten durchschnittlich in einer Stube und

sechzehn bildeten eine Korporalschaft; vier Korporalschaften wiederum einen Zug und vier bis fünf Züge eine Kompanie.

Um sechs Uhr war Wecken, aber nicht, wie man es fälschlich meinen könnte, daß ein Pfiff ertönt und man dann gleich im Waschraum sein muß. Nein, dem gehen vorbereitende Töne voraus, die für mich eine ganz besondere seelische Marter darstellten. Auf Schiffen und auch in Marinekasernen herrscht das Brauchtum und die sprachliche Ausdrucksweise des Seemanns; Reinschiff heißt beispielsweise das Reinemachen. Die Bootsmannsmaatenpfeife spielt eine besondere Rolle. Es gibt keinen Befehl, der nicht durch eine eigene »Ouvertüre« dieser Pfeife eingeleitet wird. Ein hoher und ein tiefer Ton und außerdem zusätzliches Trillern mit der Zunge sind auf ihr möglich. Bevor das eigentliche Wecken erfolgt, wird gelockt, das heißt, der Bootsmaat pfeift den hohen Ton anfangs leise, ständig lauter werdend. Für mich war es das widerlichste Geräusch meiner Dienstzeit. Man vernimmt dieses hohe Zirpen schon aus weiter Ferne und wird sich ganz langsam dessen bewußt, daß man innerhalb weniger Minuten keine einzige ruhige Sekunde während des ganzen Tages haben wird. Dabei ist man sooo müde!

Nachdem wir aufgestanden waren, und zwar nach dem zweiten Pfeifen und dem Ausruf »Reise Reise« und anderer traditioneller Reime, ging es im Laufschritt in den Waschraum, wo wir uns duschten und rasierten. Kaffeeholer und Stubendienst mußten sich besonders beeilen, denn sie hatten das Frühstück aus der 500 Meter entfernten Küche zu holen und das Zimmer aufzuräumen. Die anderen Stubenbewohner brauchten lediglich die Betten zu bauen, natürlich mit militärischer Gründlichkeit. Wehe dem, dessen Koje eine Falte aufwies.

Um sieben Uhr waren wir vor der Kaserne angetreten, der Größe nach. Unser Korporal hatte sich als Obermaat »Viel« vorgestellt: »Ich heiße Viel, weil ich viel verlange: Hinlegen! auf! um den Müllkasten, marsch, marsch! Ihr müden Haufen! Euch werde ich es schon beibringen! Gucken doch die Kerls mit den Augen in der Weltgeschichte herum, während ich mit ihnen spreche. Das fängt ja gut an.«

»Hänschen« nannten wir später unseren Zugführer, einen jungen Leutnant, da er so gut aussah und ziemlich freundlich war. »Sterbender Schwan« den des Nachbarzuges, seines furchtbar langen Halses wegen. Der sterbende Schwan sollte sich aber als recht munter entpuppen.

Die ersten Tage verliefen verhältnismäßig ruhig. Wir empfingen eine graue Uniform, zwei blaue, drei weiße, und Drillichzeug zum Exerzierdienst, Gewehr und Gasmaske, an der wir noch ganz besondere Freude haben sollten. — Nach der Vereidigung ging es richtig los. Man lernte sich ausrichten, geradestehen, es hieß immer: Bauch rein, Brust raus, Finger anlegen, grüßen im Sitzen, Stehen und Laufen, in der Formation mit Paradeschritt. Nach zwei Stunden Exerzierdienst folgte eine Stunde Unterricht. Hier brauchte man nur den Rücken durchzudrücken und so zu tun, als ob man interessiert zuhöre. Das, was uns im Unterricht geboten wurde, zu erlernen, bot uns keine Schwierigkeiten, da wir alle elf bis zwölf Jahre Schule hinter uns hatten und im Besitz des Abiturientenzeugnisses waren. Es war wohl auch gar nicht das Ziel, uns im ersten Vierteljahr viel beizubringen, vielmehr wollte man unsere Art und unser Verhalten kennenlernen und diejenigen herausfinden, die sich etwa bei Strafmaßnahmen aufsässig zeigten, um sie als unbrauchbar hinauszuwerfen. Diese Erziehung fußte auf dem Grundsatz, daß nur derjenige, der gut zu gehorchen versteht, auch befehlen kann.

Die Regelung des Dienstplanes war so, daß man um sechs Uhr abends fertig war und aß, die Offiziere zwischen uns verteilt, um auch in der Freizeit mit uns Fühlung zu bekommen. Anschließend hatten wir zwei Stunden für uns selbst. Nach einem gründlichen »Reinschiff« wurde zum Schlafengehen gepfiffen und dazu »Klar bei Hängematten« ausgesungen. Es waren fünfzehn Minuten Zeit, bis das Licht ausgemacht werden mußte. — »Ruhe im Schiff, Licht aus!« hieß der Befehl, auch pfeifend und singend gegeben. Von dann an sollte auf der Stube eiserne Ruhe herrschen. Aber keineswegs war es so, daß wir von zehn bis sechs Uhr immer eine ungestörte Nachtruhe hätten pflegen können. Die Ronde, zu der um halb zehn gepfiffen wurde, konnte uns einen Strich durch die Rechnung machen. Sie wurde vom Bootsmaat der Wache als Sauberkeitsinspektion der Stuben und auch der Bewohner durchgeführt. Da konnte man etwa auf folgende Art hereinfallen: Die Insassen der Stube standen vor geöffneten Spinden und erwarteten den Vorgesetzten. — Der Stubendienst, verantwortlich für jede Kleinigkeit, schrie »Achtung!« Je lauter, desto besser:

»Stubendienst Müller meldet Stube 12, belegt mit acht Mann, zur Stuben- und Spindmusterung angetreten.«

»Guten Abend, Stube 12.«

»Guten Abend, Herr Bootsmannsmaat.«

»Ich schlaft wohl schon? Auf die Spinde, marsch, marsch! — Achtung! Rührt euch! — Ihre Finger, Schulze! — Sie wollen wohl zur Beerdigung gehen, oder warum die Trauerränder? Zehn Kniebeugen. — Können Sie nicht lauter zählen? Zehn dazu. — Meier, das nennen Sie Spindordnung? Zwanzig Kniebeugen. Was für ein Weibsbild hängt denn da in Ihrem Spind? Eh, Sie meine ich, Sie. — Wie stehen Sie überhaupt da? Hier in der Kaserne ist kein Platz für langhaarige Kameraden. Sie sollten sich einen ordentlichen Soldaten als Vorbild ins Spind hängen.«

Zwei grinsten. — Nun war es vorbei.

»Was, Ihnen kommt das noch lustig vor? Vor der Kaserne angetreten, marsch, marsch!«

Er kam hinterher, und nun ging es eine Viertelstunde wild her. Zum Abschluß der Aufmunterung mußten wir mit gepacktem Seesack antreten. Jeder Matrose hat einen großen Sack, in den alle ihm zustehenden Sachen hineingehen. Das Einpacken war keine Schwierigkeit, aber dafür das Wiedereinräumen des Spindes. Es mußte ja auch dort alles militärisch ausgerichtet sein.

Von unseren Vorgängern hatten wir viel vom »Tal des Todes« gehört. Bekanntschaft damit machte ein jeder Lehrgang. Es war der Höhepunkt der Anforderungen, die an uns gestellt wurden. Wir wußten, irgendeine dumme Sache würde den Anlaß geben, uns diese liebliche Stelle kennenlernen zu lassen.

Eines Tages war es soweit. Der Bootsmaat hatte befohlen, daß mein Zug feldmarschmäßig auf dem Exerzierplatz anzutreten habe. Dem Zugoffizier wurde Meldung erstattet, und nun ging es los. Auf dem Rücken einen 25 kg schweren Tornister, das Gewehr geschultert und die Gasmaske am Koppel.

»Das Gewehr über! Im Laufschritt, marsch, marsch!« Wir liefen den Befehlen entsprechend rechts und links herum und die Vorgesetzten gemächlichen Schrittes den kürzesten Weg. Zum Tal des Todes ging es. Es waren zwei Berge, in der Mitte lag ein Tal; dort blieben diejenigen liegen, die nicht mehr hochkamen. Es war aber nicht so, daß man sich verstellen konnte und somit der Tortur entging. Wer nicht durchhielt, erfüllte einfach die an einen Offizier gestellten körperlichen Ansprüche nicht und wurde hinausgeworfen. Das konnte man einfacher haben, indem man sich schon vorher einen anderen Beruf suchte. Deshalb war also jeder bemüht, bis zum letzten alle Kräfte des Körpers zu konzentrieren, um nicht als Schlappschwanz dazustehen. Wie wir vernahmen, hat es Fälle gegeben, wo einzelne mit Selbstmordgedanken umgingen. Sie hielten es für eine so große Schande, hinausgeworfen zu werden, daß sie glaubten, nicht mehr mit Ehren in das öffentliche Leben zurückkehren zu können. Es war nicht zuletzt dieser Geist des aktiven Offizierskorps, der später der Führung das lange Durchhalten des Krieges ermöglichte.

Am Tal des Todes angelangt, hieß es: »Oben angetreten! Marsch, marsch! Auf die andere Seite! Marsch, marsch!« und so eine Stunde lang. Immer das Gewehr in der Hand, den schweren Tornister auf dem Rücken. Viele rutschten aus, überschlugen sich einige Male, fingen sich wieder, und erneut ging es bergauf und wieder bergab und wieder bergauf. Alle waren rot im Gesicht, einige schon blau. Jetzt geht es nicht mehr, dachte ein jeder, noch einmal und dann sterbe ich; aber es ging noch viele Male! Erneut standen wir auf der einen Seite angetreten. Nur schwer konnten wir noch geradestehen.

»G A S !« — Es war der Befehl, die Gasmaske aufzusetzen. In diesem Zustand der Luftknappheit gab es wohl nichts Schlimmeres. Wir handelten nur noch langsam. Wie ein Messer durchschnitt die scharfe Stimme des Zugoffiziers die Grabesstille: »Wollen, oder können Sie nicht mehr? Auf die andere Seite!« — Einer kam nicht mehr mit, beim zweitenmal noch einer, sie bewegten sich wie Halbtote, die Kameraden zogen sie hinter sich her. Endlich der erlösende Befehl: »Auf der Straße antreten, marsch, marsch! — Im Gleichschritt — marsch! — Ein Lied.« Es ging in die Kaserne. Zum Glück hatten wir in der nächsten Stunde nur Unterricht.

Es gab auch noch den »Toten Mann«, der im Gegensatz zum »Tal des Todes« nur aus einem Berg bestand.

Gleichbedeutend mit dem »Toten Mann« waren Freiübungen im Anzug »Polar«. Man mußte sich alle zur Verfügung stehenden Kleidungsstücke anziehen. Und das war unheimlich viel. Drei Schlafanzüge, Sportzeug, zwei blaue Uniformen, eine graue, Mantel, Wollmütze, Handschuhe, Stahlhelm, Tornister und anderes mehr. Ein Zimmer wurde vorbereitend ausgeräumt und alle darin befindlichen Heizungen auf Volldampf gestellt. Unser Zug paßte gerade hinein. Es ging los. Zwanzigmal pumpen. Das hieß: sich auf den Bauch legen, die Arme durchstrekken und wieder beugen. Wie viele deutsche Männer kennen das!

Dann Kniebeugen, Gewehrgriffe. Das gleiche mit Gasmaske. Es setzte sich so lange fort, bis man förmlich kochte. Der ganze Körper juckte; man meinte, platzen zu müssen. Unser Trost war nur: Alles geht einmal vorüber.

Und tatsächlich vergingen die drei Monate bei intensiver Ausbildung recht schnell. Wir übten uns im Handgranatenwerfen, Gewehr- und Maschinengewehrschießen, wobei ich sehr gut abschnitt und die Schießauszeichnung in Form der traditionellen Schützenschnur erhielt. Ich hatte früher manche Gelegenheit gehabt, mich als Schütze auf unserem Grundstück und auch auf der Jagd meines Vaters zu üben. Meine Auszeichnung erfüllte ihn mit Stolz, denn auch er hatte sie in seiner Soldatenzeit erworben.

Das Ziel der ersten drei Monate war lediglich, uns militärische Grundlagen beizubringen und hatte herzlich wenig mit einer eigentlichen Marineausbildung zu tun. Etwas, das uns daran erinnerte, Matrose zu sein, denn so nannten wir uns ja, war der Umstand, daß wir in »Blau« ausgehen durften. Wir waren für jeden als Offiziersanwärter kenntlich. Das Mützenband verkündete mit großen goldenen Buchstaben: 7. S. St. A., »Siebente Schiffsstammabteilung«, und dies wirkte auf alle Unteroffiziere des Heeres und der Luftwaffe, die auch im Standort stationiert waren, wie ein rotes Tuch. Es war noch Gelegenheit, uns »anzuspitzen«, wie es hieß, denn nach einem Jahr waren wir unter normalen Umständen Fähnriche und somit für niedere Dienstgrade unangreifbar. Also stürzte sich ein jeder mit wahrer Lust auf uns und schrieb an die Stammabteilung Meldungen wegen schlechten Grußes oder sonstiger Kleinigkeiten. Wir wurden dann bestraft. Also nicht einmal außerhalb des Kasernenbereiches wurden wir zufrieden gelassen ...

Das Abschlußmanöver und die Parade waren groß aufgezogen. Wir bekamen Platzpatronen, Nebelhandgranaten und anderes Kriegsgerät. Stürmten Schützengräben und kleine Festungen, immer eifrig knallend.

Ich mußte zum Kompaniechef. »Ihre Leistungen sind recht schlecht«, sagte er zu mir. »Wir haben lange überlegt, ob Sie nicht hierbleiben müssen; aber Sie sind ein guter Schütze, und das ist letzten Endes in diesen Zeiten die Hauptsache. Wir werden Sie versuchsweise zum nächsten Ausbildungskommando überweisen. Ich hoffe, Sie werden sich bessern!«

»Jawohl, Herr Kapitänleutnant.« Ich eilte aus seinem Zimmer. Die erste Klippe war überstanden. Ich empfand es als einen großen Tag für mich.

Die so unbeliebten grauen Uniformen wurden abgegeben, und es ging zum Kriegshafen Kiel. Wir Seeoffiziersanwärter kamen auf die drei Schulschiffe: »Gorch Fock«, »Albert Leo Schlageter« und »Horst Wessel«. Weißen Schwänen waren diese Schiffe vergleichbar. Sie leuchteten schon von weitem an ihren Bojen. Ein prächtiger Anblick. Jedes ungefähr 1000 Tonnen groß. Sie entsprachen ganz der Vorstellung von den alten Klippern, über die ich so oft in Büchern gelesen hatte. Daß ich diesen Lehrgang bestehen würde, schien mir sicher, hatte ich nicht meine ganze Jugend Segelschiffen gewidmet?

Kutter pullten uns hinüber. Ich kam auf »Gorch Fock«. Sofort teilten uns Unteroffiziere in Steuerbord- und Backbordwache ein und wiesen Spinde und Hängematten an. Die Worte des Kapitäns, einer hageren Erscheinung mit blassem Gesicht, bei der ersten Musterung: »Sie haben die Ehre, auf diesem stolzen Schiff Ihre ersten seemännischen Schritte zu tun. Meinen Sie nicht, wenn Sie den ersten militärischen Schliff auf dem Dänholm hinter sich haben, Sie seien brauchbare Seefahrer. Ihnen fehlt noch sehr viel, oder besser gesagt, alles, was zu einem tüchtigen Seeoffizier gehört. Mag die Technik mehr und mehr fortschreiten, mögen die Schiffe größer und größer werden, sie werden von Seeleuten und nicht von Spezialisten gefahren werden. Wer auf dem Meere im Kampf mit Sturm und Wellen seinen Mann steht, beweist, ein ganzer Kerl zu sein. Sie werden hier harte Zeiten durchmachen, und oft werden Sie über den schweren Dienst fluchen, aber gerne werden Sie auch später an den »Gorch Fock« zurückdenken, dem Sie Ihre Grundkenntnisse verdanken. Zeigen Sie sich des Mannes würdig, dessen Namen das Schiff trägt und der sein Leben in der Skagerrakschlacht für Volk und Vaterland hingab. Wir gehen schweren Zeiten entgegen, und nur diejenigen, die mit Leib und Seele an ihrer Aufgabe hängen, werden die an sie gestellten Anforderungen erfüllen können. Wer das Meer beherrscht, beherrscht die Welt. Alle großen Kriege sind auf den Weltmeeren ausgetragen und entschieden worden. Tragen Sie Ihre blaue Uniform mit Stolz und machen Sie ihr Ehre!«

Wir waren weg- und wieder angetreten, denn der Wachoffizier machte eine Musterung, um gleichfalls einige markige Worte zu sagen. Und zuletzt unser Korporal. Er sollte von uns den Spitznamen »Hein Schlackerdarm« erhalten. Er war dünn und groß, die Gliedmaßen schlenkerten um sein dürres Körpergestell. Er war aber ein durchaus erfahrener Segelschiffobermaat. »Früher hatten wir hölzerne Schiffe und eiserne Seeleute, und heute eiserne Schiffe und hölzerne Seeleute. Die Zeiten müssen sich wieder ändern, denn so geht es nicht weiter. Wir werden den Anfang machen.«

Jeder Vorgesetzte hatte also seine Meinung kundgetan, und es galt, die Spinde einzuräumen. Wie waren doch diese Dinger klein! 50 Zentimeter hoch, tief und breit. Unmöglich schien es, alles hineinzubekommen. Aber letzten Endes ging es, so unfaßbar es uns auch anfangs vorkam; man mußte es nur verstehen. Jedes Taschentuch, alles, ja sogar der Kamm, hatte sein bestimmtes Plätzchen. — Mit der Hängematte war es auch nicht so einfach. Ich zumindest schlief zum erstenmal in diesen komischen Schläuchen. Lag wie eine Wurst darin, unfähig, Arme oder Beine zu bewegen, denn noch wußte ich nichts von den notwendigen Spreizlatten an beiden Enden, die sich alte Seeleute zwischen die Seile steckten, um ein Zusammenziehen zu vermeiden. Doch bald erlernte ich es und fühlte mich ganz wohl darin. Ein Hängemattennarr bin ich aber nicht geworden. Viele behaupten, daß man in einer Hängematte weitaus besser als in einem Bett liege; besonders tüchtige Seefahrer sollen sogar zu Hause ein solches Monstrum im Schlafzimmer hängen haben. So weit ist es bei mir nicht gekommen; auch heute schlafe ich noch lieber im Bett.

Um sechs Uhr morgens ertönte im Hafen der Weckpfiff. Eilig wurden die Hängematten »gezurrt«, denn zehn Minuten später mußte alles im Sportzeug an Oberdeck zur entsprechenden Musterung angetreten sein. Unteroffiziere prüften die Arbeit. Es ist eine Kunst für sich. Matratze, Bettlaken und Decken werden sorgfältig zusammengelegt. Die Hängematte selber, aus Segeltuch bestehend, wird zu einer Wurst gedreht, so daß sich die beiden Enden überlappen, um dann erneut zu einer Rolle zusammengedreht zu werden. Diese soll im Notfall als eine Art Rettungsboje dienen und muß gewissenhaft präpariert sein, damit kein Wasser eindringt.

Der März 1940 war sehr kalt, fast immer zehn Grad unter Null und mehr. Aus dem Warmen kommend, standen wir auf dem windigen Oberdeck und harrten des erlösenden Befehls »Hängematten verstauen!« Die im Freien bereitgestellten Schüsseln hatte der Bootsmaat der Wache eine Stunde vor dem Wekken mit Wasser gefüllt. Wenn wir uns nun darin waschen wollten, mußte mit dem Kopf erst eine Eisschicht durchstoßen werden. Mit nacktem Oberkörper seifte man sich bis zum Bauchnabel ab. Der Wind heulte in den Wanten und Rahen und ließ uns keinen Augenblick den Aufenthalt auf einem Segelschiff vergessen. Dann rasierten wir uns. Wir durften es später im Waschraum tun. Wehe dem, der es in der ersten Zeit wagte, dort hineinzugehen. Nur mit einer Sporthose bekleidet, über alle drei Toppen zu »entern« war die übliche Strafe dafür. Man muß auf alle drei Masten, auf der einen Seite herauf, auf der anderen hinunter.

Natürlich ohne Handschuhe. Prinzipiell war verboten, mit Handschuhen in die Masten zu steigen. Angeblich hatte man so ein besseres Gefühl und fiel erfahrungsgemäß nicht so leicht herunter. Das mit dem Gefühl stimmt ohne Zweifel. Die Stahlseile glichen Eisbahnen, und oben heulte der Wind. Und selbst war man auch ein Eiszapfen, wenn man den Befehl ausgeführt meldete.

Es gab auch noch andere schöne Maßregeln. Aber nicht so, wie auf dem Dänholm. Alles Dinge, die zur seemännischen Schulung beitrugen und einen harten Seemann hervorbringen sollten. Nur mit derartig gestählter Besatzung konnten Segelschiffe die Weltmeere befahren, ohne mit ziemlicher Sicherheit ein Opfer der See zu werden.

Es ist selbstverständlich, daß ich nicht gern friere und mich bei großer Kälte nicht gern im Freien wasche; aber doch muß ich sagen, daß ich hier die Ausbildung, im Gegensatz zur ersten, mit Begeisterung über mich ergehen ließ. Ich fühlte stärker ihre Notwendigkeit; auch der Ton erschien mir ein anderer als früher. Es braucht nicht besonders unterstrichen zu werden, daß ein durchaus militärischer Betrieb herrschte und wir dauernd auf dem »Trab« gehalten wurden. Aber es waren alles Dinge, die zum Erlernen des erstrebten Berufes gehörten, und ich hatte die feste Absicht, ihn gründlich zu beherrschen.

Oft dachte ich an mein Schiffchen zurück, auf dem ich einst als Bootsmann angeheuert war, und wo ich nicht selten auf meinen Kapitän fluchte, der mich durchaus nicht mit Glacéhandschuhen anfaßte: aber es war doch ein Kinderspiel im Vergleich

*Der Autor als Komman-
dant seines ersten U-Boots,
U-148*

Nach langer Tauchfahrt

Begegnung im Atlantik

Aufgetaucht

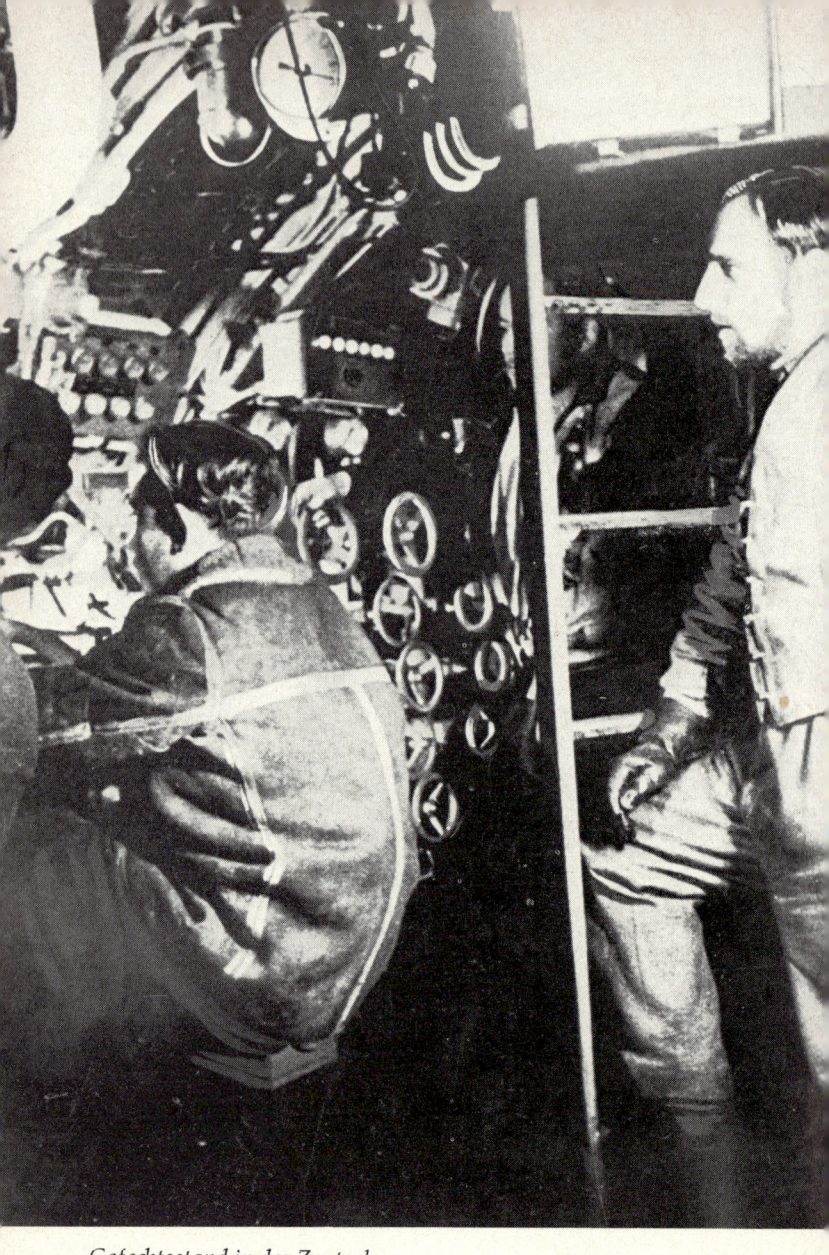

Gefechtsstand in der Zentrale

zu dem Leben, das man jetzt führte, freiwillig, um einmal ein richtiger Seemann zu werden, der seinen Beruf nicht nur von geschlossenen, mit Heizung versehenen Brücken großer Überseedampfer her kennt. — Auch die deutsche Handelsmarine hatte zwei Segelschulschiffe und schulte ihre Mannschaft in gleicher Weise. Also mußte es notwendig sein. Meinen Kameraden ging es ähnlich. Nur einige hatten wenig Freude an dem Betrieb und schimpften ohne Unterlaß. Ihre Laufbahn nahm meistens bald ein Ende.

Wir lernten die seemännischen Grundbegriffe, Knoten und Splissen, Kutterpullen, den Kompaß, terrestrische Navigation und vor allen Dingen das Arbeiten in den Masten, Auf- und Niederentern. Als wir zum erstenmal vor den gewaltigen Masten standen und hinaufschauten, war uns gar nicht wohl zumute. Ihre Höhe lag zwischen 40 und 45 Meter; wenn man direkt darunter stand, erschienen sie einem noch viel höher. Bis zur ersten Rahe konnten wir in größerer Zahl gleichzeitig auf beiden Seiten aufentern, dann nur noch drei, später zwei und zum Schluß nur noch einer. Jedesmal war ein Hindernis, Saling genannt, zu überwinden, da die ersten Wanten an die Masten gehen und die zweiten an einer vorgebauten Plattform befestigt sind. Es erscheint schwierig, jedoch erlernt man es recht schnell. Täglich sind Übungsstunden vorgesehen. Wer nicht mitkommt, hat Gelegenheit, es in seiner knappen Freizeit besonders zu üben. Man erlangt eine derartige Praxis, daß man förmlich rauf- und runterrennen kann, ohne hinzuschauen. Ein selten schöner Anblick, wenn dieses Manöver in weißer Paradeuniform vor sich geht und sich die Matrosen gleichzeitig auf allen drei Masten in ihren Rahen gleichmäßig verteilen.

Ein Segelschulschiff ist ein ästhetischer Genuß. Seine Sauberkeit ist in jeder Hinsicht vorbildlich. Es gibt an Bord nichts Schmutziges. Alle Metallteile sind blitzblank geputzt und glänzen wie Gold. Das Deck, mehrmals wöchentlich mit feinen Schleifsteinen und Wasser abgeschmirgelt, ist so rein, wie Eßtische sein sollten. Zum Waschen werden unheimliche Mengen von Seife verwendet, und die Farbschichten sind oft zentimeterdick. Jeden zweiten Tag wird der weiße Anzug gewechselt.

Es gab einen Hilfsmotor für die Lichtanlage sowie einen für die Eigenfortbewegung, dessen Inbetriebnahme ich jedoch nie erlebte. Von Hand wurden Segel gesetzt und geborgen, Anker gehievt und gefiert, ja selbst bei Windstille bewegten wir das

Schiff im Hafen mit Muskelkraft. Ein Kutter wurde zu Wasser gebracht und bemannt; man ließ einen tonnenschweren Anker auf sein Heck und pullte etwa 100 Meter in die vorgesehene Richtung des neuen Bestimmungsortes. Dort wurde der Anker ins Wasser gelassen. Den andern, vor dem das Schiff lag, ließ man mit dem Handspill auflaufen. Es dauerte meist eine Viertelstunde und ging mit Akkordeonmusik vonstatten.

Wenn der erste Anker aufgelaufen war, wurde das Schiff wiederum mit dem Handspill an den neuen Ankerplatz des zweiten Ankers verholt. Die Wachen lösten einander ab, und immer entspann sich ein Wettkampf, bei welchem die Siegermannschaft eine Vergünstigung erhielt, sei es in Form einer Rumzuteilung zum Abendtee oder Sonderurlaub.

Dreimal wöchentlich hatten wir Landurlaub. Da wir weit draußen in einer Bucht lagen, mußten die Urlauber an Land gerudert werden. Die Wache brachte ihre Kameraden zum Ufer. In einem Kutter wurde gepullt, und im geschleppten Kutter saßen die zu Beneidenden. Stündlich ging es hin und zurück, der Bootsmaat schlug mit einem Stück Eichenholz den Takt. Natürlich schrie er und trieb häufig an, denn der Ton muß auf Segelschiffen rauh sein.

Allabendlich vor dem Schlafengehen saßen wir im Wohndeck und sangen gemeinsam »Shanties«, alte Seemannslieder. Die Offiziere machten mit. Trotz strengster Disziplin waren wir eine enge Gemeinschaft. Es ist überhaupt die Eigenart der Marine, daß die Besatzungen eine kameradschaftliche Einheit bilden, ohne daß an eine Lockerung der Manneszucht zu denken ist.

Ein Vierteljahr waren wir auf »Gorch Fock«. Bald kannten wir gegenseitig unsere Familienverhältnisse und kleinen Sorgen, die schließlich ein jeder hat. Auch die älteren Offiziere erzählten von ihren Kindern und Angehörigen.

Einmal war es notwendig, eine Unterwasserarbeit am Ruder auszuführen. Ich meldete mich freiwillig und stieg mit einer Tauchermaske hinunter. Trotz Verabreichung heißen Rums hatte ich nach zwei Tagen hohes Fieber. Unser Lazarett faßte nur wenige Kranke, und die Betten waren schon belegt. Viele schlugen sich beim Aufentern der Masten die Schienbeine auf, und gerade Wunden dieser Art heilen sehr langsam, und wenn später Entzündungen und Eiterungen hinzukommen, ist eine langwierige Behandlung erforderlich. Ich glaubte anfangs, daß ich an Land in ein Krankenhaus gebracht werden müßte. Dies wäre für mich sehr unerfreulich gewesen, denn nur ungern hätte ich meine Kameraden verlassen. Ich hatte Glück. Eine Offizierskammer war nicht belegt, und ich durfte einziehen.

Acht Tage konnte ich diesen Raum bewohnen; er war geheizt, mit dunklen Eichenmöbeln ausgestattet und machte einen fürstlichen Eindruck. Nun brauchte ich mich morgens nicht mehr im Freien zu waschen und mit bloßem Oberkörper meine Hängematte bei Frost und Wind vorzuzeigen. Ich hatte ein eigenes Waschbecken mit fließend Warm- und Kaltwasser, und obendrein noch eine Klingel für den Steward. Allzugern hätte ich sie benutzt, um mir einen Cocktail servieren zu lassen. Gott sei Dank, ich tat es niemals.

Am schönsten war es, wenn jemand an die Tür klopfte. Meistens Unteroffiziere, die einen Vorgesetzten suchten. Nach militärischer Sitte kommen sie nur auf den Ruf »herein« in die Kammer. Fragt man jedoch »Was ist los?«, so bringen sie ihr Anliegen von draußen in üblicher Form vor. Anfangs sagte ich »herein!«. Sie schlugen die Hacken zusammen, so, wie sich das gehört, und begannen, die Hände an der Hosennaht, zu reden. Es konnte aber nicht ausbleiben, daß sie mich früher oder später erkannten und dann anfingen, furchtbar zu fluchen. Aber was blieb ihnen weiter übrig, als unverrichteterdinge meine Kammer zu verlassen, denn gemaßregelt konnte ich für meine Unverschämtheit nicht werden. Es gab keine Kniebeuge und auch kein Pumpen, denn ich war krank geschrieben und demzufolge ruhebedürftig. Nicht selten aber schrien sie: »Nun, wir werden uns bald wieder sprechen!«

Später rief ich nicht mehr »herein«, sondern fragte nur, was los sei. Ich konnte dann einfach erwidern, daß der gesuchte Offizier nicht in dieser Kammer wohne. Nicht wissend, von wem er diese Antwort erhielt, zog der Vorgesetzte von dannen, und ich blieb ungestört. — Zehn Tage erholte ich mich, und dann mußte ich wieder Dienst tun.

Ein andermal zog ich mir den Zorn meines Korporals zu. Wir übten uns im Befestigen von Gegenständen an Stricken. Oft durfte ich es meinen Kameraden vormachen, da ich vieles schon von meiner Segelsportzeit her kannte. Hein Schlackerdarm rief mich vor die Front und sagte: »Stellen Sie sich vor, ich sei eine Holzfigur, sehr zerbrechlich, und Sie hätten die Aufgabe, mich auf dem Mast, ganz oben, zu befestigen.« Nichts leichter als das, war mein erster Gedanke; ich ließ ein Seil vorbereiten und ging an die Arbeit.

Breitbeinig stand Hein vor mir. Meine Kameraden waren am Spill verteilt, klar zum Aufhieven. Es war wirklich unverschämt. Eine Schlinge wurde um Heins Hals gelegt und der Befehl »hiev rund« gegeben. Alles weitere kann man sich ohne besonders große Phantasie denken. In den darauffolgenden Tagen hatte ich keine ruhige Minute mehr. Zum Unglück, und ein Unglück kommt niemals allein, war ich auch noch Backschafter, das heißt ich hatte Aufwartdienste im Unteroffiziersraum. Der Vorfall hatte sich herumgesprochen. Er hatte manchem Vorgesetzten vielleicht Spaß gemacht, aber nach außen hin durften sie sich ihre heimliche Freude nicht anmerken lassen, und ich mußte furchtbar ran. Nichts machte ich mehr richtig.

Gegen Ende unserer Zeit auf »Gorch Fock« wurden wir Seekadetten. Auch ich war befördert worden. Die höheren Dienstgrade waren im allgemeinen mit mir zufrieden, vor allem fachlich. Nur meine militärische Haltung, meinten sie, ließe noch zu wünschen übrig. Aber das scherte mich wenig. Hauptsache, ich hatte bestanden und kam auf das nächste Kommando.

Wir trugen als Seekadetten nun stolz einen Stern auf dem Ärmel der von einem geflochtenen goldenen Seil eingefaßt war und stellten doch schließlich nun schon etwas vor, auf alle Fälle in den eigenen Augen.

Es war Anfang Mai 1940, als ich auf das Linienschiff »Schlesien« in der Ostsee kam. Wieder hatten wir uns in den kleinen Spinden eingerichtet. Das Deck war keineswegs so schön wie das auf dem Segelschiff. Viele Kakerlaken, wie wir die häßlichen Küchenschaben nannten, teilten alle Räumlichkeiten mit uns. Es gibt wohl keinen Seefahrer auf der Welt, dem diese Tiere unbekannt sind. Der Kampf gegen sie ist erfolglos. Man muß sich an sie gewöhnen. Nur auf den U-Booten sollten wir später von ihnen wie auch anderem Ungeziefer und sogar den sonst so oft lästig fallenden Fliegen verschont bleiben.

Ich wohnte in der Kasematte Nummer vier. Dicke Panzerwände ohne Bulleys nahmen jede Aussicht. Dafür hatte man zwei 15-Zentimeter-Geschütze unmittelbar neben sich stehen. Die »Schlesien« war vor dem Ersten Weltkrieg als Linienschiff der Hochseeflotte in Dienst gestellt worden. Sie hatte vier 28-Zentimeter-Geschütze in zwei Türmen und war nach modernen Begriffen veraltet. Aber gerade darum schien sie als Ausbildungsschiff geeignet. Es wurde die Möglichkeit, alles von Hand bewegen zu lassen, ausgenutzt. Meine Gefechtsstation war in Turm »Anton«, dem vorderen Geschützturm auf der Back, unten im Munitionsraum. Manchmal kam man in Versuchung, hinter den riesigen Granaten und Kartuschen zu schlafen. Wurden wir dabei ertappt, so gab es gleich im Raume selbst viele Möglichkeiten, den Schlaf zu vertreiben. Die zentnerschweren Granaten wurden mit Muskelkraft in die Aufzüge geladen und dann elektrisch bis vor die Rohre hochgezogen. Zum Anfassen der Granaten gebrauchte man eine Spezialzange, die von vier Mann gleichzeitig bedient wurde. Es hieß aufpassen, denn nicht selten kam es vor, daß nicht richtig angefaßte Granaten abrutschten. Wehe dem, der seinen Fuß darunter hielt. Ähnlich ging es mit den Kartuschen zu. Es handelte sich stets um Übungsmunition.

Im Vergleich zu den Kameraden an den 15-Zentimeter-Geschützen waren wir erheblich besser dran. Wir brauchten niemals schneller zu arbeiten, als die Aufzüge und die Mannschaften im Turm es schaffen konnten, denn die oben angekommenen Granaten wurden geladen, dann wieder herausgezogen und heruntergelassen. Es dauerte immer eine gewisse Zeit. An den 15-Zentimeter-Geschützen sah es anders aus. In eine eigens zu diesem Zweck konstruierte Ladekanone wurden hinten die Granaten hineingesteckt, und vorne fielen sie wieder heraus. Demzufolge konnte man beliebig schnell arbeiten, und wenn einer ein besonderes Tempo vorlegte, mußten die anderen mithalten.

Als Strafmaßnahme wurde oft »Flagge Luzie« angewandt. So wurde ein mehrfacher Anzugswechsel in kürzester Frist genannt; »Luzie« ist die Signalflagge Blau-Weiß-Blau. Auch beim Umziehen, bei dem man sich als reiner Verwandlungskünstler vorkam, ergab sich ja ein Farbwechsel von Blau in Weiß, dann wieder in Blau und so fort. Stundenlang konnte es in dieser Weise zugehen. Vom Schlafanzug bis zum gepackten Seesack sind unzählige Möglichkeiten vorhanden. Bald ist man in Schweiß gebadet, und nicht selten kommt es vor, daß irgendeine Bluse zerreißt. Man hat dann gleich Beschäftigung für die Nacht, denn am nächsten Tage muß alles wieder in ordnungsgemäßem Zustand sein. Falls nicht, ist ein Grund zu anderen erfreulichen Betätigungen gegeben. Sie erschöpfen sich niemals, und man kann sich als Laie ihre Vielgestaltigkeit kaum vorstellen. Kutterpullen war an der Tagesordnung. Die alten Linienschiffskutter sind von besonderer Größe und schwer gebaut. Die Riemen sind lang und dick. Eine gute, sportliche Ertüchtigung. Oft kehrten wir mit blasenbedeckten Händen heim.

Mit der »Schlesien« durchkreuzten wir die Ostsee und wurden ständig in Schwung gehalten. Theorie wechselte mit praktischem Dienst. Es wurde geschossen. Zuerst mit Einsteckläufen für Gewehrmunition auf Klingscheiben, dann mit 3,7-Zentimeter-Einsteckläufen auf etwas entferntere Ziele und schließlich scharf mit der vorgesehenen Munition.

Die großen Schiffe sind Welten für sich, und es ist erstaunlich, mit welcher Exaktheit alles vor sich geht und ineinandergreift. Es dauert auch mindestens ein Jahr, bis eine Schlachtschiffbesatzung einexerziert und gefechtsklar ist. Man denke, daß die »Bismarck« zum Beispiel rund 2500 Mann Besatzung aufwies.

Wir befanden uns in einer großen Tretmühle. Tagsüber gab es keine Ruhe und nachts auch nicht. Wir hatten nämlich das sogenannte Logbuch zu führen, in dem alles Wesentliche des Dienstbetriebes eingetragen werden mußte, sei es Schiffsmanöver, Artillerieschießen oder sonstiges. Es glich einem ausführlichen, mit Zeichnungen und Skizzen versehenen Tagebuch. Nach »Ruhe im Schiff, Licht aus!« begann also für uns die Schreibzeit. Wie sollten wir es aber anstellen? Strengstens war es verboten, etwa mit Taschenlampen im Wohnraum zu leuchten. Ronden kontrollierten ständig die gegebenen Befehle. Es blieb nichts anderes übrig, als einen Ausweg zu finden. Das Badezimmer war verständlicherweise dauernd besetzt. Für viele bot der Wellentunnel, ganz unten im Schiff, die einzige Möglichkeit, vielleicht wußten davon sogar die Offiziere. Sie waren ja auch einmal Seekadetten.

Es kam, wie es kommen mußte, einmal ging es schief. Alarm! Keiner hörte es. Zu dick waren die Schotten, die uns von den lauten Klingeln trennten, auch verschlossen wir sie sorgfältig, um nicht überrascht zu werden. Meldung an den Kapitän. In unserem Zug fehlten vier Mann. Keiner konnte sie auffinden. — Es folgten erschreckende Zeiten. Jeder Versuch, dem Zugoffizier unser Mißgeschick klarzulegen, scheiterte. »Handeln Sie, wie Sie es für richtig halten. Schlafen Sie, schreiben Sie Ihr Logbuch. Ich will nichts mehr davon hören. Sie werden es schon noch lernen.«

Während wir so auf der »Schlesien« in der Ausbildung steckten, gingen große Dinge in der Weltgeschichte vor sich. Bislang hatte der Krieg nicht sehr tief in die Erziehung des Marinenachwuchses eingegriffen. Während des Polenfeldzuges hatte lediglich das Kadettenschiff »Schleswig-Holstein« die Halbinsel Hela beschossen. Im April 1940, als wir an Bord des »Gorch Fock« waren, hatte der Norwegenfeldzug ein neues Moment in die Lage gebracht, jedoch unseren Dienstbetrieb nicht weiter berührt. Aber am 10. Mai begann der Westfeldzug. In unerhörtem Schwunge brachte er die deutschen Truppen über Maas und Schelde. Dünkirchen wurde zum Fluchtsymbol des englischen Expeditionsheeres. Paris fiel. Deutsche Truppen erschienen an der Atlantikküste.

Viele meiner Kameraden hatten schon Angst, nicht mehr dabeizusein, wenn der Krieg siegreich beendet würde. — Wie wenige von ihnen sollten noch am Leben sein, als der Krieg mit der Niederlage endete! Schwer wurde das aktive Marineoffizierskorps mitgenommen.

Eines Tages empfingen wir Gewehre, Handgranaten und Sturmgepäck. Am nächsten Tage sollten wir verladen werden, wahrscheinlich als Landungstruppen gegen England. Ein Gerücht jagte das andere. Nach drei Tagen, als immer noch kein Abtransport erfolgt war, mußten wir die Sachen wieder abgeben, um sie am darauffolgenden erneut zu empfangen. Was war los? Welche Pläne hegte die Führung? Wir konnten nicht wissen, welche Erwägungen der für alle Entscheidungen verantwortliche Mann, der Oberste Befehlshaber der Wehrmacht, gegenüber dem englischen Gegner anstellte.

Nach ungeduldigem Warten erhielten einige Kameraden und ich einen Befehl, der uns der 16. Vorpostenflottille zuteilte. Diese sollte aber erst in Südwestfrankreich aufgestellt werden. Zunächst ging es nach Wesermünde in ein Sammellager, wo die Zusammenstellung eines größeren Kommandos erfolgte. Wir wurden zu rund 100 Mann in Autobussen verladen. Erst auf heimatlichem Boden und dann auf der Heerstraße des Krieges durch Belgien und Frankreich fuhren wir unserem Bestimmungsort entgegen. Wir waren mehrere Tage unterwegs und hatten Gelegenheit, mit offenen Augen Landschaft und Menschen, vor allem aber auch die Spuren des kürzlichen Geschehens wahrzunehmen.

Es war nur wenig Zeit seit Abschluß des Waffenstillstandes verstrichen. Wir kamen durch Gebiete, in denen der Kampf stattgefunden hatte: Tierkadaver lagen herum, wir erblickten zerschossene Panzer, Häuser in Schutt und Asche, wir begegneten Gefangenenkolonnen und Zivilisten, die in panischem Schrecken vor der Invasion der deutschen Wehrmacht, die man ihnen als eine barbarische Horde geschildert hatte, geflohen waren und nun wieder ihren heimatlichen Herden zustrebten.

Es war das erste Erlebnis der bitterernsten Seite des Krieges. Sie prägte sich in unsere jungen Gemüter ein, während wir so auf den Landstraßen einherratterten. Ich mußte an die Worte meines Vaters denken, daß es kein größeres Unheil und keinen schrecklicheren Wahnsinn geben könnte als den Krieg. Er hatte den ersten Weltbrand von 1914 bis 1918 im Felde mitgemacht.

Aber dann stellte sich doch der Gedanke ein, daß es diesmal nicht so schlimm werden würde. Wie viel schneller und entscheidender war es diesmal in Frankreich zugegangen, im Vergleich zu den aufreibenden und langwierigen Materialschlachten des Ersten Weltkrieges. Und waren das Elend und die Verluste, die der Westfeldzug auf beiden Seiten verursacht hatte, nicht viel geringer?

Die Stimmung der französischen Bevölkerung schien diesen Überlegungen recht zu geben. Sie war äußerlich uns gegenüber nicht unfreundlich. Wie oft aber hörten wir Schimpfworte über die Engländer: »Ah, les Anglais . . .« Sie waren von nicht wiederzugebenden Gesten begleitet.

Während der Fahrt durch Frankreich verbrachten wir die Nächte in verschiedenen Unterkünften. Einmal mußten wir eine Kaserne beziehen, die wohl zuletzt als Lazarett gedient hatte. Furchtbare Unordnung herrschte darin. Ungeziefer und Schmutz überboten sich. Anscheinend hatten farbige Truppen in ihr gehaust.

Ohne besondere Zwischenfälle kamen wir im Raume von La Rochelle an. Die Mannschaften unserer Flottille waren zumeist uniformierte Fischer, mit nur kurzer militärischer Ausbildung. Sie schienen für die Bemannung und kriegsmäßige Herrichtung von Fischdampfern und sonstigen Fahrzeugen am besten geeignet.

Unsere Vorgesetzten hatten den Befehl, bei Beschlagnahme französischer Schiffe menschlich und rücksichtsvoll vorzugehen. Wie glimpflich der soeben besiegte französische Gegner doch von deutscher Seite behandelt wurde! Wie hat entstellende Propaganda nachher die Dinge umgefärbt. Wir mußten zum Beispiel ein altes 1500 Tonnen großes Kanalfährschiff, Baujahr

1898, als Hilfskreuzer herrichten, obwohl daneben ein anderes hochmodernes lag. Wir sollten später diese ritterliche Handlungsweise mit dem Tode vieler deutscher Seeleute bezahlen. Was unseren Dienstbetrieb anbelangt, hatte sich unser Leben von heute auf morgen geändert.

Viele Offiziere waren Reservisten und kannten keine Kadettenerziehungsmethoden. Zum Glück! — Es ist viel leichter, sich den militärischen Ton ab- als anzugewöhnen. Bald trugen wir Schnurrbärte und Koteletten, hatten die Ringe aus den Mützen entfernt und die Hosen breit machen lassen. Unser stolzer Seekadettenstern war längst mit Druckknöpfen befestigt, denn es war nicht unbedingt notwendig, überall als Offiziersaspirant erkannt zu werden. Vorgesetzte pflegten oft »in Zivil« zu gehen, uns war es noch verboten.

Die Arbeiten am zukünftigen Hilfskreuzer machten in der Werft von La Palice rasche Fortschritte. Aufgrund meiner achtjährigen französischen Schulkenntnisse wurde ich Hafendolmetscher. Oft hatte ich den Flottillenchef zu begleiten und nahm an manchen Besprechungen und Verhandlungen mit Franzosen teil. Es wurden viele Feste gefeiert; den Krieg nahm keiner mehr ernst. Der Frieden stände vor der Tür, war die allgemeine Ansicht. Aber er ließ auf sich warten, und Kriegsgott Mars machte sich wieder stärker bemerkbar.

Unsere Aufgabe bestand darin, Handelsdampfer durch die Biskaya nach Deutschland zu geleiten. Unterwegs wurden Minen von uns abgeschossen. Selten griffen englische Flugzeuge an.

Später wurde ich auf ein 250 Tonnen großes Vorpostenboot versetzt. Wir hatten ein Geschütz und 20 Mann Besatzung. Meist lagen wir vor den Hafeneinfahrten in der Biskaya und mußten schwere Stürme über uns ergehen lassen. In den ersten Tagen wurde ich furchtbar seekrank. Noch gut entsinne ich mich eines Geschützexerzierens. Ich meldete mich ab, rannte zur Reling und opferte Neptun. Meine Fischerkameraden freuten sich diebisch. Als ich blaß zurückkam, meinte einer in Hamburger Platt, ich solle doch einen ordentlichen Schluck Rum nehmen, das sei das allerbeste. Ich trank ein großes Glas. Der Erfolg blieb aus. Der Magen schien sich umdrehen zu wollen. — Nach vierzehn Tagen war ich so seefest wie alle anderen und bin es von da an geblieben.

Der Ton war rauh. Die Mannschaften wohnten zusammen.

Raumältester war ein degradierter Unteroffizier, gutmütig, aber jähzornig, mit Bärenkräften. Als einmal einer mit ihm zu streiten wagte, flog ihm der Butterteller ins Gesicht. Schallendes Gelächter. Der Wurf saß. Die Butter hatte sich über Gesicht und Haare verteilt, die Augen waren verklebt. Es ist aber niemals zu wirklichen Schlägereien oder üblen Auswüchsen gekommen.

Ein italienisches Unterseeboot wurde vor unseren Augen torpediert. Wir hatten die Aufgabe, es nach Bordeaux zu geleiten. Wasserbomben flogen wahllos in alle Richtungen; unsere Hilfsvorpostenboote waren nicht mit Geräten ausgerüstet, die zur Bekämpfung unterseeischer Gegner notwendig sind. Gerade die U-Boot-Abwehr ist eine schwierige Angelegenheit und kann nicht improvisiert werden. Zu Flugzeuggefechten kam es wenig. Die deutsche Luftwaffe beherrschte damals die Biskaya.

Auf meinen Fahrten lernte ich viel von der französischen, belgischen und holländischen Küste kennen. Überall traf man Vorbereitungen zur Invasion nach England. Alles nur auftreibbare Schiffsmaterial wurde hergerichtet. In Flußkähne wurden Hilfsmotore eingebaut, und zur Erhöhung der Geschwindigkeit im Notfalle ein bis zwei Flugzeugmotore aufmontiert. Ferner hatte man ihnen den Bug abgeschnitten und eine besondere Klappvorrichtung zur Ausschiffung von Panzern an flachen Küsten angebracht. Es wurde intensiv gearbeitet. Auch wir hatten Gewehre und Handgranaten an Bord, um zu jedem Zeitpunkt einsatzbereit zu sein.

Wieder schien es soweit zu sein. Große Aufregung in der Flottille. Alle Schiffe erhielten versiegelte Briefe, die auf Stichwort »Seelöwe« zu öffnen waren. Mit Sicherheit konnte man darin den Einsatzbefehl gegen England vermuten, den Anmarschweg und Landungshafen. Tage vergingen. Die Gespräche drehten sich nur noch um dieses Thema. Wir harrten vergebens. Das Unternehmen wurde abgeblasen. Hatte die Führung bessere Pläne?

Unsere Einheit hatte sich bewährt. Wir bekamen dafür das Minensuch- und Vorpostenabzeichen verliehen.

Das Schiff mußte zur Generalüberholung nach Rotterdam in die Werft. Wir Seekadetten aber hatten uns innerhalb weniger Tage in der Marineschule in Flensburg einzufinden.

Erhobenen Hauptes, an der geschwellten Brust stolz die erste Kriegsauszeichnung, durchschritten wir das traditionelle Tor unserer künftigen Bleibe. Es gab keinen deutschen Marineoffizier, der nicht dort seine grundlegenden theoretischen Weisheiten gesammelt hatte. Wirklich, die Marineschule bot ein eindrucksvolles Bild. Von dem Schulgebäude selbst, das auf einem Berge lag, führte eine riesige Steintreppe zum Hafen. Unzählige Jachten, Ruderboote und Motorboote waren an langen Anlegern zu erkennen. — Hier galt es zu bestehen. Es war ausschlaggebend für die künftige Laufbahn. Man bekam nach bestandenen Prüfungen das Seeoffizierspatent und hatte in der weiteren Zeit nur keine besondere Dummheit zu machen, um schließlich die Ärmelstreifen annähen zu dürfen.

Die ganze Crew traf sich wieder. Die Einstellungskameraden kamen aus den verschiedenen Kriegsgebieten, Nordsee, Norwegen und Mittelmeer. Der Kommandeur, ein gestrenger Admiral, brachte bei der ersten Musterung seine Unzufriedenheit zum Ausdruck. Zu wild sahen wir aus, in einem Wort »vergammelt«. Einige hatten Vollbärte, andere begnügten sich mit Schnurrbärtchen, jedenfalls merkte uns keiner die ehemaligen Kadetten des Segel- und Linienschiffes an. Wohl oder übel galt es, sich den Marineschulsitten anzupassen. — Verschiedene Kameraden waren schon gefallen. Viele waren nicht wiederzuerkennen. Sie waren in den Kämpfen zu Männern geworden. Fast alle hatten sich irgendwie verändert.

Das Schulgebäude war ein riesiger Steinkomplex. Zu viert hatten wir ein Schlaf- und Wohnzimmer. Dunkle wurmstichige Eichenmöbel standen darin. In den hallenartigen Gängen befanden sich viele Gedenktafeln und Schiffsmodelle. Alte zerschossene Flaggen hingen an den Wänden. Wie wir respektlos meinten, »roch« es wahrhaftig nach Tradition.

Die auf ihren Frontkommandos gut beurteilten Anwärter wurden befördert. Die Fähnrichsbeförderung gehörte von jeher zu den wichtigsten. Plötzlich war man Vorgesetzter, wurde von Mannschaften gegrüßt, trug, wenn auch ohne Streifen, eine Offiziersuniform mit Dolch. Auch die Mädchen sahen einen mit anderen Augen an. Wir trugen von nun an »die Wäsche vorn«, im Gegensatz zu den Matrosen, die den Kragen »hinten« haben. Strenggenommen waren wir aber nur halbe Fähnriche, da uns noch das Portepee, das Zeichen der bestandenen Offiziershauptprüfung, fehlte. Aber, wer wußte dies schließlich an Land?

Nach ein und einem viertel Jahr der erste Urlaub. Wir strahlten. Ich fuhr nach Berlin zu meinen Eltern. Da in der Hauptstadt Marineuniformen selten waren, stellte man etwas Besonderes dar. »Heer« und »Luftwaffe« redeten uns fast immer als Leutnant an, da wir auf den Schultern eine Art schmales Achselstück trugen. Vor Hotels galten wir als Portier und in der Eisenbahn als Aufseher. So passierte es mir einmal in der Untergrundbahn, als ich auf einen Zug wartete, daß mich eine Dame folgendermaßen anredete: »Ach entschuldigen Sie, Herr Oberaufseher, können Sie mir nicht sagen, wie ich am schnellsten zum Wannsee hinauskomme?« — Einige Schritte entfernt ging ein Kapitän auf und ab. »Verzeihen Sie bitte, gnädige Frau, ich bin neu auf dieser Station und kann Ihnen leider keine Auskunft geben, aber schauen Sie dort diesen Herrn mit den vier breiten goldenen Streifen an; er ist längere Zeit im Dienst als ich und wird Ihnen gewiß helfen.« — Ich verschwand schleunigst und vernahm nur noch ein tiefes entsetztes Brummen. Eigentlich war es nicht sehr respektvoll von mir, aber ich war ja nur Fähnrich, und als solcher konnte man sich schon einen Spaß erlauben. »Fähnrichsbolzen« sagte man dazu.

Es hieß arbeiten. Die gestellten Anforderungen waren hoch. Der Unterrichtsplan sah als erstes astronomische Navigation vor. Gute Vorkenntnisse waren nötig. Wir hatten aber auch schon in der Schule viel schwierigere Aufgaben gelöst, als zur Standortbestimmung notwendig sind, so in der Differential- und Integralrechnung. Auch in den anderen Fächern, Physik und Chemie, hatte ich einen guten Unterricht genossen.

Im übrigen legte man, wie bei der ganzen deutschen Marineausbildung, mit Recht den größten Wert auf Praxis. Wir segelten, fuhren mit Motorbooten Anlegemanöver und machten mehrtägige Reisen auf dem 1000 Tonnen großen Marinenavigationsdampfer. Exerziert wurde verhältnismäßig wenig. Im Torpedo- und Artillerieschießen erhielten wir eine allgemeine Übersicht.

Bei der Vielgestaltigkeit der Schiffstypen und neuen Waffen erscheint es unzweckmäßig, alle Einzelheiten lernen zu lassen. Auch ist es unmöglich. Die Ausbildungsdauer müßte sich über Jahrzehnte erstrecken, und zum Schluß der Lehrzeit hätte man den Anfang wieder vergessen. Die Marineschule Flensburg erteilte also nur eine Navigationsausbildung und vermittelte allgemeine Kenntnisse der Taktik, Waffen und Seekriegsgeschichte.

Wie schon erwähnt, sind Fähnriche bekannt für »Bolzen«. Diese werden von den Vorgesetzten nicht tragisch genommen, denn sie gehören eben zum Wesen so junger Leute. Ein Kamerad hatte wieder etwas auf Lager. Er kaufte sich eine Angel und begann in seiner freien Zeit zu fischen. Alles lachte, denn es war bekannt, daß sich in unseren Übungsgebieten nur wenig oder geringwertige Fische aufhielten. Es schien unglaubwürdig, aber unser Kamerad brachte schon am ersten Tage rund zehn Kilo schönster Fische. Es sprach sich schnell herum. Sogar die Offiziere interessierten sich für den neuen Sport und schauten ihm beim Fischen zu. Immer hatte er etwas an der Angel. Man sah, wie er die mächtigsten Tiere aus dem Wasser zog. Es konnte nicht ausbleiben, daß viele sich Angeln kauften und wetteiferten.

Es blieb jedoch ein Rätsel. Unser Freund hatte Erfolge, die anderen nicht. Er strahlte. Anscheinend war er der einzige, der etwas vom Sport verstand. Er erzählte von seinem Minensuchboot in den Fjorden Norwegens, wo er sich diese Praxis angeeignet habe. Man müßte ein ganz besonderes Gefühl entwickeln und was weiß ich noch alles. Man lachte über ihn, aber andererseits war er der einzige Erfolgreiche. Eines Tages waren die Fischfanglustigen wieder auf dem Steg versammelt. Unser Meisterangler holte gewichtig seine Angel heraus, laut verkündend, daß er ein ganz eigenartiges Ziehen verspürt habe und ein ganz seltener Fisch zu erwarten sei. Er sollte recht haben. Schallendes Gelächter brach aus: Ein Rollmops war am Haken. Der Angler kam nur mit Mühe vom Steg. Er sollte es büßen und ins Wasser geworfen werden. — Die Lösung des Rätsels: Ein Freund unseres Kameraden saß unter dem Steg mit einem Sack gekaufter Fische, und wenn er von oben das Zeichen in Form eines durch die Bretter fallenden Kieselsteines erhielt, befestigte er den gewünschten Fisch am Angelhaken. Er mußte sich des Unfugs wegen beim Kommandeur melden. Doch hatte dieser Verständnis für den Ulk und der »Spaßvogel« ging straffrei aus.

Ein Leichenwagen mit Sarg bat um Einlaß. Der Fähnrich der Wache kontrollierte die Papiere. Sie schienen in Ordnung zu sein. Komisch: bisher hatte sich noch nichts herumgesprochen. Das Fahrzeug passierte. Meine Gruppe hatte gerade Unterricht bei einem Zivillehrer. Er hieß Peter. Es klopfte. »Herein«, befahl Peter barsch, sichtlich bemüht, sich den Marineschulsitten mit einer energischen Aussprache anzupassen; er wollte Reserveoffizier werden. Die Tür öffnete sich ganz langsam, und feierlich verkündete eine Stimme: »Herzlichstes Beileid.« Indem wurde auch schon — unbeirrbar trotz aller Einwände — das schwarze

Möbel von vier schwarzgekleideten Sargträgern hereingebracht und unserem Lehrer direkt zu Füßen abgestellt. Dies sei der Sarg für Herrn Peter, vernahm man nochmals das sonore Organ, unterdes sich die Träger entfernten.

Das Auto fuhr eiligst davon. Der Sarg stand im Zimmer. Wir freuten uns diebisch. Herr Peter aber, außer sich, brach den Unterricht ab und erstattete dem Kompaniechef Meldung. Wie immer. Daher seine Unbeliebtheit.

Es folgten Verhöre. Die ganze Marineschule wurde vernommen. Der Urheber des Streiches wurde nicht entlarvt. Man stellte lediglich das Sarggeschäft fest und die ordnungsgemäße Bezahlung des Sarges. Er wurde später einer Kirche zur Verfügung gestellt.

Wir hatten auch Fecht-, Reit- und Boxunterricht. Großen Wert legte man auf Mutproben. Unser Boxlehrer hatte insofern Pech, als in meiner Gruppe der deutsche Jugendmeister im Schwergewicht vertreten, er selber aber nur Leichtgewichtsboxer war. Er ahnte nichts. Nach einer kurzen Ansprache: »Gerade beim Boxen erkennt man den wahren Charakter, Feigheit ist das Schlimmste, was es gibt, man muß immer rangehen und niemals zurück. Wer hat schon einmal geboxt?« meldete sich unser Meister. »Nun, versuchen wir es beide einmal.« Sie standen im Ring, es ging los. Der Lehrer schlug seinem Gegner auf die Nase. Unser Kamerad geriet in Wut und stürzte sich wie ein Tiger auf sein Opfer. Er war doppelt so schwer und hatte Arme wie ein Bär. Der Kampf wurde abgebrochen.

Die Marineschulzeit ging dem Ende entgegen. Die Prüfungen waren überstanden, und wir erhielten das ersehnte Portepee. — Ein Abschiedsball, und es ging wieder an die Front.

Zwei Kameraden und ich erhielten die gemeinsame Kommandierung auf ein Unterseeboot. Es war Anfang Mai 1941. Noch stand das Reich nicht im Krieg mit der Sowjetunion, auch mit den Vereinigten Staaten waren noch keine offenen Feindseligkeiten ausgebrochen. Der Kampf mit England und seiner Seemacht schien nach Abschluß des Südostfeldzuges das Gebot der Stunde zu sein. Das wirkungsvollste Instrument hierfür war ohne Zweifel die U-Boot-Waffe. Das Marinebauprogramm, das mit Englands Kriegserklärung im September 1939 in Angriff genommen wurde, mußte sich nun etwas auswirken. Denn mit einer lächerlich geringen Anzahl von Booten, es mögen rund 20 gewesen sein, die für den Einsatz zu Beginn des Krieges zur Verfügung standen, war es unmöglich, gegen die damals größte Seemacht der Welt zu kämpfen.

Mit eigenartigen Gefühlen traten wir die Reise an. Alle Gespräche drehten sich um das, was uns bevorstand. Ich hatte manche Bücher über den Ersten Weltkrieg und die Aussprüche alliierter Staatsmänner in Erinnerung, die zum Ausdruck brachten, wie nahe an den Abgrund England durch die deutsche U-Boot-Waffe gebracht worden war. Über 18 Millionen versenkter Handelsschifftonnage hatten die Unterseeboote zwischen 1914 und 1918 neben vielen Kriegsschifftorpedierungen auf ihrem Konto zu verzeichnen. Die Namen Weddigen und anderer erfolgreicher U-Boots-Kommandanten wie Arnauld de la Periere, von Spiegel, von denen ich die eigenen Schilderungen gelesen hatte, kamen mir in den Sinn. Bei der Lektüre hatte ich das Dasein auf einem U-Boot immer als etwas gruselig und geheimnisvoll empfunden. Es mußten ganze Männer gewesen sein, die diesen Krieg unter Wasser, ohne Tageslicht, in öldurchtränkter Kleidung und schlechter Luft geführt hatten.

Nun war es mir beschieden, den Kampf mit derselben Waffe zu erleben. Der Weg, den ich im Banne der weißen Segel angetreten hatte, sollte mich zu den »grauen Wölfen« führen.

Sie hatten auch jetzt wieder mit ihren Erfolgen alle Welt beeindruckt. Die Zeitungen waren voll von ihren Taten, und die Sondermeldungen des Rundfunks verkündeten wachsende Versenkungszahlen. Aber wir wußten, daß auch manche der auf Feindfahrt ausgesandten Boote nicht mehr zurückgekehrt waren. Gerade vor zwei Monaten wurden die Boote bekannter Kommandanten, deren Namen in aller Munde waren, vom Schicksal ereilt, »U-47« von Korvettenkapitän Prien, »U-100« von Korvettenkapitän Schepke und »U-101« mit Kapitänleutnant Kretschmer. Von den drei gefeierten Männern war nur der letzte mit dem Leben davongekommen. Er geriet in Gefangenschaft.

In Danzig lag unser Schiff. Kaum konnten wir erwarten, es betreten zu dürfen, denn kein Mensch außer den Besatzungsangehörigen hatte zu einem U-Boot Zutritt, nicht einmal Seeoffiziere anderer Waffengattungen. Streng geheim! Der Gegner durfte auf keinen Fall nähere Einzelheiten über die Eigenschaften der ihm so gefährlichen Waffe erfahren. Die geeigneten Abwehrmaßnahmen zu treffen, wäre ihm erleichtert worden.

In der Marineschule hatten wir viele neue Ausrüstungsgegenstände, wie Uniformen, Wäsche, und unter anderem eine Unzahl steifer Kragen empfangen. Dazu einen Überseeschrankkoffer und zwei kleinere Koffer. Wir waren »vornehmer« geworden und reisten nicht mehr mit dem Seesack.

Endlich, nach langem, ungeduldigem Suchen fanden wir unser Boot. Grau war es gestrichen. Kaum hob es sich von der Mole ab. Zwei Posten bewachten es. Einer auf Deck, der andere auf der Pier. Sie hatten Maschinenpistolen. Ihre Haltung war nicht sehr soldatisch, wenn man dieses Wort im Kasernenhofsinne auslegt. Auf unsere Frage, ob der Kommandant an Bord sei, antworteten sie, daß er gerade fortgegangen sei und wahrscheinlich erst morgen wiederkäme. Man liefe um fünf Uhr morgens aus. — Die Versuche, ihnen klarzumachen, daß wir uns einschiffen wollten und mindestens unser Gepäck an Bord bringen müßten, scheiterten. — Keine Aussicht. Man brauche dazu die besondere Genehmigung des Kommandanten. Hinein durften wir auch nicht! Spezielle Genehmigung! Die Kommandierung der Marineschule reichte nicht aus!

Wir hatten gelernt, daß nichts unmöglich sei und gaben mit dieser Erziehung den Mut nicht so leicht auf. — Nach langem Suchen fanden wir endlich den ersten Wachoffizier im Wohnschiff. Er gab uns die gewünschte Erlaubnis. Wir hatten das Gepäck von der Bahn geholt und beschäftigten uns damit, alles einzuschiffen. Die Unteroffiziere grinsten. Im Rang waren sie uns gleichgestellt. Aber das Gleichgestelltsein bedeutete gar nichts, wo wir doch auf sie angewiesen waren. Wir hatten noch nie ein Unterseeboot gesehen und mußten fragen, wenn wir was wissen wollten.

Die beiden kleineren Gepäckstücke waren glücklich in die Zentrale geschafft. Es fehlte lediglich der Schrankkoffer. Aber siehe da, er paßte nicht durch das Einsteigeluk. Gleich war man mit gutem Rat zur Stelle, wollte die Werft beauftragen, das Luk zu vergrößern und überhaupt beantragen, bei Neubauten anders zu verfahren, damit sich Fähnriche einschiffen könnten.

»Achtung!« Die Mannschaft nahm Haltung an. Der Raumälteste machte Meldung. Wir sahen eine weiße Mütze, das Zeichen des Kommandanten. Es war ein ungeschriebenes Gesetz bei der U-Boot-Waffe, daß nur er diese Kopfbedeckung tragen durfte. »Sind Sie denn völlig verrückt, was wollen Sie mit dem ganzen Krempel hier an Bord, meinen Sie, wir werden eine Vergnügungsfahrt machen? Schaffen Sie sofort das Zeug aufs Wohnschiff und melden Sie sich in einer halben Stunde in meiner Kammer.« Natürlich beeilten wir uns, dieser Aufforderung nachzukommen. Als wir uns wieder eingefunden hatten, richtete er folgende Worte an uns:

»Sie sind hier an Bord völlige Nullen und stellen absolut nichts dar. Auch der jüngste Matrose weiß mehr als Sie und ist ein brauchbares Glied in der Gemeinschaft. Sie hingegen sind toter Ballast und unnütze Luftverschwender. Halten Sie sich dies stets vor Augen. Ihre Aufgabe besteht lediglich darin, sich schnell einzuleben und zu lernen. In drei Wochen gehen wir an die Front; glauben Sie nicht, daß ich Sie mitnehmen werde, wenn ich erkennen sollte, daß Sie den Anforderungen nicht gewachsen sind. Seien Sie sich stets der Ehre bewußt, bei der stolzesten und entscheidendsten Waffe des Deutschen Reiches dienen zu dürfen. Das Leben bei uns ist hart und entbehrungsreich. Wir tragen es gerne, denn wir lieben unser Vaterland. Nehmen Sie sich an den Rittern der Tiefe beider Kriege ein Vorbild und eifern Sie ihnen nach. Seien Sie mit ganzem Herzen bei Ihrer Waffe und werden Sie zu ordentlichen Kerlen!«

In der Flottille empfingen wir zwei U-Boots-Päckchen — so nennt man gewöhnlich den auf dem U-Boot getragenen grüngrauen Drillichanzug —, eine Ledergarnitur, Seestiefel, zwei Pullover, sechsmal Unterzeug und sechs Paar Strümpfe. Außer dem Waschzeug war es alles, was wir an Bord nehmen durften. Abgesehen davon ging auch nicht mehr in das angewiesene Spind. Die übrigen Sachen schickten wir bis auf eine blaue Uniform und andere Kleinigkeiten, die in den endgültigen Frontstützpunkt nachgesandt werden sollten, nach Hause.

Nun waren wir also in dem modernen Zauberreich der geheimnisvollen und gefürchteten Waffe beheimatet. Auf engstem

Raum hatten wir uns zu bewegen und uns zunächst in der verwirrenden Fülle der verschiedensten Anlagen und Vorrichtungen zurechtzufinden. Es galt, praktische Schiffskunde zu betreiben. Ein jedes Rohr hatte seine Bedeutung; man mußte wissen, woher es kam, wohin es führte und wozu es diente. Um den Unterricht anschaulicher zu gestalten, ließ man uns unter den Flurplatten herumkriechen, die Bilgen reinigen und überhaupt die schmutzigsten Arbeiten verrichten, die man sich denken kann. Die stolze Fähnrichsuniform war bald vergessen. Rangabzeichen wurden von keinem getragen. Wozu die lange Ausbildung, wenn man scheinbar hier zunächst doch nichts davon brauchen konnte? Dies waren natürlich die Gedanken der Fähnriche, die, von der Schulbank kommend, ursprünglich gemeint hatten, den gewichtigen Mann spielen zu können. Von der Pike hatten wir wieder anzufangen. Einer schlief bei den Mannschaften, der zweite bei den Unteroffizieren und der dritte bei den Oberfeldwebeln. Dann wurde gewechselt. Nur einer aß jeweils im Offiziersraum.

Unser Boot war der übliche Kampftyp VII c, mit 600 t Wasserverdrängung im aufgetauchten Zustand. Der kleinere Typ II mit 250 t kam für den Atlantikeinsatz weniger in Frage; dem größeren Typ IX (800 t) gegenüber hatte unser VII-Typ bei kleinerem Aktionsradius den Vorteil schnellerer Tauchzeit und größerer Wendigkeit, und er war vor allem durch Abwehrgeräte schwerer zu orten. Die Besatzung pflegte damals aus 42 Mann zu bestehen.

Der innere Kern des äußerlich einer Zigarre ähnlichen U-Bootes ist der Druckkörper. In ihm spielt sich das eigentliche Leben ab, alle wichtigen Maschinen und Batterien sind in ihm untergebracht. Dieser Körper ist schwerer als Wasser und demzufolge nicht schwimmfähig. Die Schwimmfähigkeit wird dadurch erzielt, daß eine äußere Hülle um ihn gelegt wird. Somit wird das Volumen größer, ohne daß das Gewicht im gleichen Verhältnis zunimmt. Der im aufgetauchten Zustand mit Luft gefüllte und in Zellen eingeteilte Zwischenraum bewirkt die Schwimmfähigkeit des Ganzen, so daß ungefähr ein Siebentel des Druckkörpers aus dem Wasser ragt. In Zellen des Zwischenraumes findet auch der Brennstoff Platz. Um das Tauchen zu bewerkstelligen, läßt man in die sogenannten Tauchzellen eine berechnete Wassermenge, die den Auftrieb zu vernichten hat. Wenn das Boot still läge, würde es bis auf den Grund sinken, denn ein Schweben, wie man es in allerlei Spukgeschichten von verschollenen Schiffen erzählt, gibt es in der Praxis nicht. Nur dadurch, daß man dem Boote durch Maschinenkraft eine Geschwindigkeit verleiht, kann man es in einer gewünschten Tiefe halten. Durch das Bedienen der sogenannten Tiefenruder, seitlicher Tragflächen, nutzt man den Fahrtstrom aus und läßt sich nach oben oder unten drücken, gewinnt also Auf- oder Untertrieb.

Wie ist die Anordnung der Räume im Innern? Machen wir einen Gang, und zwar nicht im Sinne einer korrekten Beschreibung von »achtern«, von hinten aus, von wo gesehen »rechts« immer Steuerbord und »links« Backbord bedeutet, sondern von vorn aus, wo sich der Mannschaftswohnraum befindet. Wenn man an den Spitznamen der Matrosen der seemännischen Laufbahn, »Lords«, denkt, ist es ja auch sinnvoll, in der Pairs-kammer zu beginnen. Nun, sie ist ein wenig eng, gelinde ausge-drückt. In den Raum ragen die vier Bug-Torpedorohrenden. In jedem Rohr liegt normalerweise ständig ein Torpedo. Weitere vier sind unter den Flurplatten gelagert und zwei über den Flur-platten durch einen hölzernen Fußboden geschützt. Die Mann-schaften schlafen in Kojen, die hochgeklappt werden können. Es sind jeweils zwei Schlafstätten übereinander. Drei »Lords« haben zwei Kojen zur Verfügung. Mit ihnen teilen aber noch die anderen Mannschaftsdienstgrade die insgesamt zwölf Kojen des Bugraumes: Die Torpedogäste, die den sinnigen Beinamen »Mixer« führen, und die Funkgäste. Vor allem aber die Matrosen des technischen Personals, deren Dienstbezeichnung Heizer ist. Die Heizer haben zu zweit eine Koje zur Verfügung.

Diese Einteilung erklärt sich aus den Wach- und Dienstver-hältnissen und läßt sich ohne Schwierigkeiten in der Praxis durchführen. Viele Soldaten müssen ständig auf Wache sein. Der eine steht auf, der andere legt sich an seiner Statt schlafen. Die Koje wird niemals kalt und erinnert an die Verhältnisse in Industriestädten mit ihrer Raumnot, wo es Schlafstellen gibt, de-ren Inhaber sich schichtweise je nach ihrem Arbeitsturnus ablö-sen.

Es ist aber nun nicht so, daß etwa die wachfreien Leute bis zum Antritt des nächsten Dienstes durchschlafen können. Zu den Mahlzeiten müssen selbstverständlich alle aufstehen, da ein Tisch aufgestellt wird und die oberen Kojen aufgeklappt werden müssen, damit man auf den unteren sitzen kann. Desgleichen unterbricht die Ruhemöglichkeit das tägliche Arbeiten an den

Torpedos, eine Aufgabe, die im Bugraum vorgenommen wird. Man nennt es »Regeln«. Die mechanischen Anlagen des Torpedos müssen geprüft werden. Die Betten stören und sind daher hochzuklappen.

Ferner soll das Boot von den Mannschaften saubergehalten werden; Backschafter, Soldaten, die das Essen holen und Geschirr abwaschen, sind zu stellen. Es gibt für die Mannschaftsdienstgrade fast ebensoviel Vorgesetzte, wie sie selber sind.

Wenn man den Bugraum verläßt, kommt man in den Oberfeldwebelraum, für den Obersteuermann und die zwei Obermaschinisten. Links befindet sich eine Kühlanlage, und auf der anderen Seite ein WC. Es folgt der Offiziersraum für die beiden seemännischen Offiziere und den Leitenden Ingenieur, L. I,. wie er abgekürzt bezeichnet wird. Dahinter ist an einer Seite der Kommandantenraum, in Wirklichkeit nur eine durch einen dikken Vorhang abgetrennte Ecke. Natürlich muß der Kommandant dem Herzen des Geschehens nahe sein: So befindet sich gegenüber die Funkstation, daneben ein Raum mit den wichtigen Vorrichtungen der Unterwasserortung, Horchgeräte usw. Gleich neben dem Kommandantenraum ist die Maschinenhauptsicherung — und dann betritt man den Raum, dessen Bedeutung aus seinem Namen »Zentrale« hervorgeht. Hier halten sich während des Unterwassermarsches der Kommandant und der L. I. auf, hier werden die Befehle gegeben. Sämtliche Geräte, die beim Unterwassermarsch zur Führung benötigt werden, wie Tiefensteuer, Trimmschalter, Pumpen usw. befinden sich in diesem Raum. Auch gelangt man von hier in den Turm. Die Zentrale liegt in der Mitte des Bootes und ist zum Vor- und Achterschiff hin abschottbar. Die Schotten sind für einen Wasserdruck von 100 Meter Tiefe konstruiert, im Gegensatz zu den Türen zwischen den Räumen, die nur für eine Tiefe von etwa 20 Meter druckfest sind.

Es folgt der Unteroffiziersraum mit acht Kojen, die wechselseitig von den Maaten benutzt werden müssen. Dahinter auf der rechten Seite die Kombüse und auf der linken ein weiteres WC. Dann der Dieselmaschinen- und anschließend der Elektromaschinenraum, mit dem Hecktorpedorohr und einem Ersatztorpedo unter den Flurplatten. Der Unteroffiziersraum ist sehr ungünstig gelegen, da ihn jeder passieren muß, der von einem Teil des Schiffes in die Kombüse und in die Maschinenräume gelangen will, was sehr häufig der Fall ist.

Neue Boote erhielten zu jener Zeit im Jahre 1941 eine Besatzung, die zur Hälfte aus erfahrenen Frontfahrern und zur anderen aus Neulingen bestand. So trug bei uns jeder zweite Mann der Besatzung die U-Boots-Auszeichnung und das Eiserne Kreuz zweiter Klasse. Unser Kommandant hatte eine Reihe Frontfahrten als erster Wachoffizier hinter sich. Er war eine große, blonde Erscheinung mit markantem eckigen Gesicht. Kurz und abgehackt war seine Sprechweise.

Die halbjährige Ausbildungszeit, die jedes U-Boot in der Ostsee zu durchlaufen hatte, war von unserem Boot nahezu überstanden, als wir Fähnriche in Danzig dazu kommandiert wurden. Es hatte sich um vielseitige Prüfungen gehandelt, die bei einigen Spezial-Flottillen abzulegen waren. Bei Tauchmanövern wurden z. B. nach den Berichten beschädigter Frontboote von erfahrenen Ingenieuren Ausfälle von Maschinen-, Licht- und sonstigen Anlagen eingelegt. Alle Arbeiten mußten oft im Dunkeln ausgeführt werden. Auch im Ernstfalle funktioniert als erstes meist das Licht nicht. Hatte das Boot die vorgesehene Prüfung bestanden, wurde es für die nächste Ausbildungsflottille freigegeben, falls nicht, wiederholte es den Lehrgang, genauso wie in der Schule. Unser Boot hatte alle Anforderungen erfüllt. Es war ein gutes Zeichen für den Kommandanten. Es fehlte nur noch die Abschlußübung, die »taktische«. Ihr wurde das größte Gewicht beigemessen. Sie dauerte 14 Tage und war eine harte Probe für Boot und Besatzung. Als ich sie später als 1. Wachoffizier machte, verlor der Übungsverband dabei von zwölf Booten zwei; drei weitere liefen beschädigt ein.

Die taktische Übung war größten Stils aufgezogen. Sie erstreckte sich über einen weiten Raum der Ostsee. Die Boote hatten eine Anfangsposition einzunehmen, und dann wurde genau wie an der Front auf dem Atlantik verfahren: Ein aus vielen Schiffen bestehender Geleitzug mit starker Sicherung fuhr Zickzackkurs. Mindestens 50 Flugzeuge erfüllten Fernaufklärungsaufgaben und meldeten jedes gesichtete U-Boot.

Es wurde nicht wie bei der früher durchlaufenen Schießflottille mit Übungstorpedos geschossen, die sich von scharfen lediglich durch Fehlen der rund 200 kg schweren Sprengladung unterschieden und so tief eingestellt wurden, daß sie das Ziel unterliefen, sondern nur die Schußunterlagen dem Zielschiff übermittelt, um die Treffer festzustellen und die U-Boots-Besatzung beurteilen zu können. Bei vorherigen Übungen war ihr

Durchgang nachts durch eine eingebaute Lampe zu erkennen. Es wurde vom unterschossenen Schiff beobachtet, wo man getroffen worden wäre. Bei Tage markierten aufsteigende Luftblasen den Lauf. Wir schnitten gut ab. Nun ging es zur Frontausrüstung nach Kiel.

Die Ausrüstungsflottille war die »Fünfte«. Dort herrschte ein reger Betrieb. An der U-Boots-Mole lagen mindestens zehn Boote. Eins wie das andere. Grau, schlank und im Verhältnis zur Breite enorm lang. An die 70 Meter maßen sie. Die Besatzungen, jung und von unbeirrbarem Idealismus beseelt, stolz auf ihre Waffe, siegesgewiß. Ich traf viele Kameraden der Marineschule wieder, da jedes Boot zwei bis drei Fähnriche hatte. Der Offiziersnachwuchs sollte an der Front selbst lernen; die Behinderung, die er auf den Booten darstellte und die auftretenden Verluste mußten in Kauf genommen werden. Keine U-Boots-Schule konnte Erfahrungen, die an der Front gewonnen wurden, ersetzen.

Lastwagen auf Lastwagen brachte Proviant. Für acht Wochen mußte unser Boot ausgerüstet werden. Man konnte die Lebensmittel auf ein Vierteljahr strecken, ohne Not zu leiden, denn die Rationen lagen um vieles höher, als die der übrigen Truppenteile. — Es galt, den Proviant sachgemäß zu verstauen und gleichmäßig im Boot zu verteilen, damit es tiefensteuermäßig gut ausgelastet war. Zweitens durfte er beim Tauchen nicht rutschen — und das geschah unter Umständen mit einem Neigungswinkel von 60 Grad —, drittens sollten die Lebensmittel das Bedienen der Maschinen und ein Hin- und Herlaufen nicht behindern. Es gehört viel Erfahrung und Geschick dazu. In den späteren Kriegsjahren erhielten alle Boote einen genauen Stauplan. Schinken und Hartwürste kamen zwischen die Torpedorohre und in die Zentrale. Frischfleisch für drei Wochen in den Kühlraum und Frischbrot, für annähernd die gleiche Zeit, in Hängematten in Bug- und E.-Maschinen-Raum. Erschöpften sich die frischen Nahrungsmittel, lebte man ausschließlich von Konserven.

Zur Übernahme der Torpedos wurde das Boot an eine für diesen Zweck vorgesehene Mole verholt. Erst lud man vorn durch ein Spezialluk und dann hinten. Zum Schluß kamen zwei Torpedos in wasserdichte und druckfeste Oberdecksbehälter. Wenn sie später hereingenommen werden sollten, mußte das Boot aufgetaucht sein.

Jetzt kam die Munition an die Reihe: 8,8-cm- und 2-cm-Granaten sowie beachtliche Mengen MG- und Maschinenpistolenmunition. An Oberdeck hatten wir eine besondere U-Boots-Kanone und ein vollautomatisches Flakgeschütz. Ein Maschinengewehr konnte im Bedarfsfalle in wenigen Sekunden vom Turm aus hochgeschafft werden.

Die Ausrüstung war abgeschlossen, die Sauerstoff-Flaschen waren gefüllt, die Luftreinigungsfilter erneuert. Wir hatten die letzte Post an die Angehörigen gesandt. Im Morgengrauen des nächsten Tages sollte ausgelaufen werden. Würde man zurückkehren? Das waren wohl die Gedanken eines jeden, wenn darüber auch nicht gesprochen wurde. Wird man seine Lieben, Frau und Kinder, oder die Braut und die Eltern wiedersehen? — Selbstverständlich kehrt man zurück, warum die dummen Gedanken! Der Kommandant macht einen selten tüchtigen Eindruck. Er fährt nicht zum erstenmal an die Front, er kennt den Rummel. Warum soll es ausgerechnet bei der ersten Fahrt schiefgehen? Und es ist Krieg, der Kampf fürs Vaterland. — Wir haben Befehle auszuführen und müssen bange Gefühle in die innerste Falte unseres Herzens verweisen. Zudem, dürfen wir nicht zu unserem Können Vertrauen haben? Dem Tüchtigen hilft Gott!

Mit eiserner Haltung stand unsere Besatzung in ihren grauen Lederpäckchen angetreten. Der Flottillenchef machte die Abschiedsmusterung: »Kameraden, seien Sie sich bewußt, bei der stolzesten und entscheidendsten Waffe unseres geliebten Vaterlandes zu dienen. In Ihren Händen tragen Sie das Schicksal, das unserem Volke beschieden sein wird. Dessen gedenken Sie stets und zeigen Sie sich des erwiesenen Vertauens würdig. Feigheit kennen wir nicht. Unter Motto ist RAN, VERSENKEN!«

Die deutsche Küste lag weit hinter uns. Der Kommandant hatte entschieden, durch die Islandpassage zu gehen, also zwischen Island und den Färöerinseln hindurch, um den freien Atlantik zu erreichen. Schon im Ersten Weltkrieg stellte es das große Problem der Unterseebootskriegführung dar, die Boote von den deutschen Häfen in den Atlantik zu schicken. Wir hatten ohne die Küste Frankreichs keinen unmittelbaren Einsatzhafen. Der Ärmelkanal ist aufgrund seiner geringen Breite relativ leicht zu überwachen und durch Minen- und Netzsperren kontrollierbar. Wenn auch der Seeraum größer ist, so steht ebenfalls die nördliche Ausfahrt um die Britischen Inseln herum unter starker Kontrolle des Gegners. Boote mit neuen Besatzungsmitgliedern hatten wenige Tage nach dem Auslaufen eine schwere Probe zu bestehen, den Durchbruch. Die Unerfahrenheit der Neulinge ist der Grund, warum verhältnismäßig große Verluste bei der ersten Feindfahrt auftraten. Viele wurden obendrein auch noch seekrank. Der seekranke Mensch aber ist durchaus unzuverlässig, sei es im Ausguck oder in der Bedienung von Tauchvorrichtungen.

Leider wurden gute Ratschläge Älterer gerne überhört. Man glaubt, es sei Wichtigtuerei; schließlich ist man doch selber nicht auf den Kopf gefallen und glaubt, etwas zu wissen.

Ich bin auf Wache. Achterer Ausguck. Genau wie ein gewöhnlicher Matrose. Der Kommandant hatte uns zwar gesagt, wir seien völlige Nullen an Bord. Aber anscheinend hatte er doch etwas Vertrauen gewonnen, denn einer völligen Null überläßt man nicht den Ausguck in einem Sektor von 90 Grad. Vorn pflegen der Wachoffizier mit einem Bootsmaat und hinten zwei Matrosen zu stehen, diesmal auch ein Fähnrich darunter. Jeder hatte seinen Bereich ständig mit dem Glas und bloßen Augen abzusuchen. Dies vier Stunden lang, ohne ein Dach über dem Kopf oder sonstigen Schutz. Es war gleich, ob Regen, Sturm oder Schnee, die Wache wurde gegangen. Wehe dem, der einschlief oder dessen Aufmerksamkeit nachließ. Es konnte das Leben kosten, nicht nur das seine, sondern das der gesamten Besatzung.

Vier Tage unterwegs. Nichts in Sicht, kein Flugzeug, kein Schiff, keine Treibmine. Eintönig hämmerten die beiden Diesel; es war mehr ein Dröhnen. Der geschlossene, runde Stahlkörper bildete einen eigenartigen Resonanzboden. Hinzu kam ein Sauggeräusch, hervorgerufen durch zwei Gebläse, deren Rohre unmittelbar neben uns auf dem Turm mündeten. Etwas Unheimliches hatte es an sich. — »Zweimal halbe Fahrt voraus«, 14 bis 15 Meilen, liefen wir. Der langgestreckte Bootskörper durchschnitt wie ein Messer das Meer; an beiden Seiten warf er weiße Bugsee auf. Sie sah einem Schnurrbart ähnlich.

Eigensinnig und steif zog das Boot seine Bahn. Normale Wellen waren nicht in der Lage, es zu heben. Der Bug ging schnurstracks hindurch. Die Seen liefen über das Oberdeck und brachen sich am Turm. Größere reichten bis hinauf, ab und zu bekam man eine kleine Erfrischung in Form einer Portion kalten Wassers über den Kopf. Immer wieder das Glas an die Augen, einen Rundblick nehmen, dann putzen und das gleiche. Vier Stunden dauert die Wache.

Ein Schweinsfisch! Nur kurz darf man es als Abwechslung empfinden, die Aufmerksamkeit hat anderem zu gelten. Wie schnell er zu schwimmen vermag; er ist schneller als wir, kreuzt vor dem Bug, läßt sich zurücksacken und holt blitzartig wieder auf. Da noch einer. Vielleicht ein Ehepaar. Wie glücklich müssen sie doch sein ohne Krieg. Was heißt übrigens Krieg, wir haben ja bisher auf unserer Fahrt nichts davon verspürt. Es ist in der also so gefährlich geschilderten Passage anscheinend überhaupt nichts los. So viele Flugzeuge hat der Engländer auch gar nicht, um alles bewachen zu können. Wichtigtuerei der alten »Frontfahrer«. Sie wollen uns nur Angst machen! —

»Flugzeug 40 Grad«, meldet der Bootsmaat. — Der Wachoffizier blickt in die Richtung: »Alarm.« Markerschütternd schrillen die riesigen Klingeln, die Tote erwecken könnten, in allen Räumen. Alles hat in diesem Augenblick an die angewiesenen Plätze, auf »Tauchstation« zu eilen, stehen und liegen zu lassen, was nunmehr unwichtig ist. Selbst intimste Beschäftigungen, etwa auf dem WC., müssen unverzüglich unterbrochen werden, gleich in welcher Verfassung man dann erscheint.

Die Brückenwache springt in das Einsteigeluk. Mit Händen und Füßen auf dem Geländer der Metallreiter rutscht sie senkrecht in die Tiefe. Springt man, unten angekommen, nicht sofort beiseite, fällt einem der nächste auf den Kopf. Es sind harte Seestiefel. Nur wenige haben sie nicht kennengelernt. Die Übungszeiten waren fünf Sekunden bis zum Schließen des Lukes. Für jeden also eine und zwei zehntel Sekunden. Weiter nichts als eine Mutprobe. Nur hineinspringen ist das Motto, irgendwie kommt man schon unten an. Abgesehen davon steht in der Zentrale auch jemand zur Hilfestellung bereit. Er reißt uns weg, gleich, wie wir fallen mögen.

Mit der Alarmklingel stoppen die Diesel. Fieberhaft wird im Maschinenraum gearbeitet, Zuluftschächte und Auspuffventile dichtgedreht, die beiden Schrauben auf Elektromaschinen gekuppelt. Jeder kennt sein Rad. Unzählige Male war es durchexerziert. Nur nichts vergessen! Es könnte nicht geflutet werden. Die roten Lampen melden das Fehlen der geringsten Kleinigkeit. Jede Sekunde ist kostbar. Unten weiß keiner, was los ist. Ein Zerstörer, Flugzeug oder sonst irgendwas. Gefahr ist zweifellos vorhanden. Man gibt keinen Alarm zum Spaß. Kommt denn noch kein Flutbefehl?

Klack, das Luk hat eingeschnappt. »Fluten«, ruft der Wachoffizier. Er hat sich an das Verschlußrad des Lukendeckels gehängt, um mit seinem Gewichte schneller das Luk zu schließen. Seine Beine baumeln in der Luft. Er steigt als letzter ein. »Fluten«, befiehlt der Leitende Ingenieur. Er ist verantwortlich dafür, daß nur geflutet wird, wenn das Boot in ordnungsgemäßem Tauchzustand ist. Er hat seine Lampentafel. Haben alle Sektionallampen aufgeleuchtet, liest man auf einer großen Scheibe »Tauchklar«. »Fünf; vier, drei, zwei — beide.« Es sind die Tauchzellen gemeint, von denen die vordere die Nummer fünf trägt. Die anderen sind doppelt auf Steuer- und Backbordseite vorhanden. Es herrscht eine Stimmung äußerster Konzentration und Anspannung. Keiner spricht ein überflüssiges Wort. Männer springen wie Katzen an die Fluthebel, reißen sie auf, wiederholen: »Fünf; vier, drei, zwei — beide.« Einer nach dem anderen; die Worte verschmelzen ineinander. Nun muß gezeigt werden, was man gelernt hat. Lange genug ist es geübt worden. Ein Fehlgriff könnte den Tod bedeuten.

Es klappt wie am Schnürchen. Gleichzeitig melden Lampen, daß die Tauchzellen geöffnet sind. Wasser rauscht in die Tanks. Das Boot kippt an, zehn Grad, zwanzig Grad. »Eins«, befiehlt der L. I. Die hinterste Zelle wird aufgerissen. Absichtlich läßt man sie bis zuletzt geschlossen, um das Ankippen zu beschleunigen.

Die E.-Maschinen laufen äußerste Kraft. Nur ein leises Summen vernimmt man. Das Boot schüttelt sich. Es vibriert. »Tauchzellen sind auf«, meldet der Ingenieur dem Kommandanten. »10 Meter, 15 Meter, Boot fällt schnell, 20 Meter.« —

Der Wachoffizier erstattet dem Kommandanten Bericht: »Sunderlandflugzeug im Backbordsektor voraus. Der Himmel halb bedeckt. Es stieß durch eine Wolkenbank. Abstand 4000 Meter. War nicht im Anflug. Möglicherweise hat es das Boot nicht gesehen, und wenn, muß es eine Angriffskurve fliegen und verliert Zeit. Wir werden 50 Meter erreichen, ehe die ersten Bomben fallen.« — Inzwischen hat der Ingenieur »Ausdrücken« befohlen. Tosend schießt Preßluft in die Untertriebszellen. Sie sind beim aufgetauchten Marsch ständig mit Wasser gefüllt. Ihr zusätzliches Gewicht läßt das Boot schnell die sogenannte Oberflächenspannung des Wassers überwinden und beschleunigt den

Tauchvorgang. Aber um die 5 Tonnen Wasser, das Fassungsvermögen der Untertriebszellen, ist nunmehr das Boot zu schwer. Sie müssen nach dem Verschwinden unter der Wasserfläche schnell ausgedrückt werden. Auf 205 atü ist die Preßluft komprimiert. Ein gewaltiger Druck. In wenigen Sekunden rauscht das Wasser hinaus. »Zellen leer.« »Schließen!« Behend drehen zwei Matrosen die dafür bestimmten Ventile dicht. Die Untertriebszellen sind nun mit Luft gefüllt. Sie stehen unter Überdruck. Automatisch entlüftet sie der Zentralobermaat. Dadurch steigt der atmosphärische Druck im Boot. Die Ohren summen.

Leitender Ingenieur an Kommandanten: »40 Meter, Boot fällt schnell, 35 Grad Lastigkeit.«

Kommandant an L. I.: »Auf hundert Meter gehen.« — »Sechzig Meter, sieben . . .« zig hört man nicht mehr. Es knallt. Nicht wie bei Artilleriebeschuß an der Erdoberfläche. Ein dumpfer Schall; es rauscht und knistert. Wasser ist ein guter Leiter. Das Boot gleicht einer Trommel. Man ist in sie eingesperrt.

Gesprochen wird nicht, keiner läuft umher. Jeder hat seinen Platz, den er nicht verlassen darf. Es könnte die Trimmlage des Bootes verändern. Das Boot zittert. Werden mehr Bomben folgen? — Meldungen: »Vorschiff klar, Achterschiff klar, Zentrale klar.« Also keine Ausfälle. Die Detonationen lagen weit ab. Nicht einmal so laut wie Übungswasserbomben waren sie, die auf 50 Meter Abstand geworfen wurden. — Hundert Meter. Das Boot wird »durchgependelt«. Es soll die restliche Luft aus den Ecken der Tauchzellen entweichen. Sie würde beim Tiefensteuern hinderlich sein. Bei größeren Tiefen drückt sie sich zusammen, und das Schiff wird spezifisch schwerer; bei geringeren Tiefen ist das Umgekehrte der Fall, und außerdem würden die Luftblasen, wie bei einer Wasserwaage, nach vorn oder hinten laufen und hätten dauerndes Gegentrimmen zur Folge. Außerdem machen sie noch Krach. Sie sind eine durchaus unangenehme Erscheinung. — »Boot ist durchgependelt. Entlüftungen schließen.« Jetzt fühlen wir uns wieder wohler. Wir wissen: Es könnte im Notfall angeblasen werden, ohne daß die Luft nutzlos entweichen und der Auftaucheffekt verlorengehen würde. Wehe dem Boot, das durch Bomben so beschädigt wurde, daß die Entlüftungsventile klemmen. Man kann es als verloren betrachten.

Fünf Minuten lang geschieht nichts. Die Maschinen laufen kleine Fahrt. Zwei Tage könnte man so durchhalten, ohne sich wieder oben zeigen zu müssen. Unsere Aufgabe ist aber nicht, getaucht zu fahren und uns zu verstecken, sondern anzugreifen und zu vernichten.

Der Kommandant hat eine gewisse Genugtuung über die ersten Bomben. Man muß sie kennengelernt haben, um den Krieg ernst zu nehmen, ist seine Ansicht. Es gibt nichts Schlimmeres für eine neue Besatzung als die ersten Wochen ohne Angriffe. Die Leute werden gleichgültig und fühlen sich sicher. Das wird dann leicht zum Verhängnis. Eine Stunde bleiben wir getaucht.

Kommandant: »Auf Sehrohrtiefe gehen!«

Wachoffizier an Ingenieur: »Auf Sehrohrtiefe gehen, beide Maschinen halbe Fahrt voraus!«

Ingenieur an Tiefenrudergänger: »Beide Tiefenruder hart oben. 50 Liter fluten!«

Der Wasserdruck läßt beim Höhergehen nach, das Boot dehnt sich aus, wird spezifisch leichter, und man muß gegenfluten. Die Mengen kennt der erfahrene Ingenieur genau. Sie hängen vom Salzgehalt des Wassers und von anderen Faktoren ab. — Der Kommandant befindet sich in der Zentrale. Er wird den Rundblick durch das Sehrohr nehmen. — »100 Meter, Boot steigt.« Mit 10 Grad Lastigkeit geht es hoch. Ungefähr jede Sekunde einen Meter. Wir haben keine Eile. Die Hauptsache ist, das Schiff wird auf 20 Meter abgefangen, ist gut ausgelastet, um dann ohne Tiefenschwankungen die Sehrohrtiefe von 14 Metern zu halten. Es ist äußerst wichtig. Das Sehrohr selbst darf nur ganz wenig herausschauen, die Maschinen müssen langsam laufen, damit die Schrauben keine Strudel verursachen, und das Sehrohr selbst keine Blasenbahn zieht.

Die Besatzung bereitet sich vor. Die Brückenwache macht sich fertig und putzt die Gläser. — »50 Meter, Boot steigt — 20 Meter, Boot ist abgefangen.« — Wenige Minuten steuert der Leitende Ingenieur nochmals das Boot ein. Es ist notwendig, denn einige Matrosen mußten zum Auftauchmanöver ihren Platz wechseln. Es sind bei jedem mehr als 60 kg, und das wirkt sich bei der Länge des Bootes nach dem Hebelarmgesetz aus. Jeder Liter wird in Rechnung gezogen. Ein Heizer bedient den Trimmschalter. Wie muß er auf dem Posten sein! Daneben sind viele Ventile, eins neben dem anderen. Farben unterscheiden wohl Backbord- und Steuerbordseite, aber die Räder dienen einmal zum Fluten, ein andermal zum Lenzen. Je nach der Verteilung der Wassermengen wird aus den Backbordzellen gelenzt und in die Steuerbordzellen geflutet oder umgekehrt. Die Befehle kommen in schneller Folge. Ein Fehler — die Folgen könnten schwerwiegend sein!

Da müssen die Nerven auch richtig geschaltet werden. Am besten abgeschaltet. Der U-Boots-Fahrer wird zu einer Maschine, er gleicht sich dem Fahrzeug an. Und andererseits wird das Fahrzeug zu einem Stück lebendigen Wesens: Wechselwirkung und Mysterium unseres technischen Zeitalters. Es kracht und ächzt bei Tiefen über 200 Meter und schüttelt sich wie ein Hund, wenn es durch die Oberfläche bricht. Bei schlechtem Wetter stöhnt es genauso wie die Brückenwache. Auf 100 Meter ist es ruhig und zufrieden und zieht fast geräuschlos seine Bahn. —

Bei zwanzig Meter steigt der Kommandant in den Turm und setzt sich an das Sehrohr. Es ist ein kleines technisches Wunderwerk. Breitbeinig sitzt man auf einem bequemen Ledersessel, der an einer ungefähr einen Meter im Durchmesser dicken Säule montiert ist. Die Beine ruhen auf zwei Pedalen, die beim Herunterdrücken eine Rechts- oder Linksschwenkung verursachen. Die Drehgeschwindigkeit hängt von dem ausgeübten Druck ab. Die rechte Hand bedient einen Kippspiegel, mit dem man etwa 70 Grad nach oben, also den Himmel, oder 15 Grad nach unten, das Wasser, sehen kann. Bei Ausfall der Elektrizität kann die Anlage auf Handbetrieb umgestellt werden. Die linke Hand betätigt den Ein- und Ausfahrhebel, der ständig in Tätigkeit ist. Man gleicht mit ihm die Wellenbewegung und geringe Tiefenschwankungen des Bootes aus. Das Periskop darf nur wenig herausschauen. Ferner gibt es einen Griff für 1,5- und 6fache Vergrößerungen und verschiedene Sonnenblendvorrichtungen. Außerdem kann eine Kontaxkamera oder Filmapparatur angebracht werden. Die ganze Anlage ist heizbar, um ein Beschlagen der Spiegel zu verhindern. Trotz Ein- und Ausfahren des Sehrohres bleibt man stets in der gleichen Höhe sitzen. Jedes Manöver geht völlig geräuschlos vonstatten. Selbstverständlich ist, daß sich im Sehrohrausblick Fadenkreuz, Entfernungsskala und Kreiselkompaßtochter befinden. Desgleichen sieht man, nach oben oder unten schauend, verschiedene Kränze mit Gradeinteilungen, die das Schießen ermöglichen. Die Zahlen sind je nach der Bedeutung rot, grün, gelb, schwarz oder weiß. Der Torpedofeuerschalter liegt in unmittelbarer Nähe.

Neben dem Sehrohr befindet sich die Hauptrechenanlage. Sie war während des Krieges einzigartig auf der Welt und mag bei der Kapitulation berechtigterweise viel bestaunt worden sein. Es handelt sich nicht um eine Rechenmaschine normaler Art mit Zahnrädern, sondern um eine Dreiecksrechenmaschine mit verschiedenen Kurvenblättern und Konussen. Sie ist direkt mit dem Sehrohr gekoppelt. Dadurch wird das Schießen auf fünf verschiedene Ziele eines Geleitzuges in wenigen Sekunden ermöglicht, ohne die einmal eingestellten Werte zu ändern. Nicht zuletzt sind die großen Erfolge in den Schlachten auf dem Atlantik darauf zurückzuführen.

Der Kommandant hat durch das Sehrohr einen Rundblick genommen. Die Luft scheint rein zu sein. Er gibt den Auftauchbefehl. Die Tauchzellen werden mit Preßluft »angeblasen«. Wenn der L. I. meldet: »Turmluk kommt frei«, öffnet der Kommandant den schon vorher aufgedrehten Lukendeckel. Nach Möglichkeit soll im Boot der jeweilige atmosphärische Druck herrschen. Bei Überdruck im Boot kann, wie es nicht nur einmal geschehen ist, der Kommandant herausgeschleudert werden und sich verletzen, bei Unterdruck ist der Lukendeckel schwer zu öffnen und es kommt beim Aufklappen Wasser herein. Das Salz brennt in den Augen und das umgehängte Fernglas ist in nassem Zustand wertlos. Die ersten Augenblicke nach dem Auftauchen sind aber oft entscheidend. Nicht selten ist der Feind in unmittelbarer Nähe. Ein guter und zuverlässiger Ausguck hat U-Booten oft das Leben gerettet.

Der Kommandant und hinter ihm der Wachoffizier sind auf die Brücke gesprungen. Angespannt suchen sie Wasser und Himmel ab.

Inzwischen ist das Boot weiter herausgekommen. Die Elektromotoren laufen noch große Fahrt. Je schneller das Boot, desto kürzer die Tauchzeit. Die Untertriebszellen sind mit dem Auftauchbefehl geflutet worden. — Nichts in Sicht. Der Kommandant befiehlt jetzt erst »Ausblasen!«. Es wird mit den Dieselabgasen das restliche Wasser aus den Tauchzellen gedrückt. Die Elektromotoren werden getoppt. Der Vorteil liegt in der Ersparnis von Preßluft und außerdem in der besseren Konservierung der Tauchzellen durch die fetthaltigen Abgase.

Die Brückenwache zieht auf. Das Boot ist im normalen Zustand für Überwasserfahrt. Es zieht seinen Kurs, monoton hämmern die Motoren ihr Lied. —

Oft mußten wir tauchen, und Bomben waren gefolgt. Sie konnten uns nichts anhaben. Mehrfach sahen wir Treibminen.

Einmal hatten wir während der Unterwasserfahrt ein eigentümliches Schurren an der Bordwand vernommen. Beim Auftauchen hing ein Minendrahtseil quer über dem Turm. Es war sehr verrostet; zum Glück hatte sich die Mine gelöst.

Mit dem neckischen Namen »Rosengarten« hatte der Humor der U-Boot-Leute das minenverseuchte Gebiet benannt. »Im Rosengarten, da will ich Dich erwarten«, hatten wir in der Schule als mittelhochdeutsches Minnelied gelernt. Hier sang es Gevatter Tod, und seine Rosen waren mit vielen Stacheln versehene unter der Wasseroberfläche verankerte Sprengkörper.

Ein andermal war ein Fischdampfer in Sicht. Im Boot herrschte Stimmung dafür, ihn zu versenken. Er fuhr im Sperrgebiet. Aber der Kommandant war dagegen. Er sei zu klein, ein Torpedo lohne sich nicht. Außerdem würde man die Abwehr auf sich ziehen, was in Küstennähe niemals ratsam ist, denn innerhalb weniger Stunden können U-Boot-Jagdgruppen und Flugzeuge herangeholt werden. Es lohnt eines Fischerfahrzeuges wegen nicht. Immerhin ist jedes U-Boot ein Vier-Millionen-Objekt.

So brachten wir die Islandpassage hinter uns.

Endlich standen wir in dem uns von der U-Boot-Kriegführung angewiesenen Seeraum. Mit uns mochten noch andere Boote eine Art Gürtel mit mehr oder weniger großem Abstand untereinander bilden. Im allgemeinen hat bei solchen Aufstellungen der deutsche Nachrichtendienst eine große Rolle gespielt. Es war kein Zufall, daß die U-Boote sich oft direkt auf Schiffsrouten befanden.

»Mastspitze Steuerbord voraus!« Der Ausguck hat gut aufgepaßt. Nur ganz schwach ist sie in den scharfen Doppelgläsern zu erkennen. Der Kommandant kommt auf die Brücke. Er sieht sie sofort. Seine Augen sind geübter als die unsrigen. Es hört sich sonderbar an, aber es ist so; Ausguck ist Erfahrungs- und Übungssache. Nicht jeder kann es, auch wenn er gute Augen hat. Es stellte sich immer wieder heraus. Neulinge wollten es zuerst nicht glauben. Aber tatsächlich machten sie auf ihrer ersten Fahrt selten eher etwas aus als die »Alten«. Mir ging es genauso.

Der Kommandant sagt dem Wachoffizier, daß er das Boot weiter fahren werde. »Hart backbord, beide Maschinen halbe Fahrt voraus!«

Des geringen Brennstoffverbrauches wegen lief bisher nur ein Diesel kleine Fahrt. Vierstündlich wurden die Maschinen gewechselt, um sie gleichmäßig zu beanspruchen. Auch waren sie dadurch ständig warm und jeden Augenblick zur Höchstfahrt bereit. Die Abgasventile konnten zwischendurch eingeschliffen werden. Ein sehr wichtiger Faktor, da sonst Wasser beim Tauchen eindrang. Wir hatten vorher eine Geschwindigkeit von sechs Meilen. In wenigen Sekunden sind wir auf zwölf. Das Boot dreht, bis die Mastspitze genau achteraus ist. »Recht so!« sagt der Kommandant zum Rudergänger.

Ein besonders schweres und großes Fernglas wird auf die Zielsäule (UZO) gesetzt. Sie dient für Überwasserangriffe und hat gleich dem Sehrohr Verbindung zur Rechenanlage. Bei Tauchalarm kann dieses außergewöhnliche Fernglas ohne Bedenken draußen bleiben. Es ist bis 200 Meter Tiefe druckfest. Der Kommandant steht daran. Der Mast ist im Fadenkreuz, er wird kleiner und wandert nach backbord aus. »Aha, Kurs Nordamerika, hoffentlich kein Amerikaner, sie sind neutral. Aber er ist im Sperrgebiet. Neutrale Schiffe müssen die vorgeschriebene Dampferlinie einhalten und dürfen keinen Zickzackkurs fahren; es wird sich bald herausstellen«, murmelt der Kommandant vor sich hin. »Beide Maschinen zweimal halbe Fahrt voraus!« 14 Seemeilen. Die Gebläse werden eingelegt. Zusatzpumpen saugen die Luft in die Schächte. Der Bug hebt sich, und weißer Gischt spritzt nach beiden Seiten. Jetzt sieht man die Mastspitze nur noch im UZO, der Überwasserzielsäule. »Hart steuerbord!« Wir laufen genau quer zum ersten Kurs. Die Mastspitze verschwindet. »20 Grad nach steuerbord!« Ganz langsam kommt sie wieder in Sicht und wird größer. »Beide Maschinen große Fahrt voraus!« 16 Seemeilen. »10 Grad nach backbord!« Jetzt bleibt die Mastspitze gleich groß, wir haben den gleichen Kurs wie das Schiff. Aber anscheinend ist es schneller als wir, denn die Mastspitze wandert nach vorn aus. »Verdammt schnelles Schiff. Hoffentlich kriegen wir es.«

Noch stehen wir achteraus und zum Angriff müssen wir vorlich stehen. Wenn man nur eine Meile schneller als der Gegner ist, benötigt man zum Vorsetzen viele Stunden, oft Tage. Der Gegner darf dabei nicht viel zacken und es dürfen keine Flugzeuge kommen. Viel Glück gehört dazu, ein schnelles Schiff zu torpedieren, wenn man sich beim Sichten in achterlicher Position befindet. »Beide Maschinen zweimal große Fahrt voraus!« Fast 17 Seemeilen. Die Maschinen sind warm geworden, ihre Abgase kaum sichtbar. Das Maschinenpersonal arbeitet hervor-

ragend. Die Mastspitze bleibt in gleicher Höhe; also um 17 Seemeilen läuft das Schiff. Verdammt schnell. »Beide Maschinen
äußerste Fahrt voraus!« Es bleibt noch dreimal äußerste Kraft
und dann Elektromaschinenzusatz. Nur im Notfall wird vom
E.-Maschinen-Zusatz Gebrauch gemacht. Mit unserem Fahrtüber-
schuß müssen wir es schaffen. Zum Glück haben wir nicht gegen
die See anzulaufen. Brecher würden über den Turm schlagen und
die Sicht erheblich behindern. Jetzt kommen nur kleinere Spritzer
über. Das ist normal; denn zu schlank ist der »Graue Wolf«.
Rund 360 Umdrehungen machen die Schrauben in der Minute.
Ein weißer Streifen bleibt als Hecksee zurück. Das Wasser gur-
gelt an beiden Seiten vorbei. Ein schöner Anblick für uns — der
Schrecken der Handelsschiffe.

Zwei Stunden laufen wir schon äußerste Kraft. Wenn nicht
durch den Brennstoff Grenzen gesetzt wären, könnte man es
wochenlang tun. Die Maschinen halten es durch. Es sind
M.A.N.-Motoren. Jedes Boot muß, bevor es an die Front geht,
acht Stunden Höchstfahrt laufen. Nur äußerst selten stellen sich
Mängel heraus.

In der Zentrale wird mitgekoppelt. Alle fünf Minuten gibt der
Kommandant Peilung und Abstand des Gegners hinunter. Der
Obersteuermann zeichnet, in der Zentrale am Koppeltisch, auf
Millimeterpapier unseren Kurs und den des Feindes. Jeder Zack
wird eingetragen. Das Schiff ist schnell und zackt im Höchstfall
20 Grad nach beiden Seiten. Aber schon haben wir seinen Generalkurs. Wir setzen uns ab. Die Mastspitze verschwindet. Wir
laufen außerhalb der Sichtweite. Nach Verlauf jeder Stunde
wird etwas herangedreht, um zu sehen, ob der Dampfer noch
vorhanden ist. Es klappt gut. Genau wie bei Übungen in der
Ostsee. Bei 14 Seemeilen kommt die Mastspitze in Sicht. Wir
halten 16 Seemeilen Abstand.

Alle sind wir gespannt. Werden wir ihn kriegen? Endlich eine
Abwechslung in dem eintönigen Leben! Wache, schlafen, Torpedos regeln, essen, Reinschiff und wieder Wache und nochmals
Wache. Der Torpedooffizier mißt noch einmal die Torpedos
durch. Eigentlich wäre es nicht nötig; aber sicher ist sicher. Die
Diesel dröhnen laut. Sie sind übermannshoch, jeder hat acht
Zylinder. Die Kontrollzeiger werden scharf überwacht. Kühl-
wassertemperatur und Abgastemperatur dürfen nicht zu hoch
kommen, rote Warnstriche nicht überschritten werden, es könn-

ten sonst Schäden auftreten. Noch verläuft alles normal. Wir fahren erst vier Stunden äußerste Kraft.

Fünf Uhr nachmittags. Der Kommandant flucht. Wir kommen nur wenig voran. In der Nacht muß unbedingt angegriffen werden. Zwecklos wäre, noch einen weiteren Tag mitzulaufen. Bei dieser Fahrtstufe benötigen wir ein Vielfaches des normalen Brennstoffverbrauches. Bis morgens um 5 Uhr müssen wir geschossen haben. Dann wird es hell. Falls wir nicht schießen sollten, müßten wir tauchen, uns 14 Meilen achteraus sacken lassen, um wieder unentdeckt auftauchen und das Vorsetzmanöver des heutigen Tages wiederholen zu können. Letzten Endes käme es auf das gleiche heraus. Von 14 Meilen achterliche bis 15 Meilen vorliche Position sind 28, plus Umweg rund 35. Also waren etwa 35 Stunden für einen idealen Angriff notwendig. Der Tag hat aber nur 24 Stunden. Es muß heute nacht geschossen werden!

Alle seemännischen Offiziere und die besten Ausguckposten sind auf der Brücke. Für sie gibt es keine Wachablösung mehr, auch wenn man tagelang so fahren würde. Sie essen nur noch eine besondere U-Boots-Schokolade, damit der Magen nicht viel zu arbeiten hat. Es würde die Müdigkeit erhöhen. Schokolade und Kaffee. Es heißt aufpassen. Wenn man mit einem Schiff Fühlung hält, liegt die Gefahr nahe, daß sich alle dafür interessieren, und die anderen Ausguckposten vernachlässigt werden. Nur eine Tasse Kaffee kommt jeweils auf die Brücke. Für Kaffeekränzchen ist jetzt nicht der richtige Zeitpunkt. Niemals darf mehr als einer abgelenkt sein. Gesprochen wird nicht. Es gibt auch nichts zu sprechen. Es heißt aufpassen und noch einmal aufpassen, mit Glas, ohne Glas und wieder mit Glas.

Es beginnt zu dämmern. In zwanzig Minuten wird es dunkel sein. Wir müssen, um nachts Fühlung halten zu können, auf 3 Meilen heran. Da es aber schneller dunkel wird, als wir den Abstand verringern können, bleibt nichts anderes übrig, als eine Zeitlang nach unseren Berechnungen in die angenommene Richtung des Dampfers vorzustoßen. Hoffentlich macht er keinen Generalzack, eine Hauptkursänderung, wie sie oft von vorsichtigen Kapitänen durchgeführt wird. Man würde das Schiff verlieren. Bei Nacht ist es schwierig, etwas zu finden. Der Atlantik ist groß. Es käme dem Suchen einer Stecknadel in einem Heuhaufen gleich.

Eine halbe Stunde ist vergangen. Vier Doppelgläser suchen den Horizont ab. Die Gefechtswache, die zuverlässigsten Matrosen, sind auf der Brücke. Ihre Augen durchbohren die Dunkelheit. Noch sieht niemand einen Schatten. 40 Minuten — jetzt muß er in Sicht kommen. — 50 Minuten. — Verdammt — der Kerl hat gezackt. Nach unseren Berechnungen müssen wir auf seinem Kurs stehen. Leichte Bogen fahrend laufen wir die gleiche Richtung. Es ist eine berechnete Suchkurve. Sie hängt von Sichtweite und Geschwindigkeiten ab. — Eine Stunde — nichts in Sicht. Wir suchen weiter. Nichts. — Die Besatzung wird ungeduldig. Es spricht sich schnell im Boot herum, — wir haben ihn verloren. Bestimmt war es ein großes Schiff, denn kleine laufen keine so hohe Geschwindigkeit. Über 10 000 Tonnen.

Inzwischen ist es acht Uhr geworden. Der Mond durchbricht die Wolkendecke. Er scheint zu grinsen, verschwindet wieder und kommt erneut zum Vorschein. Immer heller wird es. Einerseits sehr schlecht für uns, aber auf der anderen Seite gut. Die Sichtweite wird größer. Wir könnten schätzungsweise einen Schatten auf vier Seemeilen erkennen. Für den Schuß selbst ist es jedoch schlecht. Wir können uns nicht unter 5000 Meter nähern. Der Gegner würde unsere weiße Bug- und Hecksee erkennen. Das Wasser phosphoresziert stark. Oft scheinen kleine Funken in die Luft zu sprühen. Vielleicht bewölkt es sich später mehr, und der Mond wird verdeckt. Aber vorläufig soll er dableiben. Wir finden das Schiff leichter.

Schatten voraus! Der Kommandant hat ihn zuerst gesehen. Wie ein Lauffeuer geht es durch das Boot. Die Augen aller leuchten auf. »Verdammt Glück gehabt«, meint der Kommandant zum Ersten Wachoffizier, der zugleich Torpedooffizier ist. »Genau voraus. Abstand vier Meilen.« Inzwischen zeigt die Uhr 10. Neun Stunden würden wir brauchen, um auf der schulmäßig vorgeschriebenen Rundkurve anzugreifen und in die richtige Schußposition zu kommen. Um fünf wird es aber langsam hell. Noch vor der Dämmerung müssen die Torpedos aus den Rohren sein. Hoffentlich glückt es!

Wieder haben wir uns abgesetzt und laufen vor. Man kann nur vermuten, wo das Schiff ist. Es darf uns auf keinen Fall sehen. »Dreimal äußerste Kraft!« Der L. I. ist im Maschinenraum. Viele Überwachungszeiger berühren schon den verhängnisvollen roten Strich. Die Höchstbelastung ist erreicht. Weißer Gischt spritzt unaufhörlich über den Turm. Die Brückenwache ist bis auf die Haut naß. Keiner denkt an Regenzeug. Die Gebläse und Kompressoren heulen markerschütternd. Alle fünf

Minuten werden die Tauchzellen nachgeblasen. Möglichst hoch muß das Boot herauskommen. Die Geschwindigkeit erhöht sich auf diese Art. Wenn auch nur um Bruchteile, — aber sie erhöht sich. Man ist von einem ähnlichen Fieber wie auf der Wildjagd gepackt. Eigenartig, der Gedanke an Gefahr kommt nicht auf, obwohl anzunehmen ist, daß mindestens zwei ansehnliche Geschütze auf dem Heck des Gegners stehen werden, nicht zu vergessen die vielen Schnellfeuerkanonen und Maschinengewehre, die alleinfahrende Schiffe mit sich führen. Ein Treffer, und wir wären tauchunklar und dem Untergang geweiht. Ein Unterseeboot ist das empfindlichste Kriegsfahrzeug auf den Meeren. Schon bei einem Gewehrtreffer in die Ölbunker gilt man als verloren. Ein breiter Streifen würde sich beim Getauchtfahren nachziehen, man wäre leicht zu verfolgen und eine sichere Beute der Abwehrkräfte.

Vier Uhr morgens. Es ist statt dunkler noch heller geworden. Der Horizont unterscheidet sich klar von der Wasserlinie. Schlecht für uns. Wenn der Ausguck auf dem Dampfer aufpaßt, muß er uns sehen. Kommandant an ersten Offizier: »Punkt fünf schießen wir. Letzte Möglichkeit. Es wird schnell hell werden. Auf 4500 Meter drücken Sie ab. Dreierfächer!«

Es fehlen fünfzehn Minuten. Die Besatzung ist auf Gefechtsstation. Ein jeder ist beschäftigt. Zwei Mann bedienen die Rechenanlage; einer im Turm, der andere in der Zentrale. Der Torpedomaat mit einem Torpedogast stehen an den Bugrohren, ein anderer Torpedogast am Heckrohr. Noch sind die Mündungsklappen geschlossen. Sie sind in diesem Zustand der äußeren Form des Bootes angepaßt. Man öffnet sie erst im letzten Augenblick, um die Zeit der Geschwindigkeitsminderung, die beim Öffnen durch ihren Widerstand gegen den Fahrtstrom entsteht, äußerst kurz zu halten. Wir müssen noch weiter vor. Achterlich schießend sind Trefferaussichten gering.

Der Kommandant fährt das Boot. Es muß in die günstigste Schußposition kommen, ohne die breite Seite zu zeigen. Von vorne sind wir, abgesehen von der weißen Bugsee, nur schwerlich sichtbar. Seitlich vergrößert sich jedoch die Silhouette beachtlich. An die 70 Meter sind wir lang. Es gehören viel Erfahrung und Geschick dazu, die vorteilhafteste Position zu erringen.

Der Kommandant lehnt in der rechten Brückennock. Das Glas klebt förmlich an seinen Augen. Die weiße Mütze sitzt tief im Nacken. Blonde Locken und Bart lassen die Gesichtszüge nicht erkennen. Er ist vom Jagdfieber gepackt. Seine Befehle sind kurz und sicher.

Torpedooffizier an Rechenanlage: »Rohr eins bis fünf klar zum Überwasserschuß!« — die Rohre werden bewässert und die Mündungsklappen aufgedreht. Der Ingenieur berechnet die nach dem Schuß zu flutende und zu trimmende Wassermenge, um dem Boot weiterhin die richtige Schwere zu geben. Auf jeden Fall werden sämtliche Rohre vorbereitet. Vielleicht braucht man sie alle. Durch das Sprachrohr kommt vom Bugraum die Rückmeldung: »Rohr eins bis vier klar zum Überwasserschuß!« Aus dem Heckraum: »Rohr fünf klar zum Überwasserschuß!« — Torpedooffizier: »Dreierfächer aus Rohr eins, drei und vier, mit Vorhaltrechner, Schaltung Überwasserzielsäule, Abfeuerung Brücke!« — Es gibt verschiedene Abfeuerungsmöglichkeiten, nämlich Bug- oder Heckraum, Zentrale, Turm und Brücke. — Der Befehl geht in die Zentrale. Die Schalter werden eingelegt. Matt weiß schimmernde Kontrollampen im Turm zeigen dem Unteroffizier an der Rechenmaschine die richtige Ausführung der Befehle. Er meldet es dem Torpedooffizier, dieser dem Kommandanten.

Noch laufen wir parallel zum Gegner, sind etwas vorlicher als querab. Das Glas auf dem UZO ist eingerichtet. Das Fadenkreuz genau in der Mitte. Torpedooffizier an Rechenanlage: »Gegnerlage links 90, Gegnerfahrt 16,5 Meilen, Abstand 7000 Meter, Torpedogeschwindigkeit 30, Tiefe 7!« — Die Werte werden eingedreht. 7 Meter werden die Torpedos unter der Wasseroberfläche laufen. Sie sollen unter dem Schiff hindurchgehen, möglichst zwei Meter unter dem Kiel. Eine Magnetzündung läßt sie detonieren und soll die Mittelkielplatte des Schiffes brechen, so daß das Schiff auseinanderbricht.

Sind die Zahlen eingestellt, zeigt die Rechenmaschine unmittelbar sämtliche interessierenden Werte, wie Schuß- und Vorhaltwinkel. An sich könnte man sie auch einer Tabelle oder einem Rechenschieber entnehmen. So wurde während des Ersten Weltkrieges gearbeitet. Damals mußte man mit dem ganzen Boot zielen. Nach Verlassen der Rohre liefen die Torpedos mit eigener Kreiselanlage und automatischer Steuerung unveränderlich den Kurs des U-Bootes weiter. Auf diese Art ist das Schießen schwierig, zumal Zerstörern und anderen Schiffen in Geleitzügen ausgewichen werden muß. Oft kam man nicht zum

Schuß. Die schmalste Silhouette zu zeigen war nicht immer möglich. Man war leichter zu entdecken.

Im Zweiten Weltkriege konnten unsere neuen Torpedos einen Winkel bis zu 90 Grad selbständig schwenken, die letzten geplanten Modelle sogar bis 180. Somit erhöhen sich die Angriffschancen erheblich. Das Boot ist beim Schuß nicht mehr an einen bestimmten Kurs gebunden. Die Rechenanlage, auf die Torpedos geschaltet, ermöglicht diese Erleichterung. Wir haben gegenüber den Booten des Ersten Weltkrieges einen großen Vorteil. —

Torpedooffizier an Rechenanlage: »Lage laufend!«

Der Schalter wird eingelegt. Die Rechenmaschine bekommt Verbindung mit dem Kreiselkompaß und der Zielsäule. Es summt, ein Zeichen, daß sich viele Zahnräder drehen. Zwei rote Lampen leuchten auf. Noch ist die Rechnung nicht beendet und die angezeigten Werte sind nicht die endgültigen. Es dauert nur wenige Sekunden. Die Lampen gehen aus. Der Unteroffizier meldet das errechnete Ergebnis an den Torpedooffizier. Von nun ab sind Kursänderungen unseres Bootes von geringerer Wichtigkeit. Das Ziel muß nur im Fadenkreuz der Zielsäule gehalten werden, damit die Anlage mit den in Frage kommenden Bedingungen arbeitet.

Torpedooffizier an Rechenanlage: »Folgen.«

Eine andere Lampe leuchtet auf. Die Rechenanlage wird zusätzlich auf die Rohre geschaltet. Die sich ständig ändernden Schußunterlagen werden automatisch den Torpedos übermittelt, ausgewertet und in den Schwenkmechanismus eingestellt. Nunmehr kann in jedem Augenblick bei beliebigem Kurs geschossen werden, sofern nicht der Winkel von 90 Grad überschritten ist. Die »Aale« werden ihr Ziel suchen. Bei Erreichen des feindlichen Objektes soll ihr Abstand, wenn nicht ausdrücklich anders vorgesehen, eine Schiffslänge betragen.

Kommandant an Rudergänger: »Steuerbord 10!«

Wir drehen auf Angriffskurs. 6000 Meter Abstand. Deutlich ist der Gegner auszumachen: Britischer Regierungstanker. 18 000 Tonnen. Feines Schiff. — Wir gehen mit der Fahrt herunter. Die Bugsee muß kleiner werden. Jetzt laufen wir nur noch 12 Meilen. — 5000 Meter Abstand. Der Torpedounteroffizier an der Rechenanlage meldet alle sich ändernden Werte dem Torpedooffizier. Der Kommandant hört sie mit.

Kommandant an Torpedooffizier: »Bei 4500 Meter schießen.

Halten Sie das Fadenkreuz auf den vorderen Mast!« Gleich ist es soweit.

Kommandant an Torpedooffizier: »Drehgeschwindigkeit Rot drei.« Das ist die Drehgeschwindigkeit des Bootes bei der höchsten Ruderlage nach backbord. Neue Torpedos und Berücksichtigung des Drehmomentes durch die Rechenanlage ermöglichen das Abdrehen des Bootes noch vor dem Abfeuern der Torpedos. Dadurch wird Zeit gespart und man kann auf geringere Distanzen schießen.

Torpedooffizier an Unteroffizier: »Rot drei! Klar zum Überwasserschuß!«

Kommandant an Rudergänger: »Hart backbord!«

Unteroffizier an Bugraum: »Klar zum Überwasserschuß!«

Rückmeldung: »Rohr eins, drei und vier klar zum Überwasserschuß!«

Kommandant an Torpedooffizier: »Schußerlaubnis!«

Torpedooffizier: »Fertig!«

»Unteroffizier: Deckung — Deckung — Deckung!«

Während des Drehens des Bootes rechnet die Anlage so schnell, daß in jedem Moment die entsprechenden Werte bereit sind und die Einstellungen in den Torpedos unverzüglich korrigiert werden. Der Unteroffizier an der Rechenanlage meldet es mit dem Worte »Deckung«. Wenn das Boot aus dem Bereich der Schußmöglichkeit käme, würde ihm auf einer besonderen Scheibe »Hartlage« aufleuchten. Durch eine entsprechende Meldung müßte er darauf aufmerksam machen. Die Torpedos könnten nicht treffen.

Der Torpedooffizier steht am UZO. Das Fadenkreuz ist auf den vorderen Mast gerichtet. »LOS!« Er drückt den Abfeuerknopf neben der Zielsäule. »LOS!« wiederholt der Unteroffizier. Durch die Mikrophonanlage hört es der Torpedomaat im Bugraum. Er hat seine Hände auf zwei Abfeuerschaltern zweier Torpedorohre und ein Bein auf dem dritten. Sollte die Automatik versagen, so würde er direkt abdrücken. Sie versagt zwar nie, aber sicher ist sicher.

Dreimal schüttelt sich das Boot. Man vernimmt drei kurze, dumpfe Zischgeräusche. Es ist die Preßluft, mit denen die Torpedos ausgestoßen werden. Sie dürfen keinesfalls gleichzeitig die Rohre verlassen, um sich nicht gegenseitig zu behindern. Einundzweizehntel Sekunde ist das Intervall. Mit dem Befehl »LOS« flutet und trimmt der L. I. eine gewisse Wassermenge.

71

Gewichtsverteilung und Schwere des Bootes dürfen unter keinen Umständen verändert werden. Das Boot muß alarmtauchklar bleiben!

Kommandant: »Äußerste Kraft voraus!«

Wir wollen aufgetaucht ablaufen. Der Gegner wird scharf beobachtet. — Es blitzt auf. Unser Abstand hat sich auf 6000 Meter vergrößert. Einschläge hinter dem Boot, vielleicht 300 Meter.

»Alarm!« Die Brückenwache springt in das Luk.

»Fluten« — 10, 20 Meter. »Ausdrücken!«

»Auf 50 Meter gehen!« — Die Einschläge liegen weit ab. Ein alleinfahrendes Schiff ist für getauchte Unterseeboote keine besondere Gefahr.

»Auf Sehrohrtiefe gehen!«

Die Maschinen laufen kleine Fahrt. Es sind anderthalb Seemeilen. Unmöglich kann das Sehrohr bei richtigem Gebrauch auf so große Entfernung in der Dämmerung gesehen werden. Sein Ausblick ist nur so breit wie ein normales Messer. Außerdem ist eine besondere Vorrichtung angebracht, um Strudel an der Oberfläche zu vermeiden. Der sich bildende Schaumstreifen vermischt sich mit dem Seegang.

Der Dampfer ist erneut im Fadenkreuz. Anscheinend dreht er und geht mit den Maschinen volle Kraft zurück. Der Kommandant blickt auf seine Armbandstoppuhr. Sie ist für U-Boots-Fahrer konstruiert, hat viele Zeiger zum Schätzen der Geschwindigkeit und anderer Werte. Noch 15 Sekunden und die Torpedos müssen am Ziel sein. Werden sie treffen?

Die Detonationen scheinen schon überfällig. — Bum! — Ganz dumpf. — Hurrah! — Wir haben getroffen!

Der Kommandant sieht als einziger durchs Sehrohr. Er schaltet die Bootsmikrophonanlage ein. Er spricht einfach vor sich hin, und in allen Räumen kann mitgehört werden. Überflüssig wäre direkt in die Sprechvorrichtung hineinzureden. Der Turm ist rund und hat eine gute Akustik. Viele Mikrophone sind an den Seitenwänden angebracht.

Kommandant: »Treffer Achterschiff. Heck scheint verbogen.«

Die Magnetzündung hat gut funktioniert.

Noch vor dem Tauchen haben die Funker auf der 600-Meter-Welle Notsignale aufgefangen: »German submarine«, mit Angabe der Position.

»Very good«, meint der Obersteuermann. »Brauche also heute keinen Standort mehr zu rechnen. Zu freundlich, die Herren Engländer. Hat genaue Position, der ›staubige Bruder‹.«

Der Dampfer liegt gestoppt und bläst Dampf ab. Anscheinend sind Ruderanlage und Steuer beschädigt. Wir setzen erneut zum Angriff an. Jetzt ist es einfach.

Auf 1000 Meter sind wir heran. — Er sieht das Periskop. Mit allen zur Verfügung stehenden Maschinengewehren und Schnellfeuerkanonen nimmt er es unter Feuer. Der Spiegel des Sehrohrs ist gefährdet. Der Kommandant fährt das Sehrohr nur sekundenweise aus. — Wir wechseln die Angriffsseite und untertauchen das Schiff auf 20 Meter. — Mann am Horchgerät: »Jetzt ist er genau über uns.« Auch will er gehört haben, daß die Besatzung böse auf uns und ihre Stimmung keineswegs gut sei.

Während des Unterwasserangriffs fährt der Kommandant das Boot, gibt die Zielansprache und schießt. Der Torpedooffizier kontrolliert lediglich die Einstellungen in der Rechenanlage.

Diesmal soll der Heckrohrtorpedo geschossen werden. Relativ selten bietet sich Gelegenheit, ihn zu benutzen.

Der Kommandant hat das Sehrohr erst kurz vor dem Schuß wieder ausgefahren, um den Gegner ins Fadenkreuz zu nehmen. Die Rechenanlage arbeitet selbständig. — Abstand 400 Meter. — »LOS«. — Der Schuß fällt. Das Sehrohr wird eingezogen.

Nach 25 Sekunden muß es knallen. Kurz vorher fährt der Kommandant das Sehrohr wieder aus. Eine Kontaxkamera ist angehängt. Im Augenblick der Detonation wird die letzte Aufnahme gemacht.

Es knallt gewaltig. Wir waren diesmal sehr viel dichter dran als das letzte Mal. Es hört sich unter Wasser unheimlich an.

Der Tanker zerbricht in zwei Teile. Jeder darf einmal durch das Periskop sehen. Das mächtige Schiff sinkt zerborsten in die Fluten. Ein packender und bewegender Anblick. Die Dämonie der Vernichtung, die mit der Stunde des Kriegsausbruches zum Gesetz wurde, ist hier am Werke. Stoff zum Nachsinnen. Unser Handeln kann jedoch nicht anders sein.

Rettungsboote und Flöße sind zu Wasser gelassen worden. Die Besatzung vermag sich zu retten. Wir selbst können schwerlich jemand aufnehmen, ohne uns selbst zu gefährden. Wir haben keinen Platz. Die U-Boots-Konstruktion ist nun einmal derart, daß über die Kopfstärke der Besatzung hinaus für weitere Insassen kein Raum ist.

Der Gegner hat den Rettungsdienst im allgemeinen gut organisiert. Die Leute des Tankers werden bald von einem Kriegsschiff aufgenommen werden.

Zunächst gönnen wir uns nach dem Erfolg eine gewisse »Ausspannung«, wenn wir es so nennen können. Wir steuern auf 50 Meter und hören Schallplattenmusik. Die Weisen der Heimat erklingen. Als besondere Überraschung gibt es ein Glas Kognak. Wie sehr ist die Besatzung einer so guten Sache entwöhnt. Geistige Getränke sind während der Fahrt verboten, sie würden die Müdigkeit erhöhen. Auch für die Raucher ist es eine harte Zeit. Zigaretten können nur bei Überwasserfahrt auf der Brücke oder allenfalls im Turm genossen werden; bei den beschränkten Aufenthaltsmöglichkeiten ist auch dies nicht in beliebiger Weise möglich, sondern unterliegt einer im Interesse der Sicherheit notwendigen Regelung.

Aus den Akkumulatoren entweichende Knallgase sind eine Gefahrenquelle und bedingen ein Rauchverbot im Bootsinnern. Auch beim Regeln und Entlüften der Batterietorpedos ist gleiche Vorsicht geboten: Ein Torpedogast, der beim Hantieren mit einem Schraubenschlüssel am Torpedo einen Funken verursachte, versengte sich durch eine kleine Explosion die Haare.

Neue Torpedos werden nachgeladen. Anderthalb Stunden muß schwer gearbeitet werden. Man tut es gern. Vielleicht haben wir noch einmal Erfolg.

Wir wechseln unsern Standort, da unser Opfer Zeit hatte, einen Funkspruch abzugeben und gewiß kein Handelsschiff in absehbarer Zeit in dieser Gegend passieren wird. Wir würden dafür U-Boots-Jagdgruppen und Flugzeuge auf den Hals bekommen.

Unser Brennstoff hatte sich bis zur Hälfte erschöpft. Die Führung stellte in solchen Fällen dem Kommandanten frei, das ihm angewiesene Operationsgebiet nach eigenem Ermessen zu wechseln.

In den nächsten Wochen konnten wir noch weitere Erfolge buchen. Schon längst lebten wir ausschließlich von Konserven. Konserven und immer wieder Konserven. Schließlich wurde man selber zur Konserve und bekam die Blechkrankheit von den vielen Konserven, wie es in der U-Boots-Sprache heißt, wenn man in der engen Konservenbüchse seelisch nicht mehr im Gleichgewicht und ständig gereizt ist. Klaustrophobie nennt die Psychiatrie eine ähnliche Erscheinung in Gefangenenlagern und

Gefängnissen; aber dort mögen im allgemeinen immer noch mehr Auslaufmöglichkeiten vorhanden sein als innerhalb unseres Käfigs.

Immer gleiche Gesichter — gleiche Uniformen, gleicher Dienstbetrieb. Es gibt keine »privaten« Absonderungsmöglichkeiten. Jede Eigenart und Schwäche wird wie auf dem Präsentierteller den Mitmenschen offenbar. Man kennt die typischen Bewegungen und Handlungen des anderen, man kann im voraus berechnen, was er beim Ankleiden, beim Essen tun wird und möchte manchmal aus der Haut fahren, nur weil einem dies oder jenes, was sich beim lieben Nächsten nun zum x-ten Male wiederholt, nicht gefällt. Das Essen schmeckt immer nach »U-Boot«, nach Treiböl und nach etwas Schimmel. Sofort nach dem Öffnen der Dosen dringt die schlechte Luft ein und gibt den Lebensmitteln diesen typischen U-Boots-Geschmack. Innenräume sind feucht; Schimmelbildung kann nicht ausbleiben. Lederanzüge und Schuhe sind in vierzehn Tagen grün, wenn sie nicht benutzt werden. —

Wir erhalten den Befehl, Lorient an der französischen Atlantikküste anzulaufen. In der Biskaya fahren wir tagsüber unter Wasser und nachts aufgetaucht.

Die Gesichter strahlen. Jeder hofft, viel Post vorzufinden. Endlich wird man an die Angehörigen schreiben können. Sie wissen ja nicht, ob man noch lebt. Die Führung gibt erst nach einem halben Jahr Überfälligkeit eine Vermißtenmeldung.

Wir erhalten Flugzeuggeleit. Messerschmittjäger umkreisen uns. Jetzt kann eigentlich nichts mehr passieren. Es sei denn, daß man auf eine Mine läuft; aber in verseuchten Gewässern fährt ein Sperrbrecher vor uns her. Sollte also ein Sprengkörper vorhanden sein, würde er zuerst darauf stoßen. Der Sperrbrecher kann nicht untergehen, da er mit Kork und leeren Fässern gefüllt ist. Ein schönes Gefühl, wieder einmal verhältnismäßig sicher zu sein.

Wir gehen in die Schleuse. Am Sehrohr sind weiße Wimpel mit aufgemalter versenkter Tonnage angebracht. Bei Kriegsschifferfolgen hätten wir rote Fähnchen gesetzt: Die U-Boot-Waffe hatte schon immer einen gewissen Brauch, einen Ritus eigener Art.

Wir haben uns frisches Zeug angezogen, alle einheitlich grau. Grau ist das Boot, grau sind wir. Auf der Pier sind viele Offiziere des Stützpunktes, ein Musikzug spielt. Und — unsere

Augen scheinen uns einen Streich zu spielen — können wir ihnen trauen? Mädchen, leibhaftige Mädchen, Nachrichtenhelferinnen. Angesichts eines solchen Empfanges hüpft uns natürlich das Herz vor Freude.

Zum Anlegemanöver mußte ich aufs Vorschiff. Ich hatte es sehr eilig und begann zu rennen. Nach den ersten Schritten lag ich aber auf der Nase; ich hatte mir durch das ständige Schaukeln bereits den charakteristischen breitbeinigen Seemannsgang zugelegt und war nicht mehr gewöhnt, ruhige Planken unter den Füßen zu haben.

Der Kommandant erstattete dem Flottillenchef Meldung. Nach den Worten der Begrüßung durften wir wegtreten. Die Mädchen überreichten uns Obst und eine Flasche Bier. Es war gute Qualität. Wenn man auch nicht gerade davon betrunken wurde, so verspürte man doch seine Wirkung. Zu lange waren wir des edlen Gerstensaftes entwöhnt. Dann fielen wir über unsere Post her. Ein beglückender Augenblick, die Briefe der Lieben öffnen zu können.

Die aus der Heimat nachgeschickten Kleidungsstücke fanden wir ordnungsgemäß vor. Zum Glück, denn in unseren U-Boots-Sachen hätten wir kaum an Land gehen können. Sie rochen zu stark nach Treiböl. Junge Menschen sind natürlich eitel; womit nicht gesagt sein soll, daß es im Alter fortgeschrittene nicht sind. Wir hatten die Absicht, endlich einmal wieder zu tanzen und zu versuchen, dem Leben die schönen Seiten abzugewinnen. Die letzte Zeit war auch zu »stur« gewesen!

Am zweiten Abend nach dem Einlaufen fand ein Bootsfest statt. Alle zusammen, vom Kommandanten bis zum jüngsten Matrosen, unserem »Moses«, nahmen daran teil. An diesem Abend wurde alles Dienstliche vergessen, gemeinsam gesungen, getrunken und gelacht. Sogar etwas über den Durst konnte gehoben werden, ohne daß es übelgenommen wurde. Man fiel nicht auf, denn die älteren Kameraden sorgten für unauffälliges Verschwinden. Die berühmte Bierzeitung fehlte auch nicht. Wir Fähnrichte wurden darin am meisten durch den Kakao gezogen; auch mit Recht. Wir hatten unsere erste Fahrt gemacht und natürlich manchen »Bock« geschossen: Einer hatte auf der Brückenwache eine Möve als Flugzeug gemeldet und der andere beim Ertönen der Alarmklingel seine Zigarette ins Boot statt außenbords geworfen. — Ein Gedicht mahnte ihn nun, beim nächsten Mal gut aufzupassen und nicht eventuell selbst, statt ins Luk, ins Wasser zu springen. Man kann ja nie wissen. Auch die Offiziere und selbst der Kommandant blieben nicht verschont. Keine übertriebene Disziplinauffassung unterband diese Scherze. Im Gegenteil, die Vorgesetzten sahen sie gern, denn nicht zuletzt konnten sie aus ihnen manches erfahren und sich ein gutes Bild über die Stimmung der Besatzung machen.

Der Befehlshaber der Unterseeboote, Admiral Dönitz, stattete uns einen Besuch ab. Zwei Besatzungen wurden ihm gemeldet. Schnurgerade standen wir ausgerichtet.

Das erstemal war es, daß ich den Mann aus der Nähe erlebte, dessen Willen und Planung unsere Waffe zu einem gefürchteten Instrument gemacht hatte. Seine Energie und Härte, die unbedingte Einsatzbereitschaft forderte, waren bekannt. Nicht kritische Erwägungen, sondern Zuversicht und Entschlossenheit machten sich auch dieses Mal in seinen Worten bemerkbar:

»Männer der deutschen U-Boot-Waffe! Auf Eurer ersten Fahrt habt Ihr Euch bewährt. Wenn wir im Augenblick auch noch recht wenig Boote an der Front haben, so könnt Ihr doch versichert sein, daß sie sich vermehren und wir unserem Gegner hart auf den Fersen bleiben werden. Wir werden ihm die Stränge abschneiden, an denen seine Versorgung hängt. Es kommt zum größten Teil auf Euch an, wie sich der Krieg entwickeln wird. — Schon liegen die Versenkungszahlen über den Möglichkeiten des Feindes, neue Schiffe zu bauen. Es ist ein Rechenexempel, wann kein feindliches Schiff mehr auf den Meeren fahren wird.«

Der Admiral nahm vor der Front die Auszeichnung unseres Kommandanten und einiger besonders bewährter, alter Frontfahrer mit dem Eisernen Kreuz I. Klasse vor. Andere erhielten das E. K. II. Klasse. Soldaten unserer Besatzung, die noch nicht das U-Boots-Kampfabzeichen besaßen, bekamen es verliehen, denn wir waren mehr als die dafür vorgesehene Zeit, über neun Wochen, auf Feindfahrt gewesen und hatten Erfolge errungen. Der Admiral meinte, daß sie für die erste Reise ganz gut seien, das nächste Mal aber gesteigert werden müßten. Er gab der ganzen Besatzung die Hand, nur nicht uns Fähnrichen. »Sie müssen erst noch zu U-Boots-Fahrern werden, noch stellen Sie eine Belastung dar!« Begeistert war ich nicht davon!

Der Stützpunkt selbst war in bezug auf Unterbringung alles andere als luxuriös.

Ein Drittel der Besatzung konnte auf Urlaub fahren, der Rest hatte jeden Tag den normalen Dienst zu versehen und außerdem zusätzlich jeden zweiten Tag Wache. Kein Vergnügen, wenn man in Rechnung zieht, daß wir während der Fahrtzeit immer im Dienst waren.

Ein U-Boot-Erholungsheim in Lorient war der Hauptanziehungspunkt. In dem schon äußerlich schönen Gebäude gab es ein Schwimmbad. Wir konnten Tischtennis und Billard spielen, Filme sehen, und getanzt wurde auch. Wenn man nicht zweideutige Nachtlokale bevorzugte, war es eine der wenigen Möglichkeiten, sich zu unterhalten.

Geleitzug! Ran! Versenken!

Die Wochen bis zum nächsten Auslaufen verbrachten wir in Lorient. Der Krieg befand sich nunmehr in einem neuen Stadium. Der Ostfeldzug war im Gange; ein unbestimmtes Gefühl hatte sich unser bemächtigt: brachte diese Wendung nach Osten die rasche und eindeutige Entscheidung? Jedenfalls mußte sich England dadurch entlastet fühlen. Neben den Soldaten Rommels in Nordafrika waren wir von der Kriegsmarine und insbesondere von der U-Boot-Waffe die einzigen, gegen die sich die Macht des Inselreiches und seines sichtlich die Neutralität verlassenden Uncle-Sam-Freundes konzentrieren würde.

Wir hatten an den Turm ein großes V gemalt. Gleich in welcher Absicht die Propaganda der Kriegführenden sich dieses Buchstabens bemächtigt hatte und ihn auslegte, für uns sollte er das Zeichen des Erfolges darstellen: Veni — vidi — vici.

Unser Ziel war »Mitte Atlantik«. Wir Fähnriche hatten uns nun schon derart in den U-Boots-Betrieb eingewöhnt, daß Belehrungen nicht mehr so häufig vorkamen. Natürlich fehlte uns noch vieles. Man lernt als U-Boot-Fahrer überhaupt nie aus.

Der 15. Längengrad westlich Greenwich, bei dessen Erreichen wir der Führung eine besondere Passiermeldung auf dem Funkwege erstatteten, war überschritten. Danach hielten im allgemeinen die Boote Funkstille ein. Dieser Meridian war sozusagen eine Grenzscheide, was auch darin zum Ausdruck kam, daß von nun ab die »Westzulage« unseres Soldes berechnet wurde.

Tagelang ging es im Gleichmaß, im Einerlei eines Dienstes,

der keine Abwechslung brachte, weiter, so daß wir uns förmlich nach einem Ereignis sehnten. Endlich ein dringender Funkspruch. Der Funker legt ihn dem Kommandanten vor. Es sind Angaben über einen Geleitzug.

Die Entfernung ist noch sehr groß, aber er kommt uns entgegen, wenn er seinen Generalkurs nicht ändert. Wir laufen mit halber Fahrt zum errechneten Schnittpunkt unserer Kurse.

Nach zwei Tagen hätten wir ihn sichten müssen. Noch war aber keine Rauchwolke wahrzunehmen. Anscheinend ein wichtiger Geleitzug, denn die Führung schickte uns ein Aufklärungsflugzeug zur Unterstützung. Über dreitausend Kilometer standen wir vom nächsten Flughafen entfernt. Ein Unterseeboot ist klein und gewiß vom Flugzeug schwer zu erkennen. Wird es uns finden? In fünf Stunden müßte es eintreffen. Der Funker versucht, Verbindung aufzunehmen. Keine einfache Sache, denn Flugzeugsender sind nicht stark. Es ist erforderlich, ihm unsere genaue Position und, wenn möglich, Peilzeichen zu geben. Es klappt hervorragend. In kurzen Zeitabständen geben wir Signale. Jetzt kommt die Maschine in Sicht: Eine B. V. 138, von Blohm und Voß für Spezialzwecke gebaut. Ihre eigenartige Konstruktion ist unverkennbar und leicht von anderen Typen zu unterscheiden. Wir übermitteln mit Lichtsignalen den vermuteten Standort des Geleitzuges. Die B. V. fliegt davon. — Zwei Stunden vergehen, wir laufen ohne Nachrichten weiter. Gefunkt wird nicht. Vom drahtlosen Sprechgerät hält der Kommandant auch wenig, obwohl es normalerweise nur bis 20 Seemeilen von Schiffen gehört werden kann. Es sind jedoch Fälle bekannt, wo europäische Sender in Nordamerika mitgehört werden konnten. Besondere physikalische Verhältnisse ermöglichten es.

Unsere B. V. 138 kommt zurück. Von der Morselampe lesen wir ab: Geleitzug Quadrat X, Kurs Ost, Geschwindigkeit 8 Seemeilen, ungefähr 50 Schiffe, 10 Zerstörer als Sicherung.

»Hervorragende Zusammenarbeit«, meint der Kommandant. »Jetzt wollen wir auch unsere Pflicht tun und nicht enttäuschen.« Inzwischen sind wir auf äußerste Kraft gegangen; die Maschinen werden bei taktischen Zielen niemals geschont. Die Gefechtswache ist aufgezogen. Der Torpedounteroffizier beschäftigt sich mit seinen Torpedos.

Das Flugzeug fliegt vor uns her und weist die genaue Richtung. Um drei Uhr nachmittags kommt die erste Rauchwolke in Sicht. Ganz schwach und nur im Glas zu erkennen. Wir laufen weiter. Jetzt noch eine Rauchwolke, und dann noch eine. Aber trotzdem müssen wir anerkennen, daß die Rauchentwicklung von so vielen Schiffen sehr gering ist. Die ersten Mastspitzen. Es tauchen mehr und mehr auf. »Ein ganzer Wald!« meint jemand auf der Brücke. »Da haben wir aber viel Arbeit, ihn abzuholzen.« — »Führen Sie keine dummen Reden, sondern passen Sie lieber auf«, antwortet der Kommandant, ohne das Glas von den Augen zu nehmen.

Die B. V. 138 verabschiedet sich, wünscht viel Glück und entschwindet den Blicken. Sie hat ihre Aufgabe erfüllt und fliegt heim.

Der Wachoffizier meint zum Leitenden Ingenieur, der auch auf die Brücke gekommen ist, um sich zu orientieren: »Die Flieger haben es doch gut; jede Nacht bei Mutti! Ich werde mich umschulen lassen.«

Wir funken ein aus zwanzig Buchstaben bestehendes Kurzsignal. Darin ist der Standort des Geleitzuges, Kurs, Geschwindigkeit, Anzahl der Schiffe und Sicherung, Wetter und Brennstoffbestand enthalten, damit sich die Führung auch von unseren Operationsmöglichkeiten ein Bild machen kann. Zweistündlich folgen Ergänzungsmeldungen. Wir haben als erstes Boot Fühlung mit dem Gegner. Hauptaufgabe ist es vorerst, in der Nähe stehende U-Boote heranzuführen und nicht gleich anzugreifen. So viele Boote wie möglich sollen sich am Kampf beteiligen. Das ist der Sinn der berühmten Rudeltaktik, die jedoch nicht dahin auszulegen ist, daß unter einheitlicher Leitung im geschlossenen Verband operiert wird. Die Gemeinsamkeit beruht ausschließlich auf Heranführen von noch abseits stehenden Kampfmitteln. Einmal am Geleitzug, handelt jedes Boot selbständig. So ist es möglich, in tagelang andauernden Atlantikschlachten Konvois von 50 und mehr Schiffen völlig aufzureiben.

Die Nacht ist günstig für uns, mondlos, finster. Mitten drin im Geleitzug stehen wir. Die Rechenanlage ist eingeschaltet, Mündungsklappen sind aufgedreht und es bedarf nur des leichten Fingerdruckes auf den Abfeuerschalter. — Aber noch fehlen andere Boote. Auf Grund von uns vorliegenden Meldungen ist anzunehmen, daß wir bis zum Morgengrauen sechs sein können. — Ein wichtiger Geleitzug. 50 Schiffe mit Material für England.

»Peilzeichen geben!« befiehlt der Kommandant. Wir blicken uns an. Welch eine Frechheit! In der Mitte des gegnerischen Verbandes und Krach machen! Wenn zufällig unsere Wellen-

Torpedo-Übernahme

*Kommandant
auf Sehrohr*

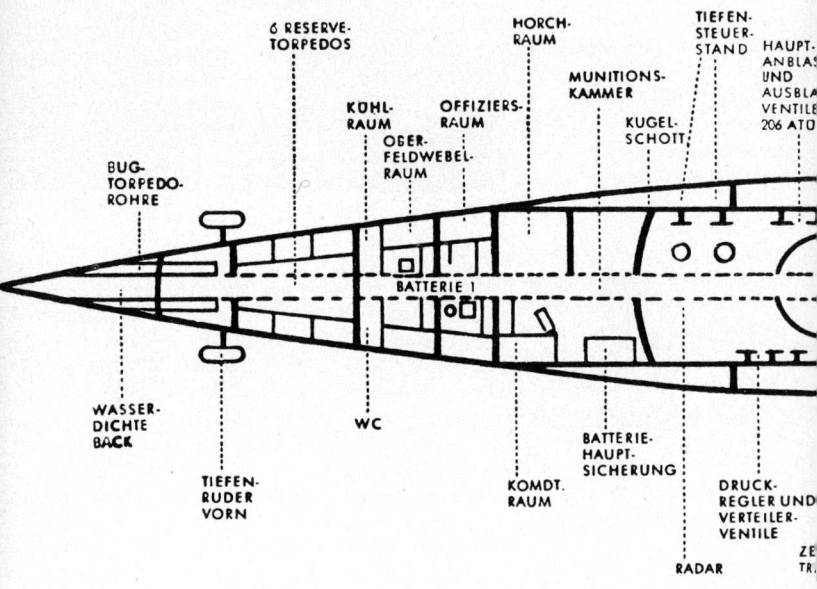

6 RESERVE-TORPEDOS

HORCH-RAUM

TIEFEN-STEUER-STAND

HAUPT-ANBLAS UND AUSBLA VENTILE 206 ATÜ

KÜHL-RAUM

OFFIZIERS-RAUM

MUNITIONS-KAMMER

OBER-FELDWEBEL-RAUM

KUGEL-SCHOTT

BUG-TORPEDO-ROHRE

BATTERIE 1

WASSER-DICHTE BACK

WC

TIEFEN-RUDER VORN

KOMDT. RAUM

BATTERIE-HAUPT-SICHERUNG

DRUCK-REGLER UND VERTEILER-VENTILE

ZE TR.

RADAR

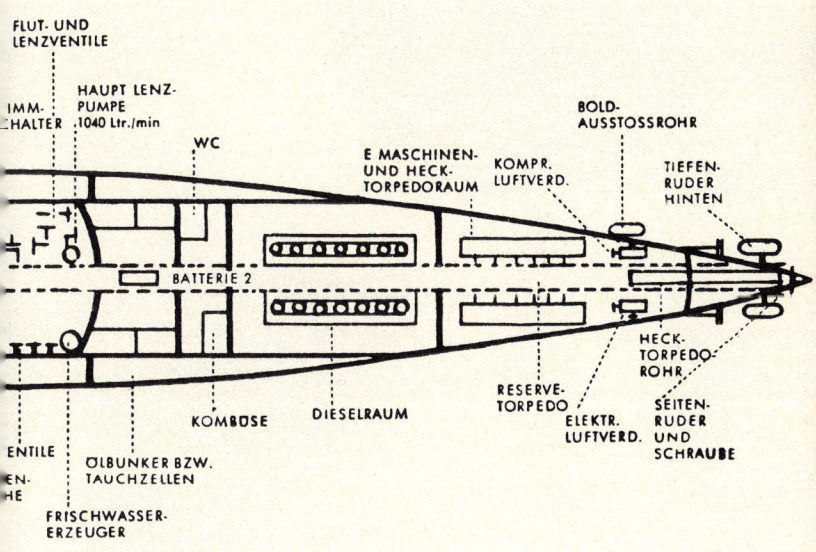

FLUT- UND
LENZVENTILE

IMM-
HALTER

HAUPT LENZ-
PUMPE
1040 Ltr./min

WC

E MASCHINEN-
UND HECK-
TORPEDORAUM

KOMPR.
LUFTVERD.

BOLD-
AUSSTOSSROHR

TIEFEN-
RUDER
HINTEN

BATTERIE 2

ENTILE

EN-
HE

ÖLBUNKER BZW.
TAUCHZELLEN

FRISCHWASSER-
ERZEUGER

KOMBÜSE

DIESELRAUM

RESERVE-
TORPEDO

ELEKTR.
LUFTVERD.

HECK-
TORPEDO-
ROHR

SEITEN-
RUDER
UND
SCHRAUBE

**Rißzeichnung (Draufsicht)
von U 977**

Einstiegsluk

*Heimkehr
von Feindfahrt*

länge erfaßt wird, sind wir verraten. Es hilft nichts. Mehr Boote müssen heran!

Funker an Kommandanten: »›U-X‹ hat Geleitzug erfaßt.« Gleich darauf noch ein anderes Boot.

Im ganzen sind wir nun drei. Jetzt entschließt sich unser Kommandant zum Angriff. Peilzeichen für die übrigen Boote sind nicht mehr erforderlich. Torpedostichflammen werden weithin sichtbar sein. Vielleicht gerät auch ein Schiff in Brand und kann als Fackel weiter abstehenden Booten den Weg leuchten.

Vier Schiffe wollen wir gleichzeitig torpedieren. Die größten haben wir uns ausgesucht. Auf das entfernteste richten wir die Zielsäule zuerst ein, und dann auf die anderen. Nach Möglichkeit sollen die Detonationen bei allen vier Dampfern ohne zeitlichen Abstand erfolgen, um keine Zeit zu Ausweichmanövern zu lassen. Dem größten gedenken wir zwei Torpedos zu; den anderen nur je einen. Die Entfernung des uns am nächsten stehenden Schiffes ist gering, vielleicht 600 Meter.

»L O S!« Fünfmal schüttelt sich das Boot. Wir schießen auch aus dem Heckrohr.

In ungefähr 40 Sekunden müssen die Torpedos ihr Ziel erreicht haben. Wir warten ungeduldig. — Es sind lange Sekunden. Immer noch sind die »Aale« nicht am Bestimmungsort. — Ist ein Fehler unterlaufen?

Eine Stichflamme — es knallt in unmittelbarer Folge, zweimal dumpf. Der Schall überträgt sich im Wasser schneller als in der Luft. Wieder eine Explosion auf demselben Schiff. Es zerbricht. Augenblicklich geht es in die Tiefe. Wenige nur werden sich retten können. — Kurz hintereinander weitere Detonationen. Noch zwei Schiffe sind getroffen. Ein Torpedo verfehlte sein Ziel. Die anderen haben anscheinend noch nicht geschossen.

In den noch vor wenigen Augenblicken so ruhig seine Bahn ziehenden Geleitzug kommt Bewegung. Rote und grüne Lichter leuchten auf. Es sind wohl Signale für Kursänderungen. Der Engländer versteht sein Handwerk. Manöver in Verbänden, zumal bei Dunkelheit und abgeblendet, sind außerordentlich schwierig. Es erfolgt kein Zusammenstoß. Eigentlich schade, wir hätten weniger Arbeit.

Die Zerstörer schwirren um die Opfer. Scheinwerfer leuchten auf. Es wird geschossen; es fallen Wasserbomben. Wir bleiben unentdeckt. —

Noch steht unser Boot mitten im Geleitzug. Wahrscheinlich vermutet man uns hier nicht. Es ist auch eine Unverschämtheit! — »Nachladen!« befiehlt der Kommandant. »Frechheit siegt.«

Statt abzulaufen oder zu tauchen, sind wir noch dichter herangefahren. »Sie werden über uns hinwegsehen«, ist die Ansicht des Kommandanten. Er hat damit recht. Man erkennt Schiffe auf See in dunklen Nächten nur als Silhouette an der Kimm. Ist der Abstand zu gering, kann leicht von hoher Handelsschiffsbrücke über das flache U-Boot hinweggesehen werden. Der dunkle Fleck, den es auf dem Wasser bildet, ist schwer auszumachen, da größere Wellen gleiche Schattenbildung verursachen.

Die hinteren Verschlußklappen der Rohre sind aufgedreht. Ein Torpedo nach dem anderen rutscht hinein. Die Mannschaft ist in Schweiß gebadet. Sie arbeitet wie besessen. Es geht um Leben und Tod. Rücksicht kennen wir nicht. Würden wir jetzt entdeckt, wären wir rettungslos verloren: Mit nicht befestigten Tropedos sind wir tauchunklar. — Wir kennen keine Bedenken. Krieg! Ran! Versenken!

35 Minuten hat es gedauert. Die Vorbereitungen für den nächsten Angriff sind getroffen. Torpedooffizier an Kommandanten: »Rohr eins bis vier klar zum Überwasserschuß!«

Heftige Detonationen. — Dampfer bersten. Andere blasen Dampf ab und stoppen. Scheinwerfer suchen das Wasser ab. Dichte Rauchschwaden ziehen gen Himmel. Stellenweise brennt Öl auf dem Meer. SOS-Rufe auf der 600-Meter-Funkwellenlänge reißen nicht ab. — Es sind weitere Unterseeboote hinzugekommen. Immer wieder Explosionen. — »Hoffentlich kriegen wir nicht auch noch einen verpaßt«, meint der zweite Wachoffizier. »Das hätte uns gerade noch gefehlt, von den eigenen Leuten in den Orkus befördert zu werden.« — Die Gefahr ist groß, wir stehen innerhalb der Sicherung vor den Schiffen.

Der Konvoi löst sich auf. Die Fahrzeuge trennen sich. Schlecht für uns: Nur eins können wir jetzt jeweils aufs Ziel nehmen. Das Schießen auf mehrere gleichzeitig ist vorbei. Außerdem ist der Angriff erschwert, denn die Schiffe sind gewarnt; einige laufen dauernd »Zacks«, andere Kreise.

Ein 8000-Tonner ist im Fadenkreuz. — »Zweierfächer fertig!« — »L O S !« — Der Abstand beträgt 400 Meter.

»Hart Steuerbord!« — Das nächste Opfer. »L O S !« Fast gleichzeitig mit dem neuen Schießbefehl fliegt der zuerst beschossene Dampfer in die Luft. Allerdings nur ein Treffer. Er sackt über das Heck ab.

»Schatten voraus!« Wir versuchen auszurücken. Der Schatten ist aber schneller als wir. Wird langsam größer. »Kriegsschiff!« »Alarm!«

Wir sind entdeckt worden! Beim Einsteigen vernehmen wir noch weitere Detonationen. Wir sind wie Roboter. Automatisch geht alles Weitere vor sich. Das Geschehen reißt uns mit.

Durch unsere Führung waren wir vor kleinen Schnellbooten gewarnt, die auf den Geleitschiffen selbst mitgeführt und bei U-Boots-Gefahr des Nachts ausgesetzt werden. Ihr Vorzug liegt in geringer Größe, erheblicher Geschwindigkeit und starker Armierung mit Schnellfeuerwaffen. Diese kleinen Fahrzeuge bemerkt man erst auf kürzeste Entfernung, wenn sie nicht gänzlich übersehen werden. —

»Auf 100 Meter gehen!« Mit 40 Grad Lastigkeit und äußerster Kraft brausen wir in die Tiefe. Hat unser Ingenieur Urväter unter den Fischen? Er ist ein Meister der Tiefensteuerung. Genau auf der befohlenen Tiefe fängt er das Boot ab, pendelt durch, läßt auf Befehl die Entlüftungen schließen und meldet alles klar.

Kommandant: »Gut gemacht!« Haben verdammt Glück gehabt. Immer knobeln die Brüder sich etwas Neues aus. Muß ja auch sein, sonst wäre der Krieg langweilig. Na, für das nächste Mal wissen wir jedenfalls Bescheid. Hat übrigens gut aufgepaßt, die Brückenwache, meine Anerkennung.«

Die ersten Wasserbomben fallen. Sie liegen allerdings weit ab. Wir stehen noch zu dicht am Geleitzug und die Zerstörer können aufgrund der vielen Nebengeräusche nicht genau orten. Es soll bald anders werden.

Kommandant: »Auf Schleichfahrt gehen!«

Leise summen die Elektromotoren. Kaum vernehmbar. Befehle werden im Flüsterton gegeben. Hilfsmaschinen sind ausgeschaltet. Die Soldaten haben sich Filzschuhe angezogen. Nach Möglichkeit nimmt ein jeder, der nicht unmittelbar eine Funktion zu erfüllen hat, Ruhelage ein. Man verbraucht auf diese Art weniger Luft. Keiner weiß, wie lange sie noch reichen muß. Der Verbrauch im Liegen ist beträchtlich geringer als beim Sprechen. Ja, in einer solchen Situation wie der unsern erweist es sich, wie sehr das Sprechen eine unwirtschaftliche Angelegenheit ist.

Der Geleitzug entfernt sich. Nur noch schwach hört man

seine Schrauben. Aber dafür haben sich uns drei Zerstörer gewidmet. Die Geräusche ihrer Suchapparate sind den meisten bekannt: — Es zirpt, als wenn man mit dem Fingernagel über einen Kamm fährt. Ein anderes Gerät hört sich an, als ob Erbsen in einer Blechbüchse geschüttelt werden und das dritte wie das Quietschen einer Straßenbahn in einer ungeölten Kurve. Verschiedentlich hat man den Eindruck, als falle eine Bleikugel auf den Druckkörper. Alles sehr eindrucksvoll. Ich denke an die Geschichte von dem Mann, der auszog, um das Gruseln zu lernen. Schade, daß er nicht hier ist.

Die Zerstörer haben uns eingekreist. Die Wasserbombendetonationen; gewöhnlich drei gleichzeitig, kommen näher und näher. Meine Gefechtsstation ist im Heckraum am Sprachrohr. Bei jeder Wasserbombenserie habe ich zu melden, ob noch alles »klar« ist. Das Sprachrohr ist zwischen Torpedorohr und Außenbordwand angebracht. Man kann nicht richtig heran. Meine Stellung ist halb gebückt, mit einer Hand muß ich mich stützen. Mir schmerzen alle Gliedmaßen. Eine Pfeife, die sonst verwendet wird, kann jetzt nicht gebraucht werden. Schleichfahrt!

Es dröhnt gewaltig. Das Boot sackt 20 Meter tiefer. Das Licht geht aus. Automatisch schaltet sich die Notbeleuchtung ein. Die Gesichter sind ernst geworden. Es ist kein Spaß mehr, ein jeder weiß es. Der Gegner hat uns in seinen Apparaten. Immer lauter werden ihre Geräusche; dichter und dichter fallen die Bomben. Auch wenn zu sprechen erlaubt wäre, würde es keiner tun. Die Elektrosuchgruppe geht durch das Boot, um den Schaden zu beheben. Inzwischen ist das Licht auf den zweiten der beiden vorhandenen Stromkreise geschaltet worden.

Mehrere Stunden geht es so. Bomben, — Licht aus, — umschalten, — Suchgruppe. Die Funker halten die Zerstörer in ihren Geräten und melden ständig dem Kommandanten die Position. Als sie näher kommen, setzt er sich selbst in den Geräteraum und gibt von dort aus seine Befehle. — Jedesmal, wenn ein Zerstörer über uns ist und die Wasserbomben geworfen werden, schlagen wir einen Haken und gehen mit der Fahrt noch. Man muß es im Gefühl haben, einen gewissen Instinkt dafür, welche Richtung zu nehmen ist. Es ist auch Glückssache. Der Kommandant versteht sein Handwerk. Keine Erregung merkt man ihm an. Alle scheinen gefaßt; aber ganz wohl ist sicher keinem zumute, mir auch nicht. So schlimm war es noch nie!

Achtundsechzig Bomben haben wir gezählt. Wie lange soll es so weitergehen? Immer das gleiche. Achtung! Wurf! — In wenigen Sekunden wird es knallen. Zermürbend ist es. Man kann nichts sehen. Man kann nicht schießen. »Abwarten« ist das Motto. Sonderbarer Krieg. Nicht Mann gegen Mann, Waffe gegen Waffe. Geheimnisvoll. Eine Mischung von Glück, Taktik und richtigem Verhalten. Wir sind in einen Mechanismus eingespannt. Ein jeder hat seine Aufgabe geräuschlos zu verrichten. Es waltet etwas Gespensterhaftes in dieser Stimmung. Die Menschen scheinen Schemen zu sein.

Und doch wird ein jeder in sich die Stimme des Lebens verspüren. Ist es Angst? Kann ich das Gefühl überhaupt zergliedern? Ist es der Selbsterhaltungstrieb, der zum Durchbruch kommt?

Es knallt gewaltig. Die Füße verlieren ihren Halt. Das Boot scheint von einem riesigen Hammerschlag getroffen. Wasserstandsgläser und Lampen zerspringen. Überall liegt Glas herum. Die Maschinen sind stehengeblieben. Wo bleibt die Klarmeldung? — Gott sei Dank! — Kein Wassereinbruch, nur die automatischen Hauptsicherungen sind herausgesprungen. — Der Schaden ist behoben. Endlich wieder helleres Licht. Wir atmen mit Gummischläuchen durch Kalifilter. Jede Patrone wiegt ungefähr ein Kilo. Auf die Dauer ein erhebliches Gewicht, wenn man stehen muß. Sie soll das Kohlenoxyd, das sich in der Luft ansammelt, binden. Es ist für den Körper gefährlich. Vier Prozent sind die Höchstgrenze. Bei weiterem Ansteigen wirkt es tödlich: Man wird müde, schläft ein und wacht nicht wieder auf.

Ich vermeine, an meinem Sprachrohr in der gebückten Haltung durchzubrechen. Der Gummischlauch hat einen schlechten Geschmack. Die Luft wird heiß und trocken. Die Kalipatronen sind kaum noch mit den Händen zu berühren; die chemische Verbindung entwickelt Hitze. Trinkwasser kann man sich nicht holen. Jeder hat auf seinem Platz zu bleiben. Dies ist der wahre Krieg, nicht der Krieg der Filmstreifen mit schmetternder Musik und wehenden Fahnen; nein, der Krieg der Wirklichkeit, der Entbehrungen und Qualen, aber auch der Selbstbeherrschung und Pflichterfüllung.

Die hundertste Bombe ist gefallen. Auf den Gesichtern stehen Schweißperlen.

Wir stoßen einen »Bold« aus. Der Bold ist die letzte Rettung. Schon viele U-Boote sind ihm zu Dank verpflichtet. Bold hilft auch uns! Seine chemischen Substanzen entwickeln eine Schicht, die sich wie eine Art Vorhang im Wasser hält und in Zerstörersuchgeräten ein unterseebootsähnliches Echo verursacht. Wir zeigen also mit Absicht der Jagdgruppe unsere breite Seite, um uns erfassen zu lassen, drehen ab, zeigen das Heck und laufen davon. Der Bold bleibt jedoch stehen und bewirkt die Irritierung der Suchgruppe.

Anscheinend fällt der Gegner auf den Trick herein; die Detonationen werden schwächer. Wir atmen auf. 168 Bomben innerhalb von acht Stunden haben wir gezählt. — Die Zerstörer fahren davon. Sie müssen zu ihrem Geleitzug zurück. Er will in der nächsten Nacht auch geschützt sein. Wenn jedes Boot drei Zerstörer bindet, wären von den zehn nur noch einer beim Konvoi. Andere Unterseeboote hätten leichte Arbeit. Abgesehen davon werden Kriegsschiffe von der Größe eines Zerstörers keine unbegrenzte Zahl von Wasserbomben mit sich führen können. Schätzungsweise 80. Sie müssen damit haushalten.

U-Boots-Krieg heißt nicht, wie Laien oft denken: Unter Wasser wie ein Dieb heranschleichen, schießen und sich dann heimlich wieder davonstehlen. Die meisten Schiffe werden aus gesicherten Geleiten herausgeschossen.

Wir warten noch eine Stunde, dann geht es wieder an die Oberfläche. — Höchstfahrt! — Gleichzeitig werden die Akkumulatoren aufgeladen. Es ist das Wichtigste. Sind sie leer, können wir nicht mehr tauchen und sind kein U-Boot mehr. Eine leichte Beute für den Feind.

Torpedos sind nachgeladen. Wir sind wieder gefechtsbereit, nur ein bißchen müde. Ich entsinne mich an die Rekrutenausbildung auf dem Dänholm: Müde ist ein Soldat nie! »Wenn Sie die Augen nicht mehr aufhalten können, klemmen Sie sich Streichhölzer hinein.« — Wir nehmen statt der Streichhölzer Koffein- und Pervitintabletten. Es ist nicht gerade gesund, aber man braucht dann mehrere Tage nicht zu schlafen. Man könnte es sogar nicht.

Heute nacht erreichen wir den Geleitzug nicht mehr. Wir geben der Führung unsere Erfolgsmeldung ab: Vier Schiffe, 25 000 Tonnen. — Antwort des Admirals: Nicht 25 000 Tonnen, sondern 35 000, Dampfer heißen soundso, gut gemacht! Ran! Versenken!

Der B.-Dienst (Beobachtungsdienst) arbeitet hervorragend. In diesem Falle hat er die feindlichen Funksprüche entschlüsselt.

Hunderttausend Tonnen sind schon herausgeschossen worden. Hoffentlich bleibt noch etwas für die nächste Nacht. Die Wasserbombenverfolgung ist längst vergessen, und dann bilden wir uns noch ein, daß die Zerstörer keine Wasserbomben mehr haben werden.

Wir können dem Geleitzug nicht mehr nachfahren. Der Brennstoff geht zur Neige. Heimfahrt! — Später erfahren wir durch Funkmeldungen die fast völlige Vernichtung des Geleitzuges. —

Mast in Sicht! Neue Schiffseinheit. Ihre Richtung erlaubt trotz des wenigen zur Verfügung stehenden Treiböls einen Angriffsversuch. —

Es wird dunkel. Wir gehen heran. Ein Zerstörer kommt genau auf uns zu. Wir sehen ein rotes Licht. Wir drehen ab. Unmöglich kann der Zerstörer uns gesehen haben. Auch würde er dann schießen. — »Alarm!« — Keine Bomben. — War es Zufall? — »Auftauchen!« Ran, abermals kommt der Zerstörer genau auf uns zu. Wieder das verdammte rote Licht. Er folgt uns. »Alarm!« — Es wiederholt sich dreimal. Wir werden abgedrängt.

Alarm wird zweier Sunderlandflugzeuge wegen gegeben. Sie sind spät und auf geringe Entfernung gesehen worden. Bisher haben wir noch keine Fliegergefechte geführt, obwohl ein vollautomatisches Zwei-Zentimeter-Geschütz auf dem hinteren Teil des Turmes steht. Ein Magazin ist ständig angeschlagen und andere liegen bereit. Der Kommandant will das Luk schließen. Es klemmt. Bei der letzten Verfolgung ist eine Feder gesprungen. Eine Sunderland fliegt an. Kurz entschlossen springt der Kommandant auf den Turm, rast an die Kanone und schießt. Der Abstand mag 1000 Meter sein. Das Flugzeug dreht ab. Der größte Fehler, den es machen kann, denn nun zeigt es auf die kurze Distanz die ganze Breitseite, ohne selbst seine Waffen gebrauchen zu können. Es stürzt ins Wasser. — Das nächste greift an. Der Kommandant schießt; ein Motor brennt, es dreht ab. —

Inzwischen arbeitet der Ingenieur fieberhaft am Turmluk. Wir können tauchen. Alle gratulieren dem tüchtigen Schützen: unserem Lebensretter. Ohne seine Geistesgegenwart und sein schlagfertiges Handeln wären wir dem sicheren Tode geweiht gewesen. Es war der erste Abschuß eines Unterseebootes. —

Über den Kommandanten erfolgt später eine Rundfunkreportage, ihm wurde das Deutsche Kreuz in Gold verliehen.

Diesmal ging es nach Brest. Der dortige Stützpunkt war größer als der in Lorient. Wir wurden in der ehemaligen französischen Marineschule untergebracht, die majestätisch, weithin sichtbar auf einem Berge lag. In die Felsen wurden die ersten U-Boots-Bunker gebaut: Gewaltige unterirdische und gepanzerte Dock- und Werftanlagen. — Die Fliegerangriffe mehrten sich und man wollte auf keinen Fall den Einsatz der Boote durch verlängerte Reparaturzeiten verzögern. In unvorstellbarer Weise wurde gearbeitet; Sand- und Zementlastzüge bildeten auf den Straßen nie abreißende Kolonnen. Die Arbeiter wohnten in stadtähnlichen, neuerrichteten Siedlungen. Ein Meisterwerk der Organisation.

Das Schicksal der Fähnriche war noch nicht bestimmt. Sollten wir zu der Wachoffiziersausbildung in die Heimat, oder weitere Belehrungsfahrten machen? Hoffentlich nicht! Wir wollten endlich einen verantwortungsvolleren Posten einnehmen. Fest stand nur, daß wir keinen Urlaub bekamen; die einzigen der ganzen Besatzung. Zu ärgerlich nach der zweiten Fahrt. Man schickte uns dafür in ein U-Boots-Erholungsheim. Es war zwar sehr schön, mit weißem Strand und allen nur denkbaren sportlichen Ertüchtigungsmöglichkeiten, aber was lag uns daran? Wir wollten unsere Angehörigen wiedersehen. Man hatte sich doch so viel zu erzählen. Und was kann man schon brieflich mitteilen?

Das Boot rüstete zur nächsten Fahrt. Anscheinend gingen wir noch einmal mit.

Nach jeder Feindfahrt mußten die Kommandanten zur persönlichen Berichterstattung zum Befehlshaber der Unterseeboote. Die Führung pflegte auf diese Weise unmittelbaren Kontakt mit den Frontbooten. Jeder Kommandant konnte seine Ansicht vortragen und Verbesserungen vorschlagen. An der Front sammelt man die entscheidende Erfahrung und nicht an grünen Tischen. Durch dieses System wird unnützer Schriftverkehr erspart, der selten etwas einbringt und im allgemeinen nur Verzögerungen hervorruft, da unzählige Stellen unterschreiben, und sich berufen fühlen, Kritik zu üben.

Unser Kommandant war diesmal nicht zufrieden zurückgekommen. Er hatte die Angelegenheit des Rotlichts vorgebracht und glaubte, damit kein richtiges Gehör gefunden zu haben. Admiral Dönitz schien ihr keine Bedeutung beimessen zu wollen;

jedenfalls tat er nach außen hin so und bagatellisierte den Bericht unseres Kommandanten über das mehrfache Abgedrängtwerden. Welche Gründe er dazu hatte, wußten wir nicht. Auf jeder Stufe der Befehlsgebung sehen sich die Dinge anders an, auf unserer durchschauten wir nicht alle Zusammenhänge! Mögen wir auch murren: Befehle der Führung sind auszuführen. Wir müssen annehmen, daß sie den Gesamtüberblick hat.

Das Leben hat zwei Seiten

Hurra! Wir Fähnriche kommen in die Heimat zur weiteren Ausbildung. Und außerdem erhalten wir acht Tage Urlaub, um die Zeit bis zum Anfang des nächsten Lehrgangs auszufüllen.

Ich fuhr nach Berlin. Meine Mutter weinte vor Freude. Es beunruhigte sie wohl sehr, daß ich U-Boot fuhr, aber doch war sie vielleicht gerade darauf stolz.

Der Ostfeldzug machte gute Fortschritte. Mit wenigen Ausnahmen war die Allgemeinheit vom Siege überzeugt. Über die U-Boot-Waffe, ihr Leben und ihre Taktik, herrschten natürlich recht laienhafte Vorstellungen. Woher sollte man es auch wissen.

Unsere Hauptstärke kam bei Nachtangriffen in aufgetauchtem Zustand zur Geltung. Wir waren fast unsichtbar, weitaus schneller und wendiger als unter Wasser. Sollte der Gegner Apparate entwickeln, die uns sichtbar machten, so verringerten sich unsere Möglichkeiten erheblich. Das Rotlicht sollte sich als Anfang einer für uns verhängnisvollen Entwicklung erweisen: Die Möglichkeit, mit infraroten Strahlen Objekte auch bei Dunkelheit sichtbar zu machen, wurde ausgenutzt. Unsere Verluste stiegen im Vergleich zum Vorjahre erheblich.

Wir saßen wieder auf der Schulbank. — Der Lehrgang dauerte ein halbes Jahr. Ein großer Prozentsatz der Teilnehmer waren Crewkameraden von mir. Viele waren schon gefallen. Wir studierten die neuesten Torpedos und ihre Taktik. Praktische Schießübungen festigten das Neuerlernte. Wir machten das Funkoffizierspatent und übten die verschiedenen Schlüsselverfahren und Kurzsignale. Den Abschluß bildete die U-Boots-

Schule. Eine Woche Seefahrt in der Ostsee, eine Woche theoretischer Unterricht wechselten sich ab; Anlegemanöver, Tauchen, Tiefensteuerung, Angriff und Bootskunde. Trotz unserer kleinen Frontpraxis gab es noch viel zu lernen. Jeder, der als Anfänger Umschau in der Zentrale hält, schrickt vor den vielen Ventilen und Rädern zurück. Auch Ingenieure anderer Schiffsgattungen werden angesichts dieses scheinbaren Gewirrs oft blaß.

Den Abschluß bildete ein Artillerielehrgang. Die kleinen Schulschiffe hatten auf dem Vorschiff eine 8,8- oder 10,5-cm-Kanone. Es war der beliebteste Lehrgang und machte uns viel Freude. Knallend wird dem »Schützen«, unmittelbar nach der Befehlserteilung, an den Aufschlägen der Erfolg seiner Überlegungen vor Augen geführt.

Die Prüfungen waren bestanden, die Lehrgänge beendet, und die sehnlich erwartete Beförderung des Fähnrichs zum Oberfähnrich erfolgte. Meine Kommandierung lautete auf ein Boot des mir vertrauten Typs VII c. In Danzig meldete ich mich beim Kommandanten. Was ich einzuschiffen hatte, wußte ich diesmal. Den Schrankkoffer hatte ich hübsch zu Haus gelassen.

Mein Boot war ein Neubau und begann die Ostseeausbildung. Nach vier Wochen eröffnete mir der Kommandant unter Glückwünschen: »Sie sind von einem Freund von mir als Erster Wachoffizier angefordert, und das Gesuch ist von der U-Boot-Führung genehmigt worden. Morgen reisen Sie nach Danzig zurück und übernehmen den Neubau. Mast- und Spierenbruch!« Fast gleichzeitig mit der neuen Kommandierung wurde ich zum Leutnant befördert.

Unfaßbar schien es mir, da ich meines Wissens während der Ausbildungszeit niemals durch besonderen Eifer hervorgetreten war. Man hätte eher das Gegenteil behaupten können. Ich war der erste von allen meinen Einstellungskameraden in dieser hohen Position. Weitaus ältere Offiziere fuhren noch als »Dritte« und »Zweite«!

Mein Boot ragte weit aus dem Wasser, ein Zeichen dafür, daß noch der Einbau von vielen Dingen fehlte. Die Besatzung traf nach und nach ein. Jeden Tag krochen wir in unserem »Embryo« herum. »Nur wer sein Boot kennt, kann dieses Meisterwerk der Technik beherrschen«, sagte der Flotillenchef.

Die Besatzung machte einen hervorragenden Eindruck. Zur Hälfte bestand sie aus Männern, die schon Frontfahrten hinter sich hatten.

Indienststellung, Fahrtprüfungen der Werft, Torpedoschieß-flottille mit unzähligen Tag- und Nachtangriffen — oft luden wir am Tage dreimal neue Torpedos, — und Tauchflottille, »Agru-Front« genannt, waren überstanden. Stolz führten wir am Turm das Zeichen der bestandenen Prüfungen. Seiner Ähnlichkeit mit dem Reichssportabzeichen wegen nannten wir es »U-Boots-Sportabzeichen«. Vor dem An-die-Front-Gehen mußte noch die letzte Etappe, die »taktische Übung« durchlaufen werden.

Ein durch viele Flugzeuge und Zerstörer gesicherter Geleitzug durchkreuzte die Ostsee. Ein mächtiger Kostenaufwand der U-Boots-Führung für Übungszwecke. Aber wahrscheinlich kam es doch billiger als der Verlust unerfahrener Boote an der Front. Das Motto von Admiral Dönitz: »Nur die Praxis lehrt. Übertriebene Theorie ist Zeitverlust! Ran, zeigt, was ihr gelernt habt!«

Stockfinstere Nacht. Die Kimm ist nicht zu erkennen. Wolken und Wasseroberfläche vermischen sich zu einem undurchsichtigen Schwarzgrau. Die Farbe unseres Bootes ist dunkelgrau. Bestimmt nicht zu erkennen. Unsere Stärke. — »L O S!« Die Schüsse liegen hervorragend, hoffentlich klappt es später auch so. —

Dringender Funkspruch: »Sofort stoppen! Übung abbrechen. Ultrakurzwellen-Sprechgerät schalten! ›U-X‹ gerammt und gesunken! Versuchen, Horchverbindung herzustellen! Nach Überlebenden Ausschau halten! Rettungsboote aussetzen und suchen! Flottillenchef.«

An Fallschirmen hängende Leuchtkugeln erhellen die Nacht. Scheinwerfer von mehr als zehn U-Booten, Zerstörern und Geleitschiffen überschneiden sich. Das Leben von fünfzig Männern steht auf dem Spiel.

Alle Kriegsschiffe sind in direktem Sprechverkehr wie durch ein Telefon verbunden. — Der Kommandant, ein Offizier und drei Seeleute werden aufgefischt. — Sie berichten, daß ihr über Wasser fahrendes Boot durch ein getauchtes Boot gerammt wurde und sofort unterging. — Die fünf Geretteten hatten sich auf der Brücke aufgehalten und konnten ins Wasser springen.

Unser Funker meldet dem Kommandanten, daß er Verbindung mit dem gesunkenen U-Boot habe. Klopfzeichen sind vernehmbar. Wir melden es dem Führerschiff. — Das gesunkene Boot wird angepeilt, und alle anwesenden Fahrzeuge bilden einen Kreis. Es liegt auf 105 Meter Wassertiefe. Die Klopfzeichen besagen, daß sich alle Leute in die zwei hintersten druckfesten Abteilungen haben retten können und der vordere Teil abgeschottet ist.

Verdammt tief, 105 Meter. Wir wissen, daß es nur bei erheblich geringerer Tiefe eingeschlossenen Besatzungen gelungen ist, heil herauszukommen. Ich kannte einen Fall, wo bei dem Versuch, von 60 Metern auszusteigen, sich nur drei der Eingeschlossenen retten konnten. Der menschliche Organismus kann den Wasserdruck und dessen schnelle Abnahme beim Aufsteigen nicht aushalten. — Ein Kran von Kiel würde mindestens einen Tag für die Fahrt brauchen. Einsatz von Tiefseetauchern und Unterfangen des Bootes beansprucht weitere kostbare Zeit. Zu lange: die Luft der beiden hinteren Räume reicht annähernd nur 14 Stunden für so viele Menschen.

Der Flottillenchef entschließt sich, den Aussteigebefehl zu geben. Die Maschinen im gesunkenen Boot können nicht mehr arbeiten. Die Luftreinigungsanlage ist außer Betrieb. Warum die Kameraden unnütz quälen? Entweder sie kommen heraus oder nicht. Jeder hat einen Tauchapparat. Auf dem Mutterschiff gibt es außerdem eine Druckkammer. Sie ermöglicht für die zu schnell an die Oberfläche gekommenen Männer den erforderlichen langsamen Druckausgleich.

Schrill, mit dem höchsten Ton, der mit dem menschlichen Ohr noch wahrnehmbar ist, übermittelt die Unterwasserschallanlage: »Fluten, Aussteigen, Oberfläche durch Leuchtkugeln taghell erleuchtet, viel Glück. Flottillenchef.«

»Fluten, steigen aus«, vernimmt schwach der Horcher aus den Hammerschlägen. — Wieviel anders ist doch bei den Fliegern das Aussteigen aus ihren Maschinen. Der Vergleich drängt sich auf. Natürlich ist auch das Abspringen mit dem Fallschirm keine Spielerei, aber es ist doch nicht mit den physikalischen und biologischen Problemen behaftet, die den U-Boots-Mann schon in verhältnismäßig geringer Tiefe tödlich gefährden. Pech, Kameraden, ist unser Gedanke. Ebensogut hätte es auch uns passieren können. Entgegen allen Überlegungen über die Hoffnungslosigkeit ihrer Lage halten wir ihnen die Daumen. Der zweite Wachoffizier ist ein guter Freund von mir. Sechs Wochen verheiratet. —

Im Horchgerät können wir deutlich die Geräusche einströmenden Wassers wahrnehmen. Die Kameraden stellen den Druckausgleich her. Ohne ihn kann das Aussteigeluk nicht geöffnet werden. Auf jedem Quadratzentimeter lastet bei 10 Metern Tiefe ein Druck von einem Kilo. Bei 100 Metern also 10 Kilo. Das Luk hat ungefähr einen Durchmesser von 70 Zentimetern. Über 38 Tonnen sind es für die Gesamtfläche des Deckels.

Ständig jagen Leuchtgranaten in die Luft. Hunderte von Augenpaaren suchen mit Ferngläsern die Wasseroberfläche ab. Es geht um das Leben unserer Kameraden. Wie viele haben Freunde auf dem gesunkenen Boot! — Nichts. Keine Luftblase, kein Zeichen. — Vier Stunden warten wir vergebens. Es wird auch nicht mehr geklopft. Vielleicht sind die Männer ohnmächtig geworden und haben das Luk nicht mehr öffnen können. Oder der zuerst Aussteigende ist mit seinen Sachen hängengeblieben und versperrte weiteren den Weg.

Sechs Stunden sind vergangen. Die Übung wird fortgesetzt. — Tote sind nicht mehr zum Leben zu erwecken. — Es ist Krieg. — Grausam, unerbittlich. — Ran, versenken! — Einmal trifft es den Gegner, ein andermal uns selbst. — Krieg!

Das Leben hat zwei Seiten. Es mischt die ernsten Züge mit heiteren; was sind wir Menschen anderes als Wesen, die unter dem Gesetz des »Stirb und Werde« stehen? Im Humor, im Übermut bricht sich der Wille zum Leben Bahn, wenn eben noch die Tragik uns umwittert. Sind wir deshalb zu verurteilen?

Der Tod der Kameraden hat uns die düstere, traurige Schicksalhaftigkeit des Daseins nahe gebracht, sie war aus dem Unterbewußtsein nicht mehr zu bannen.

Kurz darauf aber trieben wir wieder unsere Späße, und einer der tollsten galt den Vertretern unserer Patenstadt.

Patenverhältnisse sind bei der Kriegsmarine gang und gäbe. Selten sind sie aber so originell wie hier: Der Kommandant eines U-Bootes des kleinsten Typs erlaubt sich den Scherz, den Kommandanten des Schlachtschiffes »Bismarck« zu der Größe seines Schiffes bei einer zufälligen Begegnung zu beglückwünschen. Etwas später ging das U-Boot gleich einem Kutter an die ausgehängte Backspiere des vor Anker liegenden Schlachtschiffes. Der U-Boots-Kommandant bat den Kapitän sprechen zu dürfen. Im Verlaufe der Unterredung bot der Vertreter des »Zwerges« dem »Riesen« die Patenschaft an. Der Vorschlag wurde, so paradox er war, angenommen. Das Schicksal wollte später, daß derselbe U-Boots-Kommandant als einziger Gelegenheit hatte, einige wenige Überlebende des Schlachtschiffes »Bismarck« nach seinem Untergang aufzunehmen.

Wir besaßen auch eine Patenstadt. Sie betrachtet es als ihre Ehrensache, das Boot zu betreuen, schickt Zeitungen und Schallplatten, Bücher und andere Dinge. Sie lädt Soldaten ohne Angehörige ein, ihren Urlaub kostenlos zu verbringen, und ist stets bemüht, sich für den Einsatz um Volk und Vaterland erkenntlich zu zeigen.

Da unsere Patenstadt am Wasser lag, konnten wir ihr eine Dankesvisite abstatten. Ein Besuch der Stadtvertreter an Bord war genehmigt worden — das ursprünglich so strenge Verbot, das Außenstehenden den Zutritt an Bord verwehrte, war inzwischen etwas gemildert worden. Natürlich bleiben die entscheidenden Geheimnisse für diesen Besuch wie für jeden anderen gewahrt. Wichtige Dinge sind verdeckt. Uns ist klar, welche schwerwiegenden Folgen unbedachte, scheinbar belanglose Äußerungen nach sich ziehen können. Der Gegner ist an allem interessiert. Die Hälfte der Besatzung hat zum Glück Fronterfahrung und weiß, worum es geht. Die anderen sind eingehend belehrt worden. Rippenstöße oder ein Stiefel im Kreuz sind die eindrucksvollste »Methode«, um Neulingen die unbedingte Notwendigkeit nahezubringen, Anordnungen peinlich genau zu befolgen.

Der Oberbürgermeister der Stadt war als ein Mann bekannt, der leider die schönen Worte von Heldentum und Tod fürs Vaterland zwar oft in schwungvollen Reden gebrauchte, höchstpersönlich aber wenig Neigung zu soldatischem Einsatz bekundete. Natürlich berief er sich auf seine Unentbehrlichkeit. Anscheinend ein Emporkömmling ohne charakterliche Qualitäten.

Auf unserem Boot ist alles vorbereitet. Ihn werden wir schon kriegen! Niedergänge und sonstige Geländer, die zum Festhalten dienen, sind sorgfältig eingefettet. Uns macht es nichts aus, da wir Lederzeug tragen, und es auf ein bißchen mehr oder weniger nicht ankommt.

Bürgermeister in Sicht: Er ist von gewaltiger Leibesfülle. Schwitzend kommt er über das Fallreep. Wir sind ernst, wir können uns beherrschen; allerdings fällt es schwer.

Der Kommandant stellt ihm freundlichst das Boot zur Verfügung und bittet ihn, hinunterzusteigen und einen Begrüßungsschluck zu nehmen.

Schwerfällig wälzt er sich auf den Turm. Es macht ihm viel

Mühe. Seine gelbe Uniform, Stiefel und Handschuhe glitzern in der Sonne. Eine kleine Pistole hängt am überbreiten Koppel.

Ausführlich hat ihm der Kommandant erklärt, wie man am schnellsten und sichersten ins Luk springt. »Für jeden sind eine und eine fünftel Sekunde Zeit berechnet«, sagt er und springt mit einem Satz hinein.

Jetzt quetscht der Amtsgewaltige seinen dicken Bauch ins Luk. So etwas haben wir noch niemals gesehen! Er paßt nicht hinein, so fett ist er. — Wir sind hilfsbereite Leute, und sofort eilen zwei hinzu. Sie ziehen unten an den Beinen, und wir schieben von oben nach. Hurra! — er ist durch. — Pustend sitzt er im Offiziersraum. Schweißperlen stehen ihm auf der Stirn. Die ach! so schöne Uniform ist von allen Seiten mit Öl und Fett beschmiert.

Ein Seemann bringt Sekt. Vor jedem ist eine alte Konservenbüchse als Trinkbehälter aufgestellt. Kommandant: »Ja, wir gebrauchen hier keine Gläser, da sie doch bei dem ersten Alarm entzwei gehen würden — natürlich besaßen wir normales Geschirr! — Prost, auf das ganz spezielle Wohl des Herrn Oberbürgermeisters! Es freut uns, immer wieder festzustellen, daß Front und Heimat so eng zusammenhängen. Was wäre die Front auch ohne Heimat. Sie gibt uns ihre Söhne und schmiedet die Waffen, ihr sind wir zu Dank verpflichtet. Und gerade Ihre Stadt, hochverehrter Herr Oberbürgermeister, ist in unseren Augen ein Musterbeispiel der Organisation. Sehr zum Wohle, Herr Oberbürgermeister! Hoch lebe der Herr Oberbürgermeister und unsere Patenstadt!« — Wir erheben uns feierlich.

Kommandant: »Ich bin überzeugt davon, daß Herr Oberbürgermeister einen frontnahen Eindruck vom U-Boots-Leben erhalten möchte. Nicht vielen ist es vergönnt, in dieses Wunderwerk der Technik einzudringen. Ich schlage vor, zuerst eine Besichtigung zu machen.«

Des Oberbürgermeisters Mund geht vor Erstaunen nicht wieder zu. »Und die vielen Ventile können Sie alle bedienen. Sie wissen, wozu sie dienen? Wahrhaft erstaunliche Leistung. Das könnte ich nicht.«

Zweiter Offizier leise zu mir: »Glaube ich ihm . . .«

Der Leitende Ingenieur erklärt das Tauchgerät: »Es dient für viele Zwecke. Wenn im Boot kein Sauerstoff mehr vorhanden ist, kann man mit ihm noch eine weitere halbe Stunde leben. Auch wenn Salzwasser in die Akkumulatoren dringt und giftige

Gase entweichen, schützt es in hervorragender Weise. Nicht zuletzt, was am häufigsten vorkommt: Wenn man beim Tauchen die Abgasventile der Diesel zu früh schließt d. h., ehe sie abgestellt sind und der Qualm notgedrungen ins Boot selbst entweichen muß.«

Oberbürgermeister: »Aha — verständlich — logische Angelegenheit — durchaus einfache Handhabung.« Wir schärfen ihm ein, wie er das Ding zu gebrauchen habe. Man könne nie wissen.

Wir freuen uns diebisch. Uns sind die Folgen gleich, die aus ungebührlichem Verhalten entstehen könnten. Diplomatischerweise ist ja vorbeugend gefragt worden, ob ein frontnahes Erlebnis erwünscht ist. Regelmäßig wurde »sehr gerne« geantwortet. Jeder hat den Wunsch, einmal etwas zu erleben. Es kostet seinen Tribut, aber später kann man tolle Geschichten erzählen. Die Kinder werden noch davon sprechen; — der Vater muß ein Held gewesen sein, der so etwas erlebt hat. — Wir riskieren gern einen Spaß. Mögen auch Beschwerden kommen. Uns wäre es gleich. Wir gehen bald an die wirkliche Front.

Der Dieselmaschinenraum wird vorgeführt. Der Leitende Ingenieur gibt weiterhin Erklärungen.

Oberbürgermeister: »Aha, also hier ist Ihr Wirkungsbereich, überaus interessant.«

Leitender Ingenieur: »Es wird Sie bestimmt interessieren, wie diese prächtigen Maschinen arbeiten. Sie sind wahrhaftig Präzisionsarbeit!«

Oberbürgermeister: »Selbstverständlich — hochinteressant — nur wenige haben das Glück, dies alles erleben zu dürfen.«

Die Soldaten waren einexerziert. Alles geht routinemäßig vonstatten. Öl wird vorgepumpt. Maschinisten bewegen Starterhebel nach unten. Es zischt, und man versteht sein eigenes Wort nicht mehr. — Mehrere tausend Pferdekräfte sind in den kleinen Raum gebannt. Sechzehn Zylinder arbeiten. Gebläse saugen unaufhörlich Luft aus dem Raum; die Türen und Schotten sind geschlossen wie immer. Bei vollständiger Öffnung der Zuluftschächte verspürt man schon einen gewissen Unterdruck. Wir haben uns natürlich daran gewöhnt.

Wir ahnen schon, was die, ach! so interessierten Gäste nach kurzer Zeit äußern wollen: »Sehr eindrucksvoll. Aber können wir nicht ans Oberdeck gehen und eine Zigarette rauchen — im Boot ist es doch verboten?« Man sieht nur die Mundbewegungen. Zu verstehen ist beim besten Willen nichts. Abgesehen davon legen wir auch absolut keinen Wert darauf. In dieser Hinsicht sind wir schlechte Menschen! Die beste Verständigungsmethode ist bei dem Krach die Zeichensprache. Beim Sprechen kommt doch kein Laut heraus. Der Leitende Ingenieur gleicht einem Taubstummen: Die Hände hält er hoch, die Daumen nach unten. Diese Art der Befehlsgebung klappt hervorragend. Ventile werden gedreht. — Die Luft wird dünner und dünner; schon muß man schneller atmen. Nicht selten ist es vorgekommen, daß bei falschen Griffen die Augen des Maschinenpersonals herauskamen. Unvorstellbar ist die Saugkraft der Maschinen. — Der dicke Gast ist schon völlig durchgeschwitzt, obwohl es jetzt erst richtig losgehen soll. Die Zuluftventile werden mehr und mehr gekniffen; auch ich empfinde es keineswegs als angenehm. Das Stadtoberhaupt stützt sich auf einen Schaltkasten. Es ist der einzige Halt in der Umgebung. Berechnung! Er ist unter Strom gesetzt. Wir grinsen nicht. Haltung wird bewahrt. Der Oberbürgermeister bewegt sich zum Ausgang und versucht, die Tür zu öffnen. Unmöglich. Man bekommt sie schon schwer bei normal laufenden Dieseln auf. Jetzt aber, bei gekniffenen Ventilen, ist es völlig ausgeschlossen.

Der Leitende Ingenieur gibt erneut Zeichen. Wieder wird gedreht, diesmal an den Abgasventilen. Der Erfolg läßt nicht lange auf sich warten. In wenigen Sekunden ist der Raum schwarz. Nicht die Hand vor den Augen kann man sehen. Die Diesel werden abgestellt. Der dichte Qualm brennt unvorstellbar in den Augen, er beißt in der Nase. Die Lungen brennen. Wir setzen unsere »Tauchretter« auf, die Augen schützt eine Brille. Es geht schnell, wir haben Übung. Natürlich ist der Gast jetzt viel zu aufgeregt, um das Ding auf den Kopf zu bekommen. Es gehört dazu. Anschaulicher, frontnaher Eindruck, wenn auch nicht lebensgefährlich!

Die Qualen sind vorerst überstanden. Wir sitzen friedlich vereint in der Offiziersmesse und genehmigen uns einen Erfrischungstrunk, diesmal aus einem großen Topf. Die Mittagszeit ist noch nicht heran, und ein Seemann bringt Wurst, Brot und Butter. — Unser Freund gleicht einem Schweinchen; er ist von Natur aus so fett und nun auch noch vollkommen verschmutzt. Von oben bis unten vollgesudelt.

Kommandant: »Guten Appetit, Herr Oberbürgermeister! Es ist zwar nicht so vornehm wie im »Adlon« in Berlin, aber was hilft es, wenn man leben will, muß man essen. Langen Sie nur zu, Herr Oberbürgermeister!«

Mit dem Zulangen ist es aber nicht so einfach, denn es fehlt jegliches Besteck, auch Teller und Tassen, Wurst, Brot und Butter alles in Stücken, liegen auf dem Tisch herum. Da der Gast aber keine Anstalten macht, anzufangen, beginnt der Kommandant. Er bricht sich ein Stück vom Brot ab, fährt mit der bloßen Hand in die Butter und trägt davon mit den Fingern auf. Desgleichen verfährt er mit der Wurst. Wir folgen dem Beispiel.

Wir dürfen dem Gast das Erlebnis einer Fahrt nicht vorenthalten. Es ist das Wichtigste; was kann man schon an der Mole festgebunden erleben! Ein jeder möchte einmal unter Wasser gefahren sein.

Wir täuschen ein Fliegergefecht vor. Der hochgestiegene Ballon fällt schon nach den ersten Salven ins Wasser. Der Oberbürgermeister ist begeistert: »Das macht ja direkt Spaß bei Ihnen. Zu schade, daß ich nicht mit 'raus kann.«

»Alarm!« Mit 60 Grad Neigung geht es in die Tiefe. Normalerweise geschieht es mit 30 Grad. Der Kommandant sitzt im Turm am Sehrohr. Der Oberbürgermeister steht interessiert unter dem Luk und schaut hinauf. — Es knallt gewaltig. Noch einmal. Fast noch lauter als richtige Wasserbomben. Die Detonationen müssen unmittelbar neben dem Boot gewesen sein. (Am Sehrohr hatten wir zwei Handgranaten befestigt, die beim Ausfahren abgerissen wurden.) Notbeleuchtung springt an. Dunkel ist es im Boot. Es erhöht die Angst, wenn man nichts sehen kann. Nur schwach sind die Gesichter zu erkennen. Krampfhaft hält sich die beleibte Gestalt fest. Es ist nicht ganz so einfach, die Lastigkeit ist groß und der Boden schmierig. Ein Kasten rutscht auf ihn zu. Ein Soldat war angewiesen, ihn auf unser armes Opfer zu lenken. Gerade kann er noch die fetten Beine hochheben. Sie finden keinen Halt mehr. Der Gast pendelt in der Luft: Unser Moment ist gekommen.

»Wassereinbruch im Turm!« ruft schrill eine Stimme von oben. Ein Eimer kalten Wassers wird über dem Kopf unseres Freundes entleert. Ein Schrei, er läßt sich los, und nun kullert er gleich dem Kasten bis zum nächsten Schott. 60 Grad Lastigkeit ist viel, selbst erfahrene U-Boots-Fahrer rutschen manchmal versehentlich aus. Man muß es dann hinnehmen, daß man irgendwo landet. — Der L. I. liest laut den Tiefenmesser ab. Über 200 Meter zeigt er schon. (In Wirklichkeit sind wir noch auf 50 und werden kaum tiefer gehen, da die Maschinen langsamste Fahrt laufen.) Ein am Tiefenmesser angeschlossener Preßluftschlauch bewirkt die falschen Angaben. Aufgeregt meldet der L. I. dem Kommandanten: »Boot fällt schnell und schneller — läßt sich nicht mehr halten!«

Inzwischen werden die Untertriebszellen ausgedrückt und zusätzlich Preßluft ins Boot gelassen. Sie drückt auf die Ohren. Durchaus ein unangenehmes Gefühl. Zwischen den vorderen Torpedorohren sitzt ein Matrose und wimmert unaufhörlich: »Jetzt gehen wir unter, was tue ich nur?« Ein anderer stöhnt vor sich hin: »Nun sehe ich dich nicht wieder, kleine Maria.« Andere laufen aufgeregt von vorn nach hinten und umgekehrt; sie geben vor, ihre Tauchapparate zu suchen. Ein heilloses Durcheinander. Erstaunlich, wie die Besatzung schauspielern kann! Man glaubt sich im Theater. Viele haben mit ihren Angstrufen neue Einfälle. Wir treiben es wirklich schlimm, aber wir haben es auch mit einem Oberbürgermeister zu tun. Man muß ihm doch etwas zumuten können. Der zweite Wachoffizier und ich haben uns etwas zurückgezogen, jedenfalls aus seinem Blickfeld.

Unser Gast ist ganz unscheinbar und häßlich geworden. Blaß und zitternd kauert er in der Ecke. Er hat mir dem Leben abgeschlossen. »Jetzt geht es zu Ende«, vernehmen wir schwach von seinen Lippen.

Kommandant: »Klar bei Tauchrettern und Schwimmwesten, rette sich, wer kann; anblasen!«

Das Hauptanblaseventil ist aufgerissen. Wie ein Ball schießen wir in die Höhe. Durch den gewaltigen Auftrieb kommt das Boot zu weit heraus und kippt nach der einen Seite über. Es pendelt hin und her. Die Besatzung eilt zum Luk und rast die Leiter hinauf. Rücksicht wird nicht mehr aufeinander genommen. — Endlich erscheint der Oberbürgermeister. Er schnauft wie ein Walroß. Blindlings springt er ins Wasser. Schallendes Gelächter. — »Hoffentlich geht er nicht unter«, meint der Kommandant. Aber schon sind ihm zwei Soldaten nachgesprungen und ziehen ihn zum Boot zurück.

Wir laufen ein. Der hohe Funktionär liegt in einer Koje. Er muß Grog trinken. Wir zwängen ihn in die weiteste Uniform, die aufzutreiben ist. Sein Chauffeur erwartet ihn.

Wir geleiten unseren Gast zu seinem Wagen. Kaum hat er wieder festen Boden unter sich, wird er bereits sicherer. Einige der Stadtväter und eine Unzahl von Bekannten haben sich eingefunden. Mit wichtiger Miene gibt er ihnen nun Erläuterungen über seine Erlebnisse und die denkwürdige Fahrt. Sie staunen und scheinen ihn sichtlich zu bewundern, den neuen U-Boots-Helden. Sogar eine richtige U-Boots-Uniform hat er an, wenn er auch den Rock nicht schließen kann und die Nähte zu platzen drohen.

Oberbürgermeister: »Es war wirklich hochinteressant. Tatsächlich einmal etwas ganz Besonderes. Besten Dank. Bleibt also bei dem Fest heute abend im Ratskeller.«

Wir kamen in unseren blauen Uniformen. Der Repräsentant der Stadt sehr stolz in seinem U-Boots-Päckchen. Zu ulkig sah er aus; die Gliedmaßen quollen förmlich aus dem Anzug heraus. Aus Papier wurde ein großes U-Boots-Abzeichen geschnitten, verliehen und der »Held des Tages« zum Ritter der Tiefe geschlagen. Den grauen Anzug durfte er zum Andenken an dieses Erlebnis behalten.

Sturm und Kampf am Heiligabend

Die ersten Fliegerbomben waren gefallen. Das Flugzeug stieß unverhofft aus den Wolken und mit knapper Mühe kamen wir noch weg. Auf 30 Meter knallte es dann. Verdammt nahe. Aber wir hatten wieder einmal Glück! Unsere Ausguckposten waren wirklich hervorragend. Sie hatten keine Schuld.

Schon vier Wochen blies es unaufhörlich aus allen Himmelsrichtungen. Windstärke 9 bis 10. Sturm, Regen, Nebel. Das Thermometer nur wenige Grad über Null. Dazu auf der offenen Brücke. Kein Dach, nur kalte Stahlwände. Nicht einmal warm laufen konnte man sich. An einem Strick war man festgebunden. Ein über zehn Zentimeter breiter, stahldurchflochtener Lederriemen schnürte die Rippen ein. Es waren Fälle bekannt, wo durch überkommende Brecher das Brückenpersonal über Bord gegangen war. Auf einem Boot wollte die nächste Wache ablösen und fand oben niemanden vor. Von einer See außenbords gespült.

Die Macht der überkommenden See ist gewaltig. Das Boot gleicht einem Pfeil, es hebt sich nur wenig, die Seen laufen darüber hinweg wie über einen flachen Molenkopf. Vorn steht der Wachoffizier und ein Mann. Durch Zuruf benachrichtigen sie die beiden hinteren Ausguckposten, wenn eine See überzukommen scheint. Man duckt sich, sucht einen Halt und dann geschieht es. Unvorstellbar. Nase, Ohren und Mund voll Wasser. Die Augen brennen. Alles grün. Wasser kommt tonnenweise über. Das Regenzeug, Gummihose und Jacke schützen nur wenig. An vielen Stellen sind sie zugebunden und trotzdem läuft überall das kalte Naß hinein. Ein herrliches Gefühl! Die Hände sind steif, aber doch müssen sie das Fernglas halten. Gut die Hälfte der Zeit wird hindurchgeguckt. Nichts darf dem suchenden Auge entgehen; es ist Ehrensache. Jeder ist bestrebt, Mastspitzen und Flugzeuge zuerst zu entdecken. Was für eine Figur würde man abgeben, wenn die Kameraden einem nicht trauen könnten, weil sie einen für unzuverlässig halten. Vielleicht würden sogar Fliegerbomben auf das Konto eigener Unachtsamkeit gebucht werden müssen. Was für eine Entschuldigung: »Zu spät gesehen!« Man würde von den Kameraden gemieden. Nach dem Einlaufen abgelöst. Nein! Wir haben unseren Stolz. Aufgepaßt, wenn es auch schwerfällt!

Die letzten Minuten vor dem Wachwechsel vergehen am langsamsten. Es fehlt noch eine halbe Stunde — jetzt 15 Minuten, in fünf Minuten muß der erste da sein. Aber immer noch kommt er nicht.

Ehe der Abgelöste nicht unten im Boot ist, darf der nächste nicht hinauf. Nur jeweils einer mehr als die Brückenwache soll zusätzlich oben sein. Bei Alarm würde sich sonst das Tauchen verzögern. Es wäre Leichtsinn. Außerdem wäre bei gleichzeitigem Wechsel der Ausguckposten die Ablenkung zu groß. Und ist es nicht Tücke des Schicksals, daß immer dann, wenn die Gedanken einen kleinen Augenblick wo anders sind, eine Überraschung kommt? Ist man hingegen eifrig bei der Sache, so passiert gewöhnlich nichts.

Abgelöst steigt man durchfroren in das kalte, feuchte Boot. An den Wänden läuft in großen Tropfen Kondenswasser herunter. Wie gern möchte man die Heizung anstellen. Es ist verboten. Strom muß gespart werden. Aufgespeicherte Elektrizität ist praktisch Treiböl. Verbraucht man sie, so verringert sich der Aktionsradius. Je größer er ist, desto größer sind auch die Erfolgsaussichten. Also es hinnehmen, wenn auch die Zähne klappern. Es muß sein! Es ist Krieg! Es geht um Leben und Tod, da dürfen ruhig die Glieder vor Kälte schlottern. In den nächsten Kampfhandlungen werden sie schon wieder warm werden. Nur die Alarmklingel braucht zu ertönen. Sie ist die beste und schnellste Heizung.

Ein Kognak würde gut tun. Auch verboten. Er schwächt die Reaktionsfähigkeit des Geistes. Jede Sekunde ist kostbar. Jede Sekunde können wir neun Meter durch das Wasser laufen. Entscheidend für uns, ob die Bombe auf das Heck oder neun Meter dahinter fällt. Blitzartig muß das Maschinenpersonal reagieren. Desgleichen die Brückenwache und vor allen Dingen der Wachoffizier. Schnelles und richtiges Handeln zeichnet gute U-Boots-Fahrer aus. Zu langen Überlegungen ist selten Zeit. Man beherrscht seinen Beruf oder nicht. Beherrschen heißt, instinktiv richtige Befehle geben. Erfahrungssache, Nervenangelegenheit. Nichtbeherrschen ist gleichbedeutend mit dem Tod!

Die Finger sind steif vor Kälte. Ein Kamerad hilft, das nasse Zeug vom Körper zu ziehen. Die Unterwäsche wird gewechselt. Es handelt sich jedoch nicht um frisches Zeug. Wir haben nicht soviel davon. Unmöglich könnten größere Mengen in dem kleinen Spind untergebracht werden. Zwei Möglichkeiten: Entweder am Körper trocknen lassen, oder die noch feuchte von der Vorwache anziehen. Die Sachen werden in acht Stunden nicht trocken. Wie sollten sie auch bei der feuchten Luft! Und dann dürfen sie nicht achtlos im Boot aufgehängt werden. Die Stücke könnten in Tauchgestänge geraten und sie verklemmen. Im eigensten Interesse: STRENG VERBOTEN! Bei den Gummihandschuhen ist es eine Selbstverständlichkeit, daß sie vom Salzwasser innen naß und klebrig sind. Trockenes Lederzeug gibt es nur bei Sonnenschein und dann braucht man es nicht. Eine Salzschicht läßt das Grau weiß erscheinen.

Die Hände betasten die zur Verfügung stehenden klammen Bekleidungsstücke. Schnell muß man wieder angezogen sein. Wenn etwas los ist, hat man keine Zeit zu suchen. In jedem Augenblick müssen wir auf Alarm gefaßt sein.

Etwas Brot, aber erst den Schimmel abschneiden, und nicht vergessen, die Reste aufzuheben, denn es soll noch eine Brotsuppe daraus gekocht werden. Nötig wäre es nicht. Immer können jedoch unvorhergesehene Fälle eintreten, durch die sich das Einlaufen verzögert. Ein Boot, dessen Maschinen durch Wasserbomben von den Sockeln geflogen waren, kehrte erst nach vier Monaten Überfälligkeit — segelnderweise — in seinen Stützpunkt zurück. Bis zu den Schuhsohlen hatte die Besatzung das Leder durchgekaut. Dann schon lieber vorbeugend Suppe aus verschimmelten Brotresten essen.

Etwas ranzige Butter, Wurst, einen Schluck heißen Tee und dann in die Koje. Angezogen, nur ohne Schuhe und Jacke. Ein wenig wärmen die feuchten, nach Treiböl riechenden Decken doch. Nur nicht mit dem Rücken die Außenwand berühren. Sie scheint schmelzendes Eis. Ein Pelzmantel liegt als Isolierung dazwischen. Er stinkt und ist grün, aber angenehmer als quellendes Holz. — Rheumatismus habe ich noch nicht. Es fehlen noch drei Fahrten. Dann ist es erfahrungsgemäß soweit. Warum sich darüber den Kopf zerbrechen. Es geht um wichtigere Dinge. Ein Volk kämpft um seine Existenz. Der Krieg ist in eine kritische Phase getreten. Die schweren Kämpfe im Osten zehren an der deutschen Kraft. Bei Stalingrad ist die Lage ernst. In Nordafrika haben Alamein und die Landungen in Marokko und Algerien eine böse Wendung herbeigeführt? Was bedeuten da die Sorgen des Einzelnen?

»Nächste Wache klarmachen! Regenzeug anziehen. Sturm aus Nordwest unverändert, Regenschauer. Warm anziehen!« wird heruntergegeben. Noch zwanzig Minuten und dann wieder die berühmten vier Stunden.

Zu lange ist das Wetter schlecht. Sturm, Regen! An manchen besonders schlimmen Tagen gehen wir die Wache nur zu zweit in Taucheranzügen. Das Luk haben wir unter uns geschlossen. Zu viel Wasser käme ins Boot. Nur ein Sprachrohr verbindet uns mit der Innenwelt. Aber weit gefehlt zu meinen, daß ein Taucheranzug wasserdicht sei. Ja, wahrhaftig, er ist es; nur am Hals, wo er zugebunden ist, läuft es herein. Und andererseits ist er wiederum so dicht, daß das Wasser nicht mehr hinauslaufen kann. Es steigt mehr und mehr an den Beinen hoch. Bei mir steht es schon bis zum Bauchnabel. Bei meinem Nebenmann noch höher. Wir bohren oberhalb der Schuhsohle ein Loch hinein. Eine kleine Erlösung. Wir sind verbittert. Wir fluchen auf den Krieg, auf die Menschheit, auf die Erfinder der U-Boote, auf uns selbst, überhaupt auf alles.

Der Sturm bläst unaufhörlich in alter Stärke. Heiligabend 1942. Am gleichen Tage 1940 mag nur ein Boot im Atlantik gewesen sein, 1941 zwanzig und diesmal sind es erheblich mehr. Aber welche mächtigen Erfolge erzielten damals die wenigen Boote, und was versenkt jetzt die Vielzahl? — Die Zahlen sind erschreckend klein! Woran liegt es? ist die unausbleibliche Frage.

Die Antwort heißt »Radar«. Als Schutz dagegen führen wir neuerdings auf dem Turm eine besondere, in einem viereckigen Rahmen untergebrachte Antenne, die auf einen Holzstab montiert über die Brückenverkleidung ragt. Durch ein dickes Gummikabel ist die Verbindung zum Empfänger im Horchraum hergestellt. Alles zusammen nennen wir Fu-M-B. Mit dem Gerät kann festgestellt werden, ob uns der Gegner auf dem Funkmeßwege zu erfassen sucht. Diese neue technische Möglichkeit ist zur größten Gefahr für uns geworden.

Radar ist eine Abkürzung der englischen Bezeichnung: Radio detection and ranging — »Funkermittlung und Entfernungsfeststellung«. —

In wenigen Worten handelt es sich um folgendes: Ein Sender strahlt besonders kurze Wellen aus. Wenn sie auf einen festen Körper treffen, werden sie wie der Lichtschein in einem Spiegel oder der Schall an einer Wand reflektiert. Die zurückkommenden Wellen fängt ein besonderer Empfänger wieder auf und aus der Zeitdifferenz wird die Entfernung bestimmt. Die Richtung kann aus der Schwenkungsgradzahl der Sendeantenne entnommen werden.

Es ist eine den U-Boots-Krieg revolutionierende Tatsache, daß der Gegner dieses an sich schon auf deutscher Seite bekannte und angewandte Prinzip intensiv weiterentwickelte und seine U-Boots-Abwehrstreitkräfte mit besonders praktischen Radargeräten ausrüstete.

U-Jagd-Fahrzeuge und Flugzeuge sind nicht mehr auf die Augen ihrer Ausgucks angewiesen, sondern haben nunmehr die Möglichkeit, uns bei jeder Wetterlage, gleich ob Nebel, Regen oder Nacht, festzustellen, sofern wir aufgetaucht sind. Unsere Angriffsmöglichkeiten sinken, die Verluste steigen.

Vielleicht hat unsere U-Boots-Führung die Möglichkeiten des Radars unterschätzt. Zum Glück war es aber in letzter Minute, nach den ersten schweren Rückschlägen, gelungen, ein Warngerät wie das Fu-M-B zu entwickeln, das uns wenigstens die Anwesenheit des suchenden Feindes rechtzeitig ankündigte. Noch war unser Notbehelf recht primitiv und der ungefähr 40 bis 50 Zentimeter messende Antennenrahmen mußte bei jedem Alarm ins Boot gerichtet werden, damit er nicht verlorenging und vor allen Dingen nicht das Verbindungskabel das Schließen des Turmlukes unmöglich machte.

Heute ist Heiligabend. Der Dienst geht wie immer weiter. Es wird kein Unterschied gemacht. Vielleicht werden wir in der Nacht einige Stunden getaucht fahren und Schallplatten spielen. Es wird etwas Besonderes zu essen geben. Als Nachtisch Erdbeeren mit Schlagsahne. Sie sind bei uns recht beliebt und fast regelmäßig werden sie an Feiertagen ausgegeben. Das Maschinenpersonal hat heimlich einen Weihnachtsbaum zusammengebastelt. Äste und Nadeln aus bemaltem Papier und Holz. Watte täuscht Schnee vor, kleine Taschenlampenglühbirnen in weißen Hülsen sehen wie richtige Kerzen aus. Ich habe morgens und abends von 8 bis 12 Uhr Wache. In der Frühe ist es die Wache der Dämmerung und somit die gefährlichste. Beim Lichtwechsel erkennt man nur schwerlich etwas, Flugzeuge fast nie. Wird es hell, so können plötzlich vorher nicht auszumachende Schiffe in unmittelbarer Nähe sein. Sind es Handelsdampfer, sehen sie uns ebenfalls und versuchen auszurücken. Sind es Kriegsfahrzeuge, ist es für uns mehr als gefährlich.

Abendwache. — Zu Haus mögen die Lichter am Weihnachtsbaum brennen. Das Fest der Familie, die Bescherung, der Weihnachtsmann — — die seligen Bilder der Kindheit steigen auf. Mit Gewalt muß ich sie bannen, sie dürfen meine Aufmerksamkeit nicht ablenken.

Es ist dunkel. Unaufhörlich jagen Brecher über den Turm. Bis auf die Haut sind wir naß. Zwei Stunden fehlen noch bis zur Ablösung. Verdammt lange Zeit. Die Ferngläser haben wir in den Turm gegeben. Es hat keinen Zweck, sie oben zu behalten. Sie sind ständig beschlagen, und somit unbrauchbar. Sie liegen im Turm bereit, und wenn sich etwas Verdächtiges zeigen sollte, sind sie sofort geputzt zur Stelle.

Es tut sich etwas voraus. Scheinbar ein Schatten. Aber Schatten gibt es viele. Jede große Welle bildet einen. Mein Bootsmannsmaat guckt in die gleiche Richtung — »mein Glas!« Ich drehe mich herum, um es im Empfang zu nehmen. — »Schatten voraus« ruf mein Nebenmann, »wird schnell größer«. Jetzt erkennt man ihn deutlich im Glas. Es ist die typische Form amerikanischer Zerstörer.

Alarm! Unsere Stahlgurte werden losgehakt. Hinein ins Boot. Man tut es automatisch. Es ist immer dasselbe. Alarm, abwarten, ob eine Bombe fällt — hoffentlich haben wir auch diesmal

Glück. Warum auch nicht? Es ist so viele Male gut gegangen. Vor mir werfe ich das Fu-M-B-Holzkreuz hinein. Mag es zerbrechen. Zu dicht ist schon das Kriegsschiff heran! Es muß uns gesehen haben! Gott sei Dank herrscht mächtiger Seegang, und genau schießen könnte es dabei bestimmt nicht.

Fluten! Noch stehe ich oben. Wir haben es uns so angewöhnt. Eigentlich soll man erst den Flutbefehl geben, wenn das Luk geschlossen ist. Zeitverlust. Jede Sekunde ist kostbar. — Wasser rauscht in die Tanks, das Boot kippt an. 1000 Meter war der Zerstörer noch ab, als ich ihn vor dem Einsteigen sah. Ich hänge am Luk. Es geht nicht zu. Schon strömt Wasser herein. Salz beißt in den Augen. Ich suche die Ursache. »Tauchzellen schließen! Anblasen! Luk klemmt!« Ein Wirbel von Gedanken jagt in mir. Soll ausgerechnet heute die Stunde geschlagen haben? Warum knallt es nicht? Gleich müssen wir gerammt werden. Es ist kein Zufall, daß der Zerstörer genau auf uns zukommt. Bestimmt hat er uns mit dem Radar erfaßt. Man kann ja auch nicht ewig leben. Ich hatte wenigstens eine schöne Jugend. Viele andere Soldaten hatten sie nicht. Ade — ihr Lieben.

Jetzt kommt das Luk wieder frei. Preßluft rauscht in die Tauchzellen. Ich stehe auf der Brücke, der Kommandant neben mir. Kein Wort wird gesprochen. Entscheidende Sekunden; fieberhaft suchen wir die Ursache des Klemmens. Der Zerstörer ist genau querab. Auf der Brücke raucht jemand. — Lächerlich geringe Entfernung. — Das Fu-M-B-Kabel hatte sich verklemmt und hing noch oben, obwohl das Gerät selbst im Boot war.

Anscheinend feiert man auf dem Kriegsschiff Weihnachten. Ein grimmiges Weihnachtsfest. Wir tauchten nicht mehr. Warum auch, wenn der Feind schläft? Unser Schicksal wäre in seiner Hand gewesen, nun bestimmen wir das seine. Wir drehen ab und setzen zum Überwasserangriff an. »Rohr eins fertig! — Los!« — Gegen die See schießen wir. Es ist sehr ungünstig, da die Dünung haushoch ist und leicht der Fall eintreten kann, daß sich der Zerstörer auf einem Wellenberg befindet und der Torpedo die Tiefe des davor befindlichen Tales steuert. Die Differenz ist groß. Die Magnetzündung würde nicht anspringen. Auch kann der Aal abgelenkt werden.

Eine unheimliche Nacht. Dunkle, schwarze Regenbögen peitschen gegen die Bordwand. Schwere Seen brechen über uns zusammen. Oft sehen wir unseren Gegner nicht, wenn sich ein

Wellenberg zwischen uns befindet. Der Sturm heult in den Aufbauten, in den Kanonen, in den Antennen.

Wir warten ungeduldig. – Die Zeit bis zum Durchgang des Torpedos ist längst überschritten. Wir haben vorbeigeschossen. – Neuer Angriff. »Rohr zwei fertig! Los!« – Wieder warten wir gespannt. Die Schußentfernung ist nur vierhundert Meter. Dichter können wir wirklich nicht mehr heran. Bei dreihundert liegt die Sicherheitsgrenze. Wir würden sonst selbst duch die Detonationsdruckwellen in Gefahr kommen. Bei mit Sprengstoff beladenen Schiffen wäre man verloren. Manchem Unterseeboot mag es so ergangen sein. –

Rot, blau, gelb und grün blitzt es auf. Eine riesige Wassersäule bricht in sich zusammen. Ein Schatten verschwindet. – Kein Rettungsboot, kein Floß, kein Zeichen. Spurlos verschwunden. Es ist vergeblich, nach Überlebenden zu suchen.

Dies war unser Weihnachtserlebnis 1942. Das Los des Gegners hätte auch uns beschieden sein können. Unerbittlich ist der Krieg.

Es geht weiter. Eine geraume Zeit halten wir uns in dem angewiesenen Seeraum auf, ohne daß sich etwas ereignet. Der Brennstoff geht allmählich zur Neige. Als wir uns schon auf das Einlaufen freuen und uns in Gedanken das Stützpunktleben ausmalen, kommt es doch anders. Ein Funker meldet, daß ein Offiziersfunkspruch eingetroffen sei. Er gibt ihn an den Funkoffizier, in diesem Falle ist es der Zweite Wachoffizier, da er ihn selbst nicht entschlüsseln kann. – Es gibt drei Arten von Funksprüchen: Den normalen, den Offiziers- und dann den Kommandantenfunkspruch. Im allgemeinen gehen die normalen ein, werden durch die Kodemaschine gedrückt und in Klarschrift in ein Funkbuch eingetragen. Es wird alle zwei Stunden dem Kommandanten zur Unterschrift vorgelegt. Trifft ein Spruch der zweiten Kategorie ein, so ist das erste Wort »Offiziersfunkspruch«, und der weitere Text, obwohl er durch die Maschine geht, bleibt unentzifferbar. Er muß mit einer besonderen Einstellung, die nur der Kommandant und der Funkoffizier kennen, nochmals entschlüsselt werden. Ergibt nun wiederum das erste Wort »Kommandant«, so wird er diesem überreicht. Der Kommandant muß mit einer besonderen Einstellung, die wiederum nur er kennt, nochmals die gleiche Arbeit verrichten. Die Stufung hängt von der Wichtigkeit ab. In unserem Falle teilt der eingegangene Offiziersfunkspruch die Position eines wertvollen Geleitzuges mit.

Man stand auf dem Standpunkt: je kleiner der Kreis der Unterrichteten ist, je mehr ist die Geheimhaltung garantiert. Auch wenn der Gegner erst nachträglich erfährt, wo unsere Boote operieren, ist ihm diese Kenntnis wichtig. »Verplappern« unvorsichtiger Männer im U-Boot-Stützpunkt oder in der Heimat, vielleicht sogar in Gefangenschaft, kann Schaden anrichten.

Diesmal enthält der Offiziersfunkspruch neben den Angaben über Kurs, Geschwindigkeit usw. den Vermerk »Wichtige Tanker« und schließt mit dem Wort: »Angreifen!«

Der Sturm hat noch nicht nachgelassen. Die Hälfte unseres Gummizeuges ist zerrissen. Es kann bei den vielen Alarmen und Ins-Luk-Springen nicht ausbleiben.

Die Offiziere sprechen mit dem Kommandanten die Lage durch. Nur noch wenig Brennstoff; reicht gerade zum Einlaufen; können nicht mehr Geleitzug suchen. Ein Kurzsignal meldet es der U-Boots-Führung. In zwanzig Minuten trifft die Antwort ein: »Angreifen, versenken, lasse kein Unterseeboot im Stich. Dönitz.«

»Verflixt und zugenäht! Wahrscheinlich wird er einen »Versorger« schicken, einen von den U-Boots-Tankern, und dann bleiben wir weitere acht Wochen draußen, ohne wieder einmal festen Boden unter die Füße zu bekommen. Und dazu noch dieses Sauwetter. Scheint sich überhaupt nicht mehr bessern zu wollen. Werden noch alle an Gicht eingehen. Gar keine Bomben erforderlich. Schöne Schweinerei!« sind die Kommentare. Schimpfen ist nicht verboten. Admiral Dönitz weiß, daß wir oft sehr spitze Bemerkungen machen. Auch nichts dagegen einzuwenden, nur die Pflicht erfüllen. Keine Feigheit zeigen. Ran, versenken!

Ich habe Wache. Der Kommandant kommt auf die Brücke, gibt den neuen Kurs und erklärt mir worum es geht. Noch weiß ich von nichts, denn ich war die ganze Zeit oben.

Um an den Geleitzug zu kommen, müssen wir genau gegen Wind und See anlaufen. Mehr als unerfreulich. Arme Brückenwache! »Gehen Sie langsam mit der Fahrt hoch und versuchen Sie das möglichste aus dem Boot herauszuholen; na, Sie wissen schon«, sagt der Kommandant. Er geht wieder hinunter, um sich für die kommende Zeit auszuruhen. Im Augenblick ist oben nichts mehr zu tun, als sich die Wellen über den Kopf schießen zu lassen und über den verdammten Krieg zu fluchen.

Beide Maschinen laufen halbe Fahrt. Das Luk ist geschlossen, da das Boot oft tief unter Wasser ist. Ich bitte den Ingenieur auf die Brücke zu kommen und schlage vor, noch eine Fahrtstufe höher zu gehen. Allerdings muß er dann in der Zentrale am Tiefensteuerstand bleiben und bei einem Unterschneiden des Bootes anblasen und die Tiefenruder nach oben legen. Allenfalls die Maschinen stoppen.

Unterschneiden bedeutet folgendes: Das Boot wird durch die langen und haushohen Dünungen angehoben und befindet sich einmal auf einem Berge, ein andermal im Tal. Wenn es nun gerade von einem Wasserberg hinunterfährt, hat es eine ziemlich große Neigung. Steht nun die nächste Welle gerade dort, wo sich der Bug befindet, so kann das Boot nicht schnell genug seinen Neigungswinkel wechseln, um wieder hinaufzufahren und behält die Richtung bei. Die See rollt über uns hinweg und es geht in die Tiefe. Die schlanke Schiffsform begünstigt es. Bei der hohen Geschwindigkeit geht das schnell vonstatten. Im Handumdrehen kann man auf fünfzig Meter sein. Wasser strömt tonnenweise durch die beiden Dieselzuluftschächte ins Boot, und unter Umständen wird es zu schwer, um wieder an der Oberfläche zu erscheinen. Ein Boot ging auf diese Art und Weise verloren. Der Wachoffizier kann keine Befehle geben, da er selbst unter Wasser ist. Ein Verantwortlicher muß also im Boot selbst sein, um gegebenenfalls einzugreifen.

Beide Maschinen zweimal halbe Fahrt voraus! Wir müssen an den Geleitzug! Noch ist er weit entfernt. Die Kompressoren werden eingelegt. Das Geheul des Sturmes übertönt sie. »Achtung Brecher!« Die Brückenwache duckt sich. Das Boot zittert, die See schlägt gegen den Turm, rollt darüber hinweg. — Alles grün. Wir haben die Luft angehalten, wir sind es gewohnt. Die Köpfe kommen frei. Wir pumpen die Lungen voll. Ein hinterer Ausguckposten meldet mir, daß sich sein Nebenmann den Arm ausgekugelt hat. Er ist gegen den Sehrohrbock geschleudert worden. Er hat sich nicht fest genug angeschnallt. Eine Ablösung kommt herauf. Es geht weiter.

»Achtung Brecher!« Komischer Sport, denke ich so bei mir; könnte man direkt in einem Seebad als Attraktion bieten. Es dürfte nur nicht so scheußlich kalt sein. Mit mächtigem Getöse schlägt das Wasser über uns zusammen. Das Grün wird immer dunkler. Was ist das, hört es nicht endlich auf? Noch immer nicht wieder oben. »Beide Maschinen stopp! Anblasen!«, will ich schreien. Welcher Optimismus! Nur Wasser läuft in den

Mund. Ich mache ihn schnell wieder zu. — Ich habe das Bedürfnis zu atmen, bin doch kein Fisch! Viele behaupten allerdings, daß alte U-Boot-Fahrer Schwimmhäute bekommen. Muß doch nachher gleich mal bei mir nachsehen. Hoffentlich schläft der Ingenieur nicht! — Endlich kommt der Kopf wieder frei, dann die Brust und zuletzt die Beine. Die Maschinen haben gestoppt. Noch zischt Preßluft in die Tauchzellen. Die Männer unten haben also gut gearbeitet!

Das Luk geht auf und der Ingenieur steckt seinen Kopf grinsend heraus. »Wollte nur mal sehen, ob ihr noch alle da seid. Waren auf 32 Meter. Werde beantragen, daß man euch das Tiefseetaucherzeugnis ausstellt. Sechs Tonnen Wasser sind ins Boot gelaufen. Wird gelenzt. Nur nicht weich werden!« — »Hast klug reden«, sage ich ihm nicht eben freundlich.

Mit 32 Metern haben wir unsern Rekord erzielt. Auf 15 und 20 Meter geht es noch öfters. Die Maschinen laufen wieder zweimal halbe Fahrt. Durchhalten! Bald werden wir abgelöst, und dann kann sich die nächste Wache vier Stunden amüsieren.

Wir erhalten von Booten, die schon am Geleitzug stehen, Peilzeichen. — Jetzt kommt er in Sicht. Der übliche Angriff wird gefahren. Einen der größten Dampfer habe ich im Fadenkreuz. Die Hand liegt auf dem Abfeuerschalter. — Eine Stichflamme, eine unvorstellbare Detonation. Wir fliegen auf der Brücke durcheinander. —

Schnell richte ich das Fadenkreuz auf die beiden nächsten Ziele. — »Los! — Los!« — Es ist Sekundenarbeit.

Artillerieschießen auf allen Schiffen. Was soll das bedeuten? — »Komisch«, meint der Kommandant. »Hoffentlich nehmen sie nicht unsere Kameraden unter Feuer, bevor sie zum Angriff kommen!«

Da, plötzlich ist es taghell. Die Ursache des Knallens ist nun klar. Eine Unzahl von Leuchtfallschirmen hängt am Himmel und

Nein, jetzt geht es beim besten Willen nicht mehr. Vier Tonnen Detonationen. Torpedotreffer anderer Boote.

»Alarm!« — Wir sind gesehen worden. Kein Wunder bei dem geringen Abstand und der phantastischen Beleuchtung. Ein Vierlingsmaschinengewehr ist auf uns gerichtet. Rote, grüne, gelbe und blaue Geschosse zischen in Feuerstrahlen über den Turm. Ganz niedrig. Einschläge in die Brückenverkleidung. Wir haben uns fallen lassen und überschlagen uns, ins Luk springend. Der Gegner schießt Gott sei Dank immer noch etwas zu hoch. Unsere Rettung. Wir wären zerfetzt worden.

Auf 250 Meter steuert das Boot. Wir sehen aus wie die Mohren. Ein Munitionsdampfer war in die Luft geflogen, und wir standen nur 500 Meter ab!

Wasserbomben. — Nichts Besonderes mehr für uns. Diesmal nur sechs Stunden. — »Auftauchen!« Dem Geleit nach!

Nein, jetzt geht es beim besten Willen nicht mehr. Vier Tonnen Brennstoff sind nur noch geblieben. Wenn nicht bald der Versorger eintrifft, müssen wir segeln.

Mastspitze voraus. Anscheinend großes Schiff. — Uns sind die Hände gebunden. Nur wenige Stunden Höchstfahrt und unsere Brennstofftanks werden völlig erschöpft sein. Was uns anbelangt, hat der Gegner Glück gehabt. Wir geben jedoch ein Funksignal. Vielleicht erreicht ihn ein anderes Boot.

Auch wir hatten einmal leichte Beute mit einem Schiff, das vom letzten Torpedo eines anderen Bootes manövrierunfähig geschossen worden war. Der Dampfer ging jedoch nicht unter. Wir waren dann zur Stelle und gaben den Fangschuß. Der Erfolg wurde uns zugesprochen.

Versorgung unter Wasser

Seit jeher spielte in der U-Boot-Kriegsführung die Versorgung an der Front befindlicher Boote eine ausschlaggebende Rolle. Sind die An- und Abmarschwege lang, so verringert sich die Einsatzmöglichkeit beträchtlich. Zum besseren Verständnis will ich folgende Daten geben:

Der normale Kampftyp unserer U-Boote hatte einen Aktionsradius von ungefähr 7000 Seemeilen. Um zum Beispiel von deutschen Nordseehäfen bis in die Mitte des Nordatlantik zu gelangen, muß eine Strecke von 2000 sm für den Hin- und 2000 für den Rückweg zurückgelegt werden, insgeamt also 4000. Es bleiben also nur 3000 für den eigentlichen Kampfzweck. Hinzu kommt, daß man nicht die kürzesten Strecken fahren kann, da durch Minensperren und sonstige Abwehr oft Umwege erforderlich sind.

Wiederum erschien es auch unzweckmäßig, die Boote in den Gewässern um England operieren zu lassen, da dort die Seeräume viel leichter durch Flugzeuge und Jagdgruppen kontrollierbar sind; vielmehr war es notwendig, die Kampfeinheiten über die Mitte des Nordatlantik hinaus in noch entferntere Gebiete, wie das Karibische Meer, und in den Südatlantik zu schicken, um die feindliche Abwehr zu zersplitten. Eine der wesentlichen Aufgaben der Seekriegführung. Nur die Ausführung bereitet angesichts der Distanzen Schwierigkeiten! So sind es von Hamburg bis nach New Orleans 5000 Seemeilen und bis nach Rio de Janeiro 5500 und zurück desgleichen.

Wir sehen, die normalen U-Boots-Typen reichten für genannte Zwecke nicht mehr aus, obwohl sie am leichtesten serienmäßig gebaut werden konnten und die besten Kampfeigenschaften aufwiesen. Auch die französischen Stützpunkte, wie Bordeaux, St. Nazaire, Lorient und Brest verkürzten keineswegs die Entfernungen in entscheidenem Maße, obwohl ihr Wert nicht hoch genug einzuschätzen ist, denn die deutschen Häfen sind, wie die gesamte Nordsee, leicht abzuriegeln, sei es durch Minen, Netzoder sonstige Sperren. Im Ersten Weltkrieg wurde es empfindlich vor Augen geführt, da wesentliche U-Boots-Verluste in den Jahren 1914—1918 bei dem Versuch auftraten, den freien Atlantik zu erreichen. Man kann wohl die Behauptung aufstellen, daß sich kein erfolgreicher Seekrieg von Europa aus ohne Atlantikstützpunkte führen läßt.

Wenn die Kriegführung in den entfernteren Gebieten unbedingt erforderlich ist, liegt der Gedanke nahe, die Kampfeinheiten dort selbst zu versorgen. Zu Beginn des Krieges benutzten wir dazu getarnte Handelsdampfer. Aber schon im Jahre 1940 wurden die Verluste dieser Art operierender Schiffe so groß, daß man von ihrem weiteren Einsatz absah.

Eine andere Lösung wurde gefunden. Sie hieß U-Boots-Tanker. Diese Boote hatten eine Wasserverdrängung von annähernd 2000 Tonnen und waren in der Lage, zehn normale Kampfboote mit Proviant und Treiböl voll auszurüsten; auch Torpedos konnten sie mitführen. In großen Kühlräumen lagerten sie Frischfleisch, Gemüse und Obst; sogar mit einer Bäckerei waren sie ausgestattet. Rein äußerlich hatten sie bis auf geringfügige Abweichungen die gleiche Formgebung wie Kampfboote. Für einen Nichtfachmann waren sie wahrscheinlich kaum von ihnen zu unterscheiden. Zehn waren geplant und einige befanden sich schon 1942 im Einsatz.

Die »Versorger«, wie sie genannt wurden, erhöhten die Schlagkraft der Kampfboote um ein Vielfaches, oder anders ausgedrückt, sie vervielfachten die im Einsatz befindlichen Boote. Sie erlaubten, an dem bewährten Kampftyp VII c festzuhalten, auf den der Serienbau eingestellt war, und der hervorragende Kampfeigenschaften aufwies. U-Boots-Konstruktionen mit großem Aktionsradius hätten aufgrund langer Bauzeiten keinen massierten Einsatz zugelassen.

Stellen wir uns vor: Die U-Boot-Führung schickt 10 Boote an die mittelamerikanische Küste. Insgesamt drei Monate können sie im Höchstfall in See bleiben. Zwei Monate gehen für die Hin- und Rückfahrt verloren und nur einer bleibt für den eigentlichen Operationszweck. Sollen also 10 Boote ein Vierteljahr im erwähnten Seeraum stehen, so wären 30 erforderlich. 10 Boote hingegen, die ein Versorger betreut, können statt drei sogar vier Monate dortbleiben. Aus diesen Zahlen ist klar zu erkennen, daß ein Versorger für zehn Boote die Einsatzzeiten mehr als dreifach erhöht. Und außerdem können sie nun auch in noch entferntere Gebiete vorstoßen.

Um keine falsche Meinung aufkommen zu lassen, sei noch einmal betont, daß, wenn sich mehrere Boote in einem Seeraum befanden, sie doch grundsätzlich allein operierten und daß das Wort »Rudeltaktik« meistens irrig ausgelegt wird. Wie schon erwähnt, ist es allenfalls auf die gegenseitige Hilfeleistung zum Finden von Geleitzügen zu beziehen und bedeutet keine Unterstellung unter eine Vebandsführung. Der U-Boot-Kommandant empfing ausnahmslos seine Befehle von der Obersten Seekriegsleitung, also Admiral Dönitz. Er beschränkte sich lediglich darauf, den Booten Positionen anzuweisen, und von der höheren Warte aus gesehen richtig zu verteilen. Außerdem hatten die Kommandanten immer die Möglichkeit, ihren Platz zu wechseln, wenn sie es aus taktischen Gründen, wie zu starke Abwehr, Änderung der Dampferrouten usw., für richtig hielten. Die U-Boots-Kommandantenstellung war zweifellos eine der unabhängigsten während des Krieges, vielleicht sogar mehr als die eines Kommandierenden Generals.

Was heißt es nun für den Gegner: In einem entfernten Seegebiet ist Unterseebootsgefahr? Er sieht sich gezwungen, Zerstörer und U-Jagdgruppen aus der entscheidenden Nordatlantiksicherung herauszuziehen. Er muß Geleitzüge zusammenstellen, die die Schnelligkeit der Frachtenbeförderung außerordentlich verzögern. Häfen sind nur in der Lage, eine beschränkte Anzahl von Schiffen gleichzeitig abzufertigen. Ein Teil muß lange warten, bis Molen, Liegeplätze und Kräne frei werden, und wiederum müssen die beladenen Schiffe verweilen, bis das letzte Fahrzeug zur Abreise bereit ist. Bei dem Marsch muß selbstverständlich das schnellste Schiff seine Geschwindigkeit nach dem langsamsten richten. Wenn die Schiffe des Konvois geschlossen ihren Bestimmungsort erreichen, wiederholt sich hier dasselbe wie im Abgangshafen. Gleichzeitig kann die Fracht nicht entladen werden. Das zuerst gelöschte Fahrzeug muß auf das letzte warten. Wertvolle Zeit geht so verloren.

Ferner muß der Geleitzug Zickzackkurs fahren, was die Fahrtstrecke erheblich vergrößert. Dies alles nur auf Grund des Vorhandenseins einiger U-Boote an Stellen, die früher ungefährdet waren. Nicht zu sprechen von der Schwächung der Abwehr im Nordatlantik, an der unmittelbaren Nachschubfront der europäischen Kampfgebiete und der Verringerung des feindlichen Schiffsraumes durch erfolgreiche Angriffe.

Diese Betrachtungen können wir anstellen, während wir auf unseren Versorger warten. Endlich gelingt es, direkte Funkverbindungen mit ihm aufzunehmen. Es wird höchste Zeit. Eine Tonne Brennstoff ist uns noch geblieben. Der Sturm hat etwas nachgelassen, aber immer noch ist das Oberdeck ständig überspült. Seit vielen Tagen haben wir keine Möglichkeit, eine genaue Standortbestimmung nach den Sternen durchzuführen, da der Himmel dauernd bewölkt ist und Regenschauer an der Tagesordnung sind. Hoffentlich werden wir den Versorger finden! Der Atlantik ist groß, und wir sind klein, schwer vom Wasser zu unterscheiden. Wir können es nicht darauf ankommen lassen, daß wir uns verfehlen. Wir entschließen uns, Peilzeichen zu geben. Zu knapp ist unser Brennstoff.

Zweistündlich jagen wir für einige Minuten Peilsignale in den Äther. Unsere Maschinen sind gestoppt. — Eine Erlösung: Wir können ihn an der Kimm ausmachen, den Versorger. Ein herrliches Gefühl. Ein Stück Heimat. Ein anderes Unterseeboot. Ein Schicksalsgenosse.

Soll uns der starke Seegang einen Strich durch die Rechnung machen? Unmöglich können wir das Oberdeck betreten. Unweigerlich würden die Wellen jeden Waghalsigen außenbords spülen. Unsere Lage ist kritisch. Sollte der Feind uns überraschen, gäbe es keine Rettung.

Wir warten einen ganzen Tag. Vergeblich! Nur schwierig können wir mit dem anderen Boot Fühlung halten. Die Nacht ist dunkel, die Wellenberge sind hoch. Ein Schatten gleicht dem anderen. Zu dicht dürfen wir auch nicht zusammenbleiben, dann besteht Rammgefahr. Aufregende Stunden!

Endlich, es wird hell. Der Wind scheint sich zu legen. Aber immer noch peitschen Seen über das Oberdeck. Es hilft nichts, die Entscheidung drängt. Der Leitende Ingenieur und einige Soldaten des Maschinenpersonals gehen auf das Vor- und Achterschiff. Es gilt, die Ventile zur Treibölübernahme zu öffnen und den Anschluß für den Schlauch vorzubereiten. Trotz der herrschenden Kälte sind die Männer nur mit Badehosen bekleidet. Der Anschnallgurt schnürt ihnen die Rippen ein. Oft hängt einer außenbords und wird mühevoll von den Kameraden wieder eingeholt. Ein harter Sport. Es hilft nichts; die einzige Möglichkeit.

Der Versorger und wir laufen parallel. Abstand vielleicht 80 Meter. Eine Verbindungsleine wird mit einer Spezialpistole herübergeschossen; ihr folgen der Schlauch und ein Schleppseil. — Wir atmen auf. Das edle Naß kann fließen. 20 Tonnen übernehmen wir so. Gleichzeitig wasserdichte Säcke mit Kartoffeln, Brot, Gemüse und sonstigen Nahrungsmitteln. Es klappt ausgezeichnet, obwohl wir es zum ersten Male tun.

Ein weiteres Boot meldet sich. Es will auch versorgt sein. Bis auf ein gewisses Quantum Treiböl haben wir die Übernahme beendet. Aus Sicherheitsgründen und zur praktischen Erprobung des Manövers unter Wasser, tauchen wir. Zuerst der Versorger, dann unser Boot. Die Schlauchverbindung bleibt bestehen. Die beiden Boote fahren hintereinander. Wir steuern auf 50 Meter. Drei Stunden dauert es. Ein phantastischer Gedanke, wir übernehmen Dieselöl unter Wasser! Zum ersten Male in der Geschichte.

Mit dem Unterwasserschallgerät bleiben wir miteinander in Verbindung, geben Kurs- und Fahrtsignale. — Unsere Bunker sind voll. Auftauchen! —

Zum Abschluß folgen noch einige besondere Hochgenüsse wie Hummern und andere Leckerbissen. Zu lange leben wir schon von Konserven.

Vielen Dank! Mast- und Spierenbruch! Beide Maschinen

große Fahrt voraus! Schnell müssen wir Abstand voneinander gewinnen. Auf keinen Fall darf der Versorger entdeckt werden. Sein Verlust wäre ein schwerer Schlag für die Unterseebootkriegführung. Natürlich ist die Verlängerung des Einsatzes, die er ermöglicht, den Besatzungen der Boote keine reine Freude. Man würde ganz gerne nach drei Monaten wieder einlaufen. Taktisch richtiges Handeln und menschliche Erwägung lassen sich wohl selten auf einen gemeinsamen Nenner bringen!

In der Hölle von Gibraltar

Rauchwolke in Sicht. Höchstfahrt! Sie entschwindet. Tauchen! Schraubengeräusche in der gleichen Richtung. Auftauchen! Höchstfahrt. Schon über eine Stunde geht es so. Wieder sind wir unten, um zu horchen. Richtung genau entgegengesetzt. — Rätselhaft. Die Sicht ist gut, unmöglich kann das Schiff so schnell auf die andere Seite gekommen sein. — Nun sehen wir die Rauchwolke ganz deutlich. Ein Wal, der seine verbrauchte Luft ausstößt! — Noch lange ziehen wir die Brückenwache damit auf.

Nebel. Wieder Schraubengeräusche. Wir nehmen die Richtung. Nichts in Sicht. Auf größeren Tiefen kann man am besten hören. Wir sind auf 50 Meter.

Horcher: »80 Umdrehungen. — Zweites Geräusch in annähernd gleicher Richtung. Schnelläufer, wandert aus. Drittes Geräusch, wahrscheinlich Dieselmaschine. — Au!« — Er reißt die Hörer vom Kopf und greift sich an die Ohren.

Alle haben wir deutlich eine Detonation wahrgenommen. Natürlich nicht so deutlich wie der Ahnungslose an seinem Verstärkergerät.

Der Horcher hat die Hörer wieder aufgesetzt: »Nur noch Diesel vernehmbar, wird schwächer.«

Pech, ein anderer ist uns zuvorgekommen. — Erstes Geräusch: Dampfer, zweites: Torpedo und drittes: Unterseeboot.

Manche derartige Erlebnisse gibt es auf der Fahrt. Wir freuen uns jedoch sehr, sie gegen das Gefühl, endlich wieder unsere Beine an Land setzen zu können, einzutauschen.

Saint Nazaire. Zum ersten Male liegt unser Boot in einem U-Boots-Bunker. Eine technische Meisterleistung: Zwölf Boxen für je drei Boote, voneinander getrennt durch meterdicke Eisenbetonwände.

Mächtige Stahlschotten können heruntergelassen werden und das Ganze verschließen. Dockanlagen und Reparaturwerkstätten sind vorzüglich geschützt. Sieben Meter beträgt die Deckenstärke. Welche Bombe könnte hindurchschlagen? Die wenigen, die hinauffielen, hinterließen kaum Spuren. Ungestört können die Arbeiten auch bei stärksten Fliegerangriffen fortgesetzt werden. Keine Verzögerung mehr in der U-Boots-Reparatur.

Eindrucksvoll nehmen sich die Zahlen aus: Ungefähr 500 000 Kubikmeter Eisenbeton sind für dieses Werk verbaut worden, 125 Millionen Mark. Viele solcher Bunker wurden gleichzeitig an der französischen Küste errichtet.

Urlaub! — Neben mir in der Eisenbahn sitzt mein Flottillenchef. Er erzählt von der Entwicklung unserer Waffe. »Schon reichen die Boxen im Bunker nicht mehr aus. Wir wissen nicht, wo wir die nächsten einlaufenden Boote hineinlegen sollen. Eine Erweiterung des gigantischen Panzerwerkes ist geplant. Schon liegen Pläne für sechs neue Boxen vor. Jeden zweiten Tag läuft ein Boot vom Stapel. Vor kurzer Zeit waren über 300 im Atlantik. Beträchtliche Leistung!« — Die Erfolge in den letzten Monaten waren die höchsten während des Krieges.

In Berlin genieße ich wieder das Glück, im Familienkreise weilen zu dürfen. Ich treffe meinen Bruder wieder. Er ist in Norwegen eingesetzt; meisterhaft hat er es verstanden, jedesmal zur gleichen Zeit wie ich Urlaub zu nehmen. Seit Kriegsbeginn treffen wir uns in jedem Jahr einmal zu Hause. In der Kinderzeit haben wir uns niemals besonders gut verstanden. Er war Bastler, und ich hielt mehr vom Sport. Jetzt sind wir ein Herz und eine Seele. Er ist sechs Jahre älter als ich. Er wurde im Ersten Weltkrieg geboren. Damals stand mein Vater im Felde. Diesmal hat meine Mutter die Sorge um ihre Söhne. Es ist immer eine qualvolle Zeit des Wartens, da wir U-Boots-Fahrer während des langen Einsatzes nichts von uns hören lassen können.

Das Kriegsgeschehen entwickelt sich zusehends ungünstig. Die Bombenangriffe feindlicher Flugzeuge mehren sich. Obwohl die Propaganda geschickt wirkungsvolle Argumente anzuführen versteht und die allgemeine Volksstimmung erstaunlich zuversichtlich bleibt, rühren sich im engsten Kreise sorgenvolle Gedanken. Ich muß an das nordamerikanische Industriepotential denken. Hatte ich nicht im Jahre 1938 die Fordwerke in Detroit besichtigt? 5000 Autos Tagesproduktion.

Das wichtigste Problem scheint nunmehr in der Sperrung der Zufuhr des nordamerikanischen Materials zu liegen. Werden wir es mit dem U-Boots-Krieg schaffen?

Wir an der Front wußten keine Antwort zu geben. Wie sollten wir auch? Wir kannten nicht die Möglichkeiten der deutschen Industrien, wußten nicht, wie weit neue U-Boots-Typen in der Entwicklung fortgeschritten und einsatzbereit waren. — Nur eins konnten wir beurteilen, wir machten kein Hehl daraus: Wie bisher konnte der Unterseebootkrieg nicht fortgesetzt werden. Die letzten großen Erfolgsmeldungen über versenkte Tonnage durften nicht darüber täuschen, daß die Abwehr des Gegners uns immer mehr zu schaffen machte, und daß die eigenen Verluste gewaltig angestiegen waren. Das Radar sollte, vor allen Dingen in Flugzeugen eingesetzt, sich mehr und mehr als der große Trumpf in der Hand des Gegners erweisen.

Die neue Parole des Admirals Dönitz lautete: »Nicht durch Flugzeuge einschüchtern lassen — abschießen!«

Durch die vielen Fronten war die deutsche Luftwaffe derart gebunden, daß sie die Biskaya, das Gebiet, das wir bei jedem Ein- und Auslaufen durchqueren mußten, nicht mehr schützen konnte. Seeräume, in denen sich noch vor zwei Jahren kaum ein feindliches Flugzeug sehen ließ, waren nun vom Gegner beherrscht. Kaum konnte man zwei Stunden an der Wasseroberfläche fahren, ohne zum Tauchen gezwungen zu werden.

Unser Boot erhielt ein Vierlingsflakgeschütz. Es wurde auf ein Podest hinter dem Turm gesetzt. Vier Maschinengewehre neuester Konstruktion sollten die Bewaffnung vervollständigen.

Zur Erprobung der U-Boots-Abwehrmöglichkeiten gegen feindliche Flugzeuge wurden zwei Flakboote besonders ausgerüstet. Sie erhielten eine Turmpanzerung, außerordentlich viele leichte Flakgeschütze und überschwere Maschinengewehre. Man wollte die Flugzeuge, in der Annahme, es handele sich um ein normales U-Boot, angreifen lassen und sie dann überraschend abschießen. Ein Erfolg schien sicher, und außerdem hoffte unsere Führung den feindlichen Fliegern ihre Angriffslust zu nehmen. — Es sollte anders kommen.

Eins der Flakboote stand in der Biskaya. Zwei Flugzeuge wurden gesichtet. Das Gefecht begann. Schnell stellte sich jedoch heraus, daß die Flugzeuge Vierzentimeterkanonen hatten, während unser Flakboot nur Zweizentimetergeschütze besaß. Die Flugzeuge hielten sich außerhalb der Reichweite der U-Boots-Geschütze und schossen aus sicherer Entfernung das gesamte Brückenpersonal zusammen. Zum Tauchen war es zu spät. — Ein verzweifelter Kampf. Vierzehn Soldaten gefallen, unter ihnen zwei Offiziere; Kommandant schwer verwundet. Es gab keinen Ausweg mehr. — Nun doch tauchen! Das Boot hatte unvorstellbares Glück. Es gelang ihm, den Einsatzhafen zu erreichen. Eine bittere Erfahrung mehr!

Admiral Dönitz änderte uns gegenüber seine Ansicht nicht. Wie konnte er auch von heute auf morgen seine Taktik umwerfen. Sie hätte neue Bootstypen vorausgesetzt. Ständig suchte er nach neuen Mitteln, Flugzeuge abzuwehren. Er war hart gegen sich selbst, hart gegen seine Untergebenen. Sogar seine beiden Söhne sind als U-Boots-Offiziere gefallen. Er hat sie auch in den kritischsten Zeiten nicht aus der Front gezogen.

Erneut standen wir im Atlantik. Zwei getauchte Angriffe mußten abgebrochen werden; die Dampfer stellten sich als neutrale heraus. Zu dumm! — Lange Zeit nichts in Sicht. Wir gehen vor die Gibraltareinfahrt. — »Hier müssen sie durch«, sagte der Kommandant.

Prächtiger Frühlingstag. Keine Wolke am Himmel. Deutlich sind die Felsen der mittelmeerbeherrschenden englischen Festung zu erkennen. Die Säulen des Herkules, der Dschebel el Tarik: Auch in diesem Kriege hatten sie wieder eine schicksalhafte Rolle gespielt. In ihrem Schutze hatte sich die Invasionsflotte versammelt, und die Landungen in Nordafrika durchgeführt. Das Mittelmeer blieb dem Gegner geöffnet, in Tunesien ging der Schlußakt des Afrikafeldzuges vor sich, und die Invasion Italiens wurde vorbereitet.

Rauchwolken, Mastspitzen. Wir freuen uns. Endlich eine Abwechslung nach so langer eintöniger Zeit. Wir gehen dichter heran.

Flugzeug! — Wir tauchen. Hat es uns gesehen? Wenn ja, werden in einer Stunde Suchgruppen kommen. Das Wetter ist gut; für uns schlecht. Zu ruhige, spiegelglatte See. Suchgeräte können genau arbeiten.

Horcher: »Schraubengeräusche! — Schnelläufer! — Wahrscheinlich Zerstörer. Suchen mit Asdic. Sie kommen schnell näher, keine Auswanderung!« Sie laufen direkt auf uns zu.

Die englischen Geräte zur Unterwasserortung heißen Asdic, eine Abkürzung der Bezeichnung des Ultraschallverfahrens: »Anti-Submarine detector indicator committee« — Anti-U-Boot-Entdecker-Anzeiger-Ausschuß. Unsere Leute, die den Namen selten geschrieben sahen, aber oft hörten, machten daraus ein großes S-dick. (Dick kriegen konnte man es allerdings.)

Kommandant: »Schleichfahrt. Auf 150 Meter gehen!«

Wir sind vorbereitet. Haben unsere Filzschuhe angezogen, überflüssiges Licht ausgeschaltet, um Strom zu sparen. Niemals weiß man, wie lange es dauern wird.

Die U-Jagdgruppe bildet ein Dreieck. Wir sind in der Mitte. Jetzt beginnt der Tanz. Der Gegner arbeitet hervorragend. Die Bomben liegen dicht am Boot. Noch nie sind die ersten Serien so gut geworfen worden. Immer sechs Sprengkörper gleichzeitig. Bei uns fällt alles durcheinander. Sämtliche Glasmeßgeräte sind zertrümmert. Der Fußboden ist mit Splittern übersät. Vereinzelt springen Ventile undicht. Wasser rieselt herein. Unaufhörlich wird gearbeitet. Dichter und dichter fallen die Serien. Auf 200 Meter steuern wir. Die Zerstörer sparen wahrhaftig nicht mit Sprengkörpern. Sie müssen sich bald erschöpft haben, ist unsere Hoffnung. Drei Stunden geht es ohne die geringste Unterbrechung. Ein Zerstörer greift an, die beiden anderen geben ihm unsere Position an. Dann wechseln sie.

Horcher: »Neue Schraubengeräusche! — Zerstörer!« Es erfahren nur die Soldaten, die in unmittelbarer Nähe des Horchraumes ihre Gefechtsstation haben. Warum die restliche Besatzung beunruhigen? Die Lage ist schon so ernst genug. Der Schweiß tropft von der Stirn. Blasse Gesichter. Wir wissen, woran ein jeder denkt. — Tiefenruder und Steuer sind auf Hand gekuppelt. Wir müssen Strom sparen. — Sechs Zerstörer. Drei fahren Richtung Gibraltar. Neue kommen. Unsere Lage ist verzweifelt. Die Fahrzeuge werden sich niemals mit ihren Wasserbomben erschöpfen. Sie machen regelrechte Wachablösung und bringen neue mit. Das Wetter ist hervorragend dazu geeignet, ein U-Boot zu jagen. Warum kommt kein Sturm auf, wie auf der einen Reise?

Sechzehn Stunden. Die Zahl der Wasserbomben haben wir nicht mehr mitgezählt. Keiner hat geschlafen. Tiefe schwarze Ränder umgeben die Augen. Sämtliche Birnen sind zersprungen. Wir wechseln sie nicht mehr aus. Die Notbeleuchtung läßt die Bootseinrichtungen nur schattenhaft erkennen. Die Dunkelheit erhöht die Angst; aber keiner zeigt sie. Erstaunlich, wie man sich beherrschen kann.

Wir haben schon einiges erlebt, aber dies ist die Hölle. Oft werden wir auf 250 Meter gedrückt. Die Stahlwände zwischen den Druckspanten haben sich durchgebogen. Jeden Augenblick können sie reißen. Wir sind gelassen und denken: Kismet. Es würde schnell gehen. — »Nicht jeder bekommt einen so teuren Sarg«, sagt eine Stimme trocken. »Vier Millionen Mark.«

Wenn man sich bloß wehren könnte! Wenn man etwas sehen könnte, und nur wieder schießen! Dieses Warten ist unerträglich. Nicht einmal mehr Ausweichmanöver können wir fahren. Der Strom geht zur Neige. Die Preßluftflaschen sind fast leer. Die Luft erscheint so schwer wie Blei. Wir gleichen einem Marathonläufer im Ziel. Der Atem geht immer schneller. Der Sauerstoff ist knapp, der Kohlendioxydgehalt hoch. Noch zwanzig Stunden und wir müssen auftauchen. Wir wissen, wie es vor sich gehen würde. Es liegen Erfahrungsberichte vor: Das Boot kommt an die Oberfläche, und die Kriegsschiffe nehmen es mit allen Waffen unter Feuer. Die Besatzung springt über Bord. Es wird weitergeschossen. Die U-Boots-Besatzung soll ihre Nerven verlieren und vergessen, das Boot zu versenken. Zu gerne möchte man ein deutsches Unterseeboot erbeuten! Es wäre ein Leichtes, die geeigneten Abwehrmittel zu finden, um es noch besser jagen zu können.

»Achtung Bombenwurf!« Es wird jedesmal angesagt, wenn die Anzeichen vorliegen, daß sie gefallen sind. Jeder hält sich dann fest und stellt sich auf die Erschütterungen ein. Diesmal liegen die Sprengkörper neben dem Boot. Ohrenbetäubend knallt und tost es in der Zentrale. Eisenteile fliegen durch die Gegend. Ventile brechen ab. Der Teufel scheint losgelassen. Keiner weiß, was los ist. Unwillkürlich greifen wir nach den Tauchrettern. Der Zentralemaat hat seine Hände am Hauptanblaseventil, um Preßluft zum Auftauchen zu geben. Aber er wartet auf den Befehl des Kommandanten. Von sich aus würde er es nicht tun. Soldaten sind diszipliniert. Jegliches selbständige Handeln ist verboten. Unbedingter Gehorsam. Wie kann auch ein Sektorenverantwortlicher die Gesamtlage übersehen? Vielleicht ist es wie im großen Staatsgebilde. Im militärischen Gesetz liegt der Grund, warum auch hohe Offiziere bedingungslos Befehle ausführen. Als Soldaten können wir die Gesamtlage nicht übersehen. Ähnlich dem Zentralemaat vor Gibraltar, der mit einem Griff das Boot zum Auftauchen bringen könnte. Ist es richtig? Kann er es beurteilen? Nein, er kann es nicht, er ist genauso ein kleines Rad im Boot, wie wir alle im Staatsgebilde. Abwarten. Hoffentlich trifft die Führung die richtige Entscheidung!

Noch immer poltert es. Der Rudergänger meldet den Ausfall der Kreiselkompaßanlage. Der Hauptkreisel ist aus seinem Gehäuse gesprungen. Mit seinen 10 000 Umdrehungen je Minute rollte er durch den Raum. Zum Glück hat er keinen von uns getroffen.

Der Kommandant erwägt mit den Offizieren, was am besten zu tun sei. Beurteilung der Lage: Hoffnungslos. Versuchen, auszusteigen und Boot versenken. — Mondaufgang ist um zwei Uhr morgens. Bis dahin ist es dunkel. In dieser Zeit müssen wir hoch. Vielleicht glückt es uns, aufgetaucht die Einkreisung zu durchbrechen.

Das Boot wird zur Sprengung vorbereitet. Zeitzünder werden an die Torpedoköpfe und an empfindliche Stellen gelegt. Unabhängig voneinander. Wenn einer versagt, muß der andere losgehen. Auf keinen Fall darf das Boot in die Hände des Gegners fallen. Wir würden den Tod vieler Kameraden verursachen. Es darf nicht sein!

Wir schnallen Tauchretter und Rettungsboote um. Jeder hat sein eigenes. Es ist ein Luftschlauchboot und für einen Mann berechnet. Kommandant und Brückenwache setzen Rotbrillen auf. Die Augen sollen an die Dunkelheit gewöhnt werden, damit man schon sofort nach dem Auftauchen volle Sehkraft hat. Eigentlich wäre es nicht notwendig; im Boot ist so gut wie kein Licht.

Mehrere Bolds werden ausgestoßen. Jetzt bereiten wir Ballons mit daran befestigten Metallstreifen vor. Sie sollen, wenn wir aufgetaucht sind, abgelassen werden und in geringer Höhe über dem Wasser schweben. Die herunterhängenden Metallstreifen bilden einen Körper, der im Radar ein täuschendes Echo verursacht. Also ein Gegenstück zum Bold unter Wasser, der die Suchgeräte narren soll.

Das Boot steigt. 100 Meter. Asdic-Geräusche werden lauter. Verdammt, die Zerstörer lassen uns nicht aus ihren Geräten. Es knallt. Die Bomben liegen unter dem Boot. Auf 50 Meter fliegen wir. Die aufsteigenden Strudel reißen uns hoch.

Horcher: »Zerstörer in unmittelbarer Nähe. Sechs verschiedene Schraubengeräusche!«

Der Kommandant antwortet mit dem Ausspruch Götz von Berlichingens, dann: »Anblasen! Auftauchen! Äußerste Kraft voraus!«

Kaum geben die Akkumulatoren noch die volle Umdrehungszahl. Sie sind erschöpft.

Munition für unsere Flakkanonen liegt bereit. Große Magazine mit je 40 Schuß. Fünf Rohre können gleichzeitig feuern. Desgleichen vier Maschinengewehre. 1600 Schuß mal vier gleich 6400 Schuß je Minute. Die Gurte reißen nicht ab wie bei Land-Maschinengewehren. Sie reichen vom Turm bis in die Zentrale und werden ständig verlängert. Man kann wie mit einer Wasserspritze schießen. Bis zu einer Entfernung von 2000 Metern sind wir auch für einen Zerstörer gefährlich. Er hat keinen Panzer. Wenn der Abstand größer als 2000 Meter ist, sieht er uns nicht. Es ist uns aber klar, sollte es zum Gefecht kommen, so würden wir am Ende doch unterliegen. Hoffentlich wird eine Verteidigung nicht nötig sein und wir kommen unentdeckt davon.

Das Boot stößt durch die Wasseroberfläche. Noch immer knallen Wasserbomben. Die Bolds tun also ihre Schuldigkeit. Das Turmluk wird aufgerissen. Fast fliegen wir hinaus. Der Überdruck im Boot ist gewaltig angestiegen. Zum Druckausgleich ist keine Zeit. Jede Sekunde ist kostbar. Der Kommandant blickt in den Backbordsektor; ich nach Steuerbord. — Gott sei Dank, die Nacht ist dunkel. Der Himmel bewölkt. Drei Zerstörer erkennen wir. Einer hat höchstens einen Abstand von 500 Metern. Er wirft gerade Wasserbomben.

Beide Dieselmotoren springen an. Sofort äußerste Kraft. Keine Zeit zum Warmwerdenlassen. Die Generatoren laufen mit; so schnell wie möglich müssen die Batterien wieder aufgeladen werden. Zwei Luftkompressoren füllen die Preßluftflaschen. Die Ventilatorenanlagen durchlüften das Boot. Außerdem sind alle Schotten geöffnet, so daß auch die Saugkraft der Diesel die Frischluftzufuhr beschleunigt.

Die frische Luft beißt in den Lungen. Wir haben Mühe, uns auf den Beinen zu halten. Wir sind der Ohnmacht nahe. — Kanonen und Maschinengewehre sind durchgeladen. Ihre Läufe zeigen auf einen Zerstörer in unmittelbarer Nähe. Er soll uns nur nicht entdecken. Es wäre auch für ihn besser. Die Torpedorechenanlage ist in Betrieb. Fünf Rohre sind klar zum Schuß.

Neue Torpedos. Sie können Kreise und Zickzack laufen. Aber wir verzichten auf jede eigene Initiative. Wir könnten nicht unbehelligt ablaufen, da wir mit zwei wichtigen Faktoren am Ende sind: Strom und Preßluft.

Die Entfernung wird größer. Die mit Gas gefüllten Ballons steigen auf. Sie treiben mit der Windrichtung. Zehn haben wir schon hochgelassen. Der Gegner, der mit dem Radar arbeitet, wird über die scheinbare Unzahl von Unterseebooten erstaunt sein, die sich plötzlich bemerkbar machen. An den Stellen, wo sich die Bolds befinden, vermutet er außerdem noch getauchte Boote.

Die Zerstörer kommen außer Sicht. Eine halbe Stunde ist vergangen. Wasserbombendetonationen sind unaufhörlich zu vernehmen. Wir machen bereits wieder die ersten Späße.

Scheinwerfer leuchten. Der Funker meldet das Suchen von Radargeräten. Die feindlichen Kriegsschiffe werden durch die vielen vermeintlichen Unterseeboote in Verwirrung geraten sein. Jetzt haben sie mit den vielen Echos reflektierter Metallstreifen zu tun, und dann gibt es noch die eigenen Kameraden. Die Zerstörer können also nicht mit hoher Fahrt in die angezeigte Richtung laufen. Langsam, heißt es, und vor dem Rammstoß das Objekt beleuchten. Wir malen uns aus, wie es auf einem Zerstörer zugeht:

Mann am Radar auf Zerstörer: »Fahrzeug 40 Grad; Entfernung 6000 Meter.« Weitere 15 Objekte in verschiedenen Richtungen.

Zerstörer-Kommandant: Position von Jagdgruppen feststellen und in Karte eintragen!

Navigationsoffizier: »Befehl ausgeführt!«

Kommandant: »Kurs soundso! Geben Sie laufend Radarpeilungen!«

Der Zerstörer nähert sich dem vermeintlichen Ziel (einem Ballon), Scheinwerfer suchen. Peilung im Radar setzt aus. Die Entfernung ist unter 1000 Meter, dem Mindestbereich der damals im Einsatz befindlichen Radargeräte. Geschütze sind eingerichtet. Nichts zu sehen; die in der Luft hängenden Drähte sind sehr dünn.

Mann am Radar: »Peilung achteraus. Vermutlich gleiches Objekt.«

Kommandant: »Schweinerei. Sind vorbeigefahren. Passen Sie doch besser auf. Diese verdammten Unterseeboote. Sind auch zu klein. Fehlt nur noch, daß sie uns einen Torpedo verpassen! Hart steuerbord!« — Und so mag er sich weiter ärgern.

Nur ein böser Gedanke kommt uns bei diesem Spiel: Hoffentlich nehmen sie unter den vielen Objekten im Radar uns nicht einmal aufs Ziel.

Eine Stunde ist schon vergangen. Die Luft im Boot ist erneuert, und unter Wasser gehen könnten wir auch schon wieder für sechzehn Stunden. In weiteren zwei Stunden sind wir voll einsatzbereit. Nur schrecklich müde. Und haben keine Lust mehr, etwas zu erleben!

»Tauchen!« Ganz friedlich, ohne Alarm. »Auf 100 Meter gehen!« Ausspannen, schlafen, Schäden beheben. Neue Kreiselkugel einsetzen. Und weg von Gibraltar. Es hat uns gereicht. Und freiwillig waren wir dorthin gefahren. Ich denke an eine alte Weisheit: Wenn der Esel aufs Glatteis geht, kommt er darauf um. Beinahe wäre es uns so ergangen.

Radar — Feind Nummer eins

Es kann nicht vom U-Boots-Krieg erzählt werden, ohne auf das »Radar« einzugehen, denn sein Einsatz war es, der die Wende in der Schlacht auf dem Atlantik herbeiführte, in einer für unsere Gesamtlage kritischen Phase des Krieges. Trotz heldenhaftem Kampf und voller Einsatzbereitschaft der Besatzungen zerbrach ihre scharfe Waffe von heute auf morgen. Der Serienbau des in der ersten Hälfte des Krieges bewährten Kampftyps mochte auf dem Höhepunkt angelangt sein, als die volle Entfaltung der gegnerischen Abwehr ihm seinen Wert nahm.

Erklären wir es genauer. Das Wort »Unterseeboot« erweckt im Nichtfachmann zu leicht falsche Vorstellungen. Eigentlich müßte es »Tauchboot« heißen, da es bis um die Wende des Jahres 1943 praktisch fast immer aufgetaucht fuhr. Schon aus der äußeren Formgebung ist ersichtlich, daß es für den Marsch über Wasser konstruiert war. Das menschliche Auge konnte es nur in Ausnahmefällen entdecken; wenn es trotzdem geschah, so nur durch Unaufmerksamkeit der eigenen Besatzung oder durch zufällige andere ungünstige Umstände. Nachts war das U-Boot nahezu unmöglich auszumachen, und am Tage vermochte es Schiffe und Flugzeuge eher zu sichten, als es selbst aufgrund seiner geringen Größe wahrgenommen werden konnte. Es war in der Lage, bevor der Gegner darauf aufmerksam wurde, unter Wasser zu verschwinden, anzugreifen oder nach gewisser Zeit wieder aufzutauchen und den geplanten Marsch fortzusetzen. Mit seiner Tauchzeit von ungefähr zwei Tagen war es imstande, auch noch stark überwachte Seeräume zu durchqueren, oder sich darin aufzuhalten, da ihm in jedem Falle die Nacht blieb, um gefahrlos die Akkumulatoren aufzuladen und das Boot zu durchlüften. Durchschnittlich brauchte es zwei bis vier Stunden dazu.

Infolge seiner Unsichtbarkeit konnte es auch schwerste Kriegsschiffeinheiten vernichtend schlagen. Sein Wert im offenen Überwassergefecht war dagegen aufgrund seiner übergroßen Empfindlichkeit verhältnismäßig gering. Ein schneller Flußkahn, mit Kanonen und Torpedorohren ausgerüstet, wäre ihm weit überlegen. Es darf nicht vergessen werden, daß ein Unterseeboot zum »Untergehen« gebaut ist, und demzufolge sehr wenig Auftrieb hat. Ein 500 Tonnen großes Überwasserschiff kann 500 Tonnen Wasser aufnehmen, bis es versinkt; ein U-Boot derselben Größe jedoch nur ungefähr den fünften Teil. Hinzu kommt bei Überwasserkriegsschiffen die Sichtbarkeit einer undichten Stelle und die Möglichkeit, dem Schaden gleich abzuhelfen. Beim Unterseeboot kann ein Leck nur schwerlich entdeckt oder gar erreicht werden. Die vielen Inneneinrichtungen, Maschinen, Akkumulatoren und andere Geräte versperren jeglichen Zugang, wenn Wasser einströmt und ansteigt. Die Quelle bleibt unbekannt. Ferner kann ein Überwasserschiff gewisse Räume abschotten; es bleibt schwimmfähig. Im U-Boot kann zwar auch abgeschottet werden; es geht aber bei Vollaufen eines Raumes unter. Die meisten Gewässer sind zu tief, um vom Grund »auszusteigen«. — Die Herstellungskosten eines Unterseebootes sind um ein Vielfaches höher als die von Kriegsschiffen gleicher Größe.

Ein Abwehrgerät wie das Radar nimmt dem Unterseeboot seinen größten Vorzug, nämlich die Unsichtbarkeit bei den bewährten Nachtangriffen. Damit ist der entscheidende Faktor, die Überraschung, ausgeschaltet und das Unterseeboot in seinen Möglichkeiten beträchtlich eingeschränkt.

Zunächst hatte der Gegner in der ersten Phase des Krieges nach der Erkenntnis gehandelt, daß den U-Booten am leichtesten vor ihren Stützpunkten beizukommen war, und nicht in den Weiten der Weltmeere, wo das Aufspüren reine Glückssache war und keine Verstärkung innerhalb kurzer Zeit herbeigeholt werden konnte. Vor den Stützpunkten mußten die Unterseeboote bei jeder Fahrt zweimal auftreten, einmal beim Aus- und einmal beim Einlaufen. Die Häfen waren bekannt; davor massierten sich notgedrungen die Boote. Aber in den ersten Kriegsjahren gelang es dem Feind nicht, uns niederzuringen. Wir waren der Gegenwehr gewachsen. Auch die Absicht, die Stützpunkte und Reparaturwerkstätten zu zerstören, scheiterte durch das rechtzeitige Errichten von U-Boots-Bunkern, die selbst gegen stärkste Bombenangriffe immun waren.

Das Radar brachte die Wende. Nicht umsonst wurden den Gelehrten, die das Radarverfahren und entsprechende Geräte entscheidend weiterentwickelt hatten, schon während des Krieges in England große Ehrungen und Auszeichnungen zuteil.

Auch auf deutscher Seite wurde das Funkmeßverfahren schon vor Kriegsausbruch angewandt. Unsere Schlachtschiffe besaßen entsprechende, aber sehr schwere, bis 20 t wiegende Anlagen. In der Flugzeugabwehr ist das »Würzburg«-Gerät schon bald zu einem Begriff geworden. Der Gegner gewann jedoch durch die Konstruktion kleiner wirksamer Apparate, die vor allen Dingen auch in Flugzeugen eingebaut werden konnten, einen Vorsprung.

Bei Kriegsende hat das Radar folgendermaßen ausgesehen:

Die Größe entspricht der eines normalen Musikschrankes. In ihm sind Sender und Empfänger untergebracht. Die Sendeantenne ist zugleich Empfangsantenne und auf dem höchsten Punkte des Schiffes angebracht. In Bruchteilen von Sekunden schaltet sie ständig von Ausstrahlung auf Empfang. Die Antenne rotiert fortlaufend. Auf einem Lichtschirm, ähnlich dem von Fernsehapparaten, werden die Objekte in Form heller Punkte sichtbar gemacht. Die Richtung, in der sie sich bewegen, kann man an der Auswanderung feststellen; ein schwacher Streifen zieht sich als eine Art Schweif hinter ihnen her. Die Entfernung wird einer Meßskala entnommen. — Auf diese Weise sieht der Radarbenutzer, unabhängig vom Wetter um sich herum, alle vorhandenen Fahrzeuge mit genauer Richtung und Entfernung. Kriegsschiffe können sich somit bei Nacht und Nebel auf größte Entfernungen beschießen.

Ein wichtiger Umstand muß festgehalten werden: Sehr kurze

Funkwellen schmiegen sich nicht der Erdkrümmung an, sondern verlaufen geradlinig wie Lichtstrahlen. Wie wir wissen, übersieht man aber von einem Berge größere Strecken als von ebener Erde aus. Und so ist auch das Radar in größerer Höhe wirksamer. Flugzeuge vermögen mit ihm also weiter zu orten als Schiffe und Landstellen.

Allerdings können Objekte unter Wasser nicht erfaßt werden. Dies ist von größter Bedeutung. Aber die Folgen des Radars während des unvermeidlichen Überwassermarsches sind verhängnisvoll genug.

Wie stellt sich neuerdings der U-Boots-Krieg dar? Die einzigen Ausfahrten, also zwischen England und Island für Neubauten aus Deutschland und Boote mit Stützpunkten in Norwegen, und die Biskaya für in Frankreich stationierte Boote, werden durch Flugzeuge und U-Boots-Jagdfahrzeuge intensiv bewacht. Die Kanaldurchfahrt kommt wegen geringer Breite und Untiefen nicht in Betracht. Dem Gegner geht es darum, die Unterseeboote an der Wasseroberfläche zu entdecken, denn in getauchtem Zustande ist ihnen mit dem Radar nicht beizukommen, und der Aktionsradius der gewöhnlichen Ultraschall-Unterwasser-Suchgeräte ist recht gering und vielen Störungen unterworfen.

Es stehen der feindlichen Suchaktion die drei Stunden zur Verfügung, die wir täglich aufzutauchen gezwungen sind, um die Batterien zu laden. Stellen wir uns nun vor, daß ein mit dem Radar ausgerüstetes Flugzeug ein aufgetauchtes Unterseeboot bis 150 Kilometer feststellen kann, das heißt einen Kreis mit einem Durchmesser von 300 Kilometer überwacht, und ein Kriegsschiff ungefähr bis zu einer Entfernung von 35 Kilometern mit dem Radar Schiffe erfassen kann, so ist die Voraussetzung durchaus gegeben, uns zu entdecken.

Wählen wir die Zeit des Batterieladens nachts, so tritt folgendes ein: Ein Flugzeug entdeckt uns. Aufgrund der Auswanderung der Radarpeilung kann es mühelos unseren Kurs feststellen. Es setzt sich vor oder hinter das Boot, um in Längsrichtung angreifen zu können. Wir merken nichts, da Flugzeuge bei Dunkelheit kaum zu erkennen sind und die eigenen Motorengeräusche die des Flugzeuges übertönen. Bei 1000 Metern Entfernung schaltet der Flugzeugführer einen unter den Tragflächen angebrachten Scheinwerfer ein, der in einem berechneten Winkel nach vorn leuchtet. Er wartet wenige Sekunden, bis der Lichtkegel unser Heck berührt und löst die Bomben. In der Regel vier bis sechs. Sie treffen bei der üblichen Angriffsflughöhe von nur 50 Metern mit tödlicher Sicherheit. Dem Unterseeboot bleibt keine Zeit zur Flugabwehr, und außerdem sind die Schützen geblendet, überrascht, und werden vom Flugzeug unter Feuer genommen. Das Boot ist verloren. Selten kann sich jemand retten.

Gegen die bisherige Taktik scheint es günstiger, tagsüber aufzutauchen. Bei wolkenlosem Himmel kann man nicht überraschend angegriffen werden, wenn die Ausguckposten aufpassen. Besteht eine Wolkenschicht, so spielt sich das gleiche ab wie nachts, nur mit dem Unterschied, daß sich die Flughöhe des Fliegers nach der Höhe der Wolken richtet und er Gefahr läuft, beim Durchstoßen abgeschossen zu werden. Auf keinen Fall läßt es sich vermeiden, daß man entdeckt wird, auch wenn man günstigenfalls Gelegenheit zum Tauchen hatte. Die Tauchstelle wird sofort Küstenstellen und anderen in der Nähe befindlichen Flugzeugen und Schiffen übermittelt. In wenigen Stunden ist das Gebiet umstellt. Das U-Boot hat seine Batterieladung in den meisten Fällen nicht ganz beendet und ist vielleicht in der Lage, für einen Tag mit drei Seemeilen Fahrt stündlich seine Position zu wechseln. Die Möglichkeiten, in Seemeilen ausgedrückt, sind also ungefähr 24 mal 3 gleich 72 Seemeilen oder 130 Kilometer. In einem Kreis mit diesem Radius muß es gleich einem Wal wieder an die Oberfläche kommen. Das nun schon erheblich begrenzte Gebiet läßt sich leicht überwachen. Meist wirft der Flieger auch noch auf die Tauchstelle eine Funkboje, die in regelmäßigen Abständen Peilzeichen zur Orientierung für herbeieilende Streitkräfte gibt. Ist das Unterseeboot wieder aufgetaucht, so wird es diesmal in erheblich kürzerer Zeit erneut entdeckt. Die Zeit zum Laden wird kürzer. Es muß tauchen. Der Ring verdichtet sich. Schließlich muß es an der Oberfläche bleiben und wird eine leichte Beute. — Viele Boote verloren wir auf diese Art. Weniger und weniger kehrten heim. Auslaufende erreichten selten den Atlantik.

Als Retter in der Not wurde nun auf deutscher Seite das »Fu-M-B« eingeführt. Vielfach wurde es Anti-Radar genannt. Es schützt vor Radarerfassung, indem es das Suchen anzeigt, noch ehe das Radar selber sein Opfer meldet; dadurch ist dem U-Boot die Möglichkeit gegeben zu tauchen, bevor seine Anwesenheit bemerkt wird.

Zum besseren Verständnis sei nochmals kurz auf das Radar eingegangen: Wie wir wissen, setzt es sich aus einem Kurzwellensender und dem entsprechenden Empfänger zusammen. Der Empfänger hat die Aufgabe, reflektierte Wellen dem Beobachter sichtbar zu machen. Die Richtung läßt sich durch Schwenken der Antenne feststellen, die Entfernung ergibt sich aus dem Zeitunterschied zwischen Aussendung und Empfang. Da Radiowellen in einer Sekunde fast dreimal die Erdkugel umkreisen, kann man sich vorstellen, wie kompliziert derartige Geräte sein müssen, um exakt zu arbeiten. Das Fu-M-B ist nun praktisch ein Radarempfänger mit dem Unterschied, daß es für mehrere Wellenlängen verwendet werden kann.

Vergleichen wir nun den Radarsender mit der menschlichen Stimme und den Empfänger mit dem Ohr, so ist einleuchtend, daß der direkte Empfang besser ist als der Empfang des zurückgeworfenen Schalls. Oder anders ausgedrückt: Ein Mensch ruft gegen eine Wand. Mit seinem Mund ist er Sender und mit den Ohren Empfänger (praktisch einem vollständigen Radar vergleichbar). Er vernimmt die zurückkommenden Schallwellen als Echo. — An der Wand sitzt nun eine zweite Person (sie entspricht dem Fu-M-B), die selbst stumm ist. Diese wird den Schall deutlicher vernehmen als die andere Person das Echo. Rückt nun unsere Wand weiter und weiter vom Rufenden ab, so kommt der Zeitpunkt, wo kein Echo mehr gehört werden kann, unsere Person (die dem Fu-M-B entspricht), jedoch die Stimme noch klar und deutlich vernimmt.

Das mit dem neuen Gerät ausgerüstete U-Boot kann also tauchen bevor es entdeckt wird. Es scheint damit seinen ursprünglichen Zweck wieder zu erfüllen, da es sich rechtzeitig den Blicken des Jägers entziehen kann. — Der springende Punkt liegt aber in folgendem: Das U-Boot ist unter Wasser gedrückt. Dort aber hat es nur einen Bruchteil seiner Erfolgsmöglichkeiten, im Vergleich zu denen über Wasser. Das Unterseeboot muß ausrücken und sich verbergen und kann seiner Bestimmung nicht mehr gerecht werden: ein gejagter Jäger!

Das Fu-M-B ist wohl einfacher und billiger als das Radar, da es nur Empfänger ist; aber es bleibt doch nur ein Notbehelf. Für das U-Boot als reine Angriffswaffe konnte die Einführung eines reinen Defensivgerätes keine endgültige Lösung darstellen. Die Schwierigkeiten der U-Boot-Kriegsführung blieben bestehen.

Die Radar- und Antiradarangelegenheit entwickelte sich weiter. — Jetzt konstruierten die Alliierten ein Empfangsgerät für die Eigenausstrahlungen des Fu-M-B und schalteten ihr Radar aus. Und während wir uns sicher fühlten, gaben wir mit den Eigenstrahlungen unseres Fu-M-Bs praktisch Peilzeichen und weihten uns dem sicheren Tode. In einem Monat des Jahres 1943 mögen dadurch 35 Unterseeboote verlorengegangen sein.

Unsere Führung geriet in Verlegenheit. Großadmiral Dönitz sperrte weiteres Auslaufen von U-Booten. Den in See befindlichen verbot er, das Fu-M-B weiterhin zu benutzen. Aber der Gegner ist auf Draht: Er ist es gewahr geworden und arbeitet erneut mit dem Radar. Die Fahrt durch die Biskaya wird zu einem Selbstmordkommando.

Es trifft auch uns, aber wir haben Glück. Unsere Ausguckposten sind prächtig. Sogar bei Nacht erkennen sie mehrmals Flugzeuge, so daß wir rechtzeitig tauchen oder die Flakwaffen einsetzen können. Wir erreichen heil unsere Basis.

Fliegergefecht und Durchbruch

Für acht Tage bin ich wieder in Berlin. Noch in derselben Nacht meiner Ankunft ertönen die Sirenen. Fliegeralarm! Zum ersten Male während des Krieges habe ich Gelegenheit, meine Gasmaske zu benutzen, nicht gegen Kampfgase, sondern gegen Rauch. Eine Brandbombe fällt auf den Boden unseres Hauses. Sie kann gelöscht werden. Fenster und Türen sind hinausgeflogen. Arbeitskräfte gibt es nicht. Wir reparieren selbst. Schöne Erholung!

Wieder im Stützpunkt. Eigentlich war Auslaufsperre. Großadmiral Dönitz besuchte unsere Flottille. Er sprach über den Einsatz der U-Boots-Waffe und unser Mißgeschick: »Wenn wir kein Boot mehr hinausschicken«, legte er dar, »wird der Gegner seine Geleitzüge nicht mehr sichern und die Schiffe ohne Schutz fahren lassen. Wir wissen aber, daß wir nur durch das Vorhandensein von Unterseebooten rund zwei Millionen Alliierte binden, auf Kriegsschiffen und Werften. Dazu kommt der Zeitverlust durch Geleitfahrerei und anderes mehr. Es müssen also trotzdem Boote hinaus, um den Gegner zu fesseln, auch wenn sie nichts versenken. Die bloße Anwesenheit ist schon Erfolg!« — Von diesem Argument überzeugt, hatten wir nur einen Wunsch:

Hoffentlich trifft uns nicht das Los, den Feind zu binden. — Wir hatten Pech, es traf uns. Wir hatten Glück: Diphtherie!

Drei Tage nach dem Verlassen der Flottille traten an Bord ernste Fälle dieser Krankheit auf. Einige Soldaten wurden ohnmächtig. Sie hatten geschwollene Mandeln. Wir drehten um. Ich atmete auf. — Neuerdings mußten wir vor dem Auslaufen ein Testament schreiben. Schönes Gefühl. — Die Boxen im Bunker waren leer. Noch vor drei Monaten sollten neue hinzugebaut werden. Wie hatte sich doch das Blatt gewendet!

Eine angenehme Zeit verlebten wir im Seebad La Baule, in der Nähe unseres Stützpunktes. Uns war Quarantäne auferlegt. Wir wohnten in einem Haus am Meer, konnten uns sonnen und Sport treiben. Keiner drängte sich hinauszufahren; niemand sprach davon, daß wir vielleicht schon wieder einsatzfähig seien. Eher wies man darauf hin, wenn der Arzt seine Visite machte, Vorsicht sei am Platze, da mit Rückfällen bei dieser heimtückischen Krankheit nicht zu spaßen sei. An unserer Stelle schickte man ein anderes Boot hinaus. Es kehrte nicht zurück, wie fast alle Boote in dieser Zeit. Man wußte es und hatte sich damit abgefunden. Ausnahmslos begleiteten wir die Besatzungen der auslaufenden Boote bis zur letzten Schleuse und verweilten dort, bis sie den Blicken entschwanden. Abschiedsfeiern wurden nicht mehr veranstaltet. Still trank man ein Glas Sekt und drückte sich die Hand. Nach Möglichkeit sah man sich auch nicht in die Augen. Wir waren zwar hart geworden, aber es erschütterte uns trotzdem: Todesfahrten! Viele meiner Kameraden waren draußen geblieben. Wir hatten die gleiche Ausbildung, die gleichen Interessen, den gleichen Beruf und die gleichen Aufgaben. Jeder hatte in den langen Kriegsjahren seinen Teil erlebt. Es wurde nicht viel Aufhebens davon gemacht. Das Renommieren war Sache von Leuten, die die Front nicht richtig gesehen hatten, wenn ja, dann nur kurz. —

Wir sind gesund geschrieben. Unsere Stunde hat geschlagen. Sonderaufgabe. Es soll an die afrikanische Küste, nach Freetown, gehen. Der Turm des Bootes ist stufenförmig umgebaut. Unten steht ein Vierlingsgeschütz, und auf dem oberen Podest befinden sich zwei Doppellafetten vollautomatischer Zweizentimeterkanonen. Die alten Maschinengewehre sind gegen neuere Modelle ausgewechselt. Panzerschilder und Platten verstärken den Turm. Sie sollen das Selbstvertrauen bei Fliegerangriffen erhöhen. Gegen Maschinengewehrfeuer schützen sie. Flugzeuge schießen aber auch mit Kanonen . . . Die Besatzung ist verstärkt. Es ist bei der Vielzahl der Flakwaffen erforderlich. Auch sollen wir einen Arzt bekommen.

In der großen Glashalle unseres Hotels sitzen wir. Alle haben wir Spitzbärte mit den dazugehörigen Schnurrbärten. Der französische Kognak ist ausgezeichnet. Wir tun uns gütlich daran. Schade um jeden Tropfen, den man versäumt, behaupten wir ständig und prosten uns zu. In vier Tagen ist das Auslaufen geplant. Die Mitternachtsstunde hat längst geschlagen. Wir blicken auf das Meer. Draußen heult der Sturm. »Schön, der U-Boots-Krieg, wenn man ein Dach über dem Kopf hat, so bei einem Fläschchen.« —

Einer von uns hat sich in Paris angesteckt. Er war einige Tage auf Urlaub dort. Er hätte aussteigen können, ins Lazarett gehen. Wir wissen, daß es eine bequeme Art ist, davonzukommen. Vielen haben Krankheiten dieser Art das Leben gerettet. — »Ich verlasse euch nicht«, sagt er zu uns. »Wir wollen uns gegenseitig nicht im Stich lassen. Wir kennen uns und können aufeinander bauen. Zuviel haben wir gemeinsam erlebt. Es wäre Verrat, und ihr glaubt gar noch, ich hätte es absichtlich gemacht, aus Feigheit. Ehrensache, ich gehe mit raus. Übrigens bekommen wir auch einen Arzt.« — »Wir haben es gewußt, Hein, du bist ein ganzer Kerl. Du weißt, die neuen Ablösungen sind unerfahren; sie kommen frisch von der Schulbank, wissen alles besser und nehmen die Aufgabe nicht so bitter ernst, wie es nötig ist. Wie sollen sie auch? Wir mußten uns auch erst einleben. Nur gab man uns damals keinen verantwortungsvollen Posten, und der Krieg war noch ein Kinderspiel. Jetzt kommen die frischen Leutnants von der Schulbank und bekleiden gleich eine Offiziersstellung auf einem Frontboot. Kaum, daß sie auf der U-Boots-Schule mal acht Wochen spazierengefahren sind. Aber sie kommen sich furchtbar wichtig vor. Ja . . . die alten U-Boots-Hasen sterben aus.«

Es ist schon sprichwörtlich geworden, daß Boote, auf denen Personalwechsel stattgefunden hat, auf der nächsten Fahrt draußen bleiben. Eine eingefahrene U-Boots-Gemeinschaft läßt sich schwer auseinanderreißen! Offiziersanwärter fahren schon lange nicht mehr auf Frontbooten, um sich an die Verhältnisse gewöhnen zu können. Die Verluste sind zu groß. Menschen werden knapp. Sie müssen geschont werden, der Krieg dauert zu lange.

Ein Arzt kommt auf unseren Tisch zu. An seiner Uniform erkennen wir ihn sofort. Er hat das Kriegsverdienstkreuz angesteckt. Wir »schätzen« es ganz besonders. Es wird für gute Leistungen in der Heimat verliehen. Für uns wirkt es wie ein rotes Tuch. — »Sind Sie von U-X? Ich soll bei Ihnen einsteigen.« Er stellt sich vor. Sofort beginnt er zu erzählen, daß er eigentlich gar nicht U-Boot fahren wolle und sich sowieso krank fühle. Er habe mit den Ohren zu tun. Er sei auch kein Chirurg, sondern Frauenspezialist, und in der Hauptsache gelte es doch, Verletzungen zu behandeln, die durch Fliegerbeschuß auftreten. Nun, er habe alles mögliche versucht, aber anscheinend komme er nicht darum herum, auf einem Frontboot eingesetzt zu werden. — Schöne Blüte, denken wir so bei uns, da haben wir einen feinen Fang gemacht!

Ingenieur: »In vier Tagen soll es rausgehen. Schlechte Zeiten. Haben Sie schon Ihr Testament geschrieben? Unbedingt erforderlich. Nur wenige Boote kommen wieder rein.«

Arzt: »Habe ich auch schon gehört. Aber im Augenblick ist ja Auslaufverbot, und solange kann man wohl ruhig dabei bleiben. Mit meinen Ohren, wie schon gesagt, ist es nicht ganz richtig. Ich werde mich, bevor es rausgeht, noch einmal gründlich untersuchen lassen.«

Zweiter Wachoffizier: »Pech gehabt, mein Lieber. In vier Tagen ist es soweit. Wir laufen auf jeden Fall aus, gleich ob Sperre oder nicht. Schicken Sie ruhig Ihren Verlobungsring und Ihre Uhr nach Hause; und die Abschiedsbriefe nicht vergessen. Sie wissen, wie es steht. In einem Monat 35 Boote!«

Unser Arzt jammerte noch viel und schickte wirklich sein Hab und Gut nach Haus. Ernsthaft war er davon überzeugt, daß er die Heimat und seine Angehörigen nicht wiedersehen würde. Er hatte einen schweren Stand und war ständig im Mittelpunkt unseres Spottes.

Mit der verstärkten Flakbewaffnung war in den Booten neuerdings, zusätzlich zu der Alarmklingel, noch eine Sirene eingebaut worden, die bei Flugzeugangriffen zu betätigen war.

Entscheidend über Leben und Tod war die richtige Handhabung der nebeneinanderliegenden Knöpfe. Den Befehl dafür gab der jeweilige Wachoffizier.

Wann sollte er nun Tauchalarm und wann Fliegeralarm geben? Es kam darauf an, ob das Flugzeug rechtzeitig gesehen wurde, also im allgemeinen auf eine Entfernung von über 4000

Metern — natürlich spielten dabei der Typ des Flugzeuges und seine Geschwindigkeit eine Rolle.

Wenn dies der Fall war, entzog man sich dem Risiko eines Gefechtes durch Tauchen, gab also Tauchalarm. War jedoch das Flugzeug bei Sichtung auf kürzere Entfernung heran, so wäre Tauchen dem Untergange gleichgekommen. Der Pilot hätte seine Bomben auf das im Tauchen befindliche Boot, bei dem das Heck herausschaut, werfen können. Sie wären unfehlbar, da sie mangels jeglicher Abwehr aus geringster Flughöhe ausgelöst werden könnten. Von einer relativen Sicherheit für das Boot konnte erst die Rede sein, wenn es eine Tiefe von 50 Metern erreicht hatte, bevor sich das Flugzeug über der Tauchstelle befand. Das bedeutete praktisch, daß bei zu spät gesichtetem Gegner in der Luft Fliegeralarm und die damit verbundene Abwehr ein Gebot der Selbsterhaltung waren.

Großadmiral Dönitz wollte die Zeit bis zur Entwicklung eines nicht ausstrahlenden Fu-M-B erstens durch eine starke Flakbewaffnung der U-Boote überbrücken und zweitens durch den gemeinsamen Marsch mehrerer Boote durch das Hauptgefahrengebiet der Biskaya. Die Überlegung ging dahin: Wenn zwei Flugzeuge schon schwerlich ein Boot angreifen können, so sind drei Boote gegen sechs Flugzeuge sicher; und sechs Flieger dürften gleichzeitig kaum auftreten. Schlußfolgerung: Eine U-Boot-Gruppe kann ungefährdeter in den offenen Atlantik gelangen als ein einzelnes Boot.

Leider war bei dieser Rechnung ein wichtiger Faktor außer acht gelassen. Wir sollten es ausbaden.

Unsere Stunde hatte geschlagen. Der Abschiedssekt war getrunken, ohne Musik ging es in die Biskaya.

Kurz nach dem Auslaufen trafen wir die zwei weiteren Gefährten, die aus verschiedenen Stützpunkten kamen und mit denen wir die Versuchsdreiergruppe bilden sollten. Der Kommandant eines der anderen Boote war der älteste der Kommandanten und hatte somit das Recht, während der gemeinsamen Fahrt gute Ratschläge zu geben und deren Ausführung zu — erhoffen, denn letzten Endes machen Unterseeboote doch, was sie wollen! Es handelte sich auch nur um wenige Tage.

Wir hatten ausgemacht, beim Sichten eines Flugzeuges eine gelbe Flagge zu schwenken, wenn die Entfernung noch das rechtzeitige Tauchen ermöglichte. Reichte die Zeit dazu nicht mehr, so sollte eine rote Flagge bedeuten: »Flugzeug! Nicht tauchen! Auf Kampf einlassen! Abwehren!«

Die Kanonen wurden täglich eingeschossen. Ein imposantes Bild. Die automatischen Schnellfeuerwaffen besaßen eine beträchtliche Feuergeschwindigkeit. Es schossen auf jedem Schiff acht Rohre und eine Vielzahl von doppelläufigen Maschinengewehren. Nach 2000 Meter platzten krachend die Zeitzünder.

Flugzeug! Wir haben es zuerst gesehen. Abstand 10 000 Meter, also genug Zeit zum Verschwinden. Wir schwenken die gelbe Flagge. — Doch die anderen Boote sehen sie nicht. Das Flugzeug kommt näher, eine Sunderland. Wir schwenken die rote Flagge und geben einen Feuerstoß in die Richtung des Flugzeuges ab. Da die anderen Boote aber gerade beim Übungsschießen sind, fällt es ihnen gar nicht auf. Zum Glück greift die Sunderland uns zuerst an. Auf 4000 Meter eröffnen wir das Feuer. Graue Sprengwolken liegen vor ihr, eine neben der anderen. Sie dreht ab. Besser für sie.

Jetzt fliegt sie große Kreise um alle drei Boote. Abstand mehr als dreitausend Meter, also außerhalb des Wirkungsbereichs der Geschütze. Aber tauchen können wir auch nicht mehr. Wir wissen, was sich ereignen würde.

Nach kaum zehn Minuten wird ein zweites Flugzeug gemeldet. Eine »Liberator«. Sie versucht einen Angriff auf das Boot des ältesten Kommandanten. Er wird abgewehrt. Einzelne Flugzeuge können uns zunächst nichts anhaben, wir sind zu stark. Sie umkreisen uns deshalb in sicherem Abstand. Aber wir können uns nun das Kommende ausmalen: Innerhalb kurzer Zeit werden mehr Flugzeuge eintreffen, denn die englische Küste ist nahe. Wahrscheinlich dazu eine U-Jagdgruppe. Die Zerstörer werden sich bis auf 5000 Meter nähern und mit ihren 15-cm-Kanonen ein Boot nach dem anderen versenken. Vielleicht beteiligen sich dann, um die Angelegenheit interessanter zu machen, auch einige Flugzeuge. Nötig wird es nicht sein, die Zerstörer können es mit ihrer überlegenen Bewaffnung leicht schaffen. Feine Patsche! —

Die beiden Flugzeuge kreisen um uns. Wir zeigen ihnen möglichst das Heck, da wir dort die größte Feuerkraft besitzen, drehen also viel und laufen Höchstfahrt, um möglichst wendig zu sein. Wir sind daher nicht mehr nahe beieinander. Zusammengeblieben in einer Gruppe könnten vielleicht die beiden ersten Boote gefahrlos tauchen, wenn das dritte sie mit seinen Waffen deckte. Dieses selbst aber wäre verloren: Den Letzten beißen die Hunde.

Der älteste Kommandant gibt einen Winkspruch: »Bei günstiger Gelegenheit tauchen.« Kaum haben wir »Verstanden« gezeigt, kippt auch schon sein Boot an. Es taucht. »Schlauberger«, denken wir. »Wenn das nur gut geht.«

Ich sehe, wie nun die Sunderland auf das tauchende Boot zum Angriff ansetzt. Flughöhe etwa 10 Meter. — Wir schießen. Das Flugzeug will ausweichen und geht höher. Die Granaten platzen vor dem Ziel. Wir sind zu weit entfernt. Unbeirrbar geht es wieder herunter. Es kann ihm nichts mehr passieren. Das Heck des Bootes des ältesten Kommandanten schaut noch weit heraus. Das Flugzeug ist genau darüber. Vier Bomben löst es aus. Vier Volltreffer. Vier Wassersäulen. Sie fallen zusammen und das Meer glättet sich über einem gesunkenen Boot. Das erste von unserer Gruppe hat dran glauben müssen. Keiner von der Besatzung hat sich retten können.

Doch auch wir müssen es versuchen. Jetzt oder nie. »Alarm!« Wir springen ins Luk. Der Kommandant blickt noch einmal heraus. »Liberator setzt zum Angriff an!« Im Nu sind wir wieder oben, und die Bedienungsmannschaft springt an die Kanonen. »3000 Meter, Schußerlaubnis!« Der Gegner dreht wieder ab.

Um einen Abschuß zu erzielen, hätten wir ihn auf 2000 Meter herankommen lassen müssen. Daran konnte uns aber nicht gelegen sein. Denn einmal im Bereich unserer Waffen wäre dem Flugzeug gar nichts anderes übrig geblieben, als den Angriff durchzuhalten und unsere Abwehr durch Beschießen zu irritieren oder gar außer Gefecht zu setzen, um dann seine Bomben in aller Ruhe abwerfen zu können. — Das Abdrehen unter Beschuß ist für Flugzeuge fast gleichbedeutend mit ihrem Abschuß, da sie ihre Waffen in diesem Augenblick nicht gebrauchen können, zudem aber die volle Breitseite zeigen. — Selbst wenn es aber gelang, das stur angreifende Flugzeug noch vor dem Bombenwurf herunterzuholen, bestand noch die Gefahr, daß es auf das Boot stürzte und dadurch im eigenen Untergang noch siegte.

Und doch schien nichts anderes übrig zu bleiben, als es darauf ankommen zu lassen. Denn mit der bisherigen Taktik verloren wir nur Zeit. Die kurze Spanne zwischen dem Abdrehen und erneutem Angriff hätte zum Tauchen niemals gereicht.

Da haben wir einen Einfall. Die auf dem Turm befindliche Besatzung verschwindet im Boot. Nur einer bleibt oben und verbirgt sich hinter den Panzerschildern des »Vierlings«. Genau wie es sein sollte, spielte sich nun das Weitere ab: Der Flugzeugführer hat das Einsteigen beobachtet und greift an. Unser bester Schütze liegt auf der Lauer. Der Kommandant schaut aus dem Luk. Die weiße Mütze ist gegen einen Stahlhelm getauscht. Jetzt ist der Flieger auf 2000 Meter heran. »Feuererlaubnis!« — Treffer in den Tragflächen. Er dreht ab.

Nun müßte er eine neue Angriffskurve fliegen. Es dauert seine Zeit. — »Fluten!« Es geht in die Tiefe. Ich stehe im Turm auf der Leiter. Spannende Augenblicke. Man denkt an vieles, wie immer. Wie langsam doch die Zeit vergeht, auch die Tiefenmesser scheinen sich nicht zu bewegen. Erst 30 Meter — 40 —. Es knallt. Mir ist, als wenn mir jemand mit der Peitsche über die Hand schlägt. — Aus allen Räumen kommen die Klarmeldungen. Gott sei Dank, nichts passiert. — Die Gedanken drehen sich um unseren Schicksalsgenossen, der noch oben ist. Wir sind davon überzeugt, daß er verloren ist.

Um es vorwegzunehmen: Wir kamen zurück; das fragliche Boot war überfällig. In Gefangenschaft traf ich nach Kriegsende den Kommandanten und erfuhr den weiteren Verlauf des Gefechts.

Schon 20 Minuten nach unserem Tauchen hatten sich 16 Flugzeuge eingefunden. Drei Zerstörer kamen in Sicht. Sie schossen mit ihrer Artillerie und die Flugzeuge griffen in vier Gruppen, je drei, gleichzeitig aus verschiedenen Richtungen an. Das Gefecht dauerte nicht lange. Artillerie- und Bombentreffer, Soldaten auf der Brücke zusammengeschossen. Das Boot ging unter. Fünf wurden gerettet. Es war gekommen, wie es kommen mußte. Vielen anderen Booten erging es ähnlich.

Die falsche Kalkulation mit dem U-Boots-Gruppenmarsch lag in der Annahme, daß feindliche Flugzeuge in der Biskaya darauf angewiesen wären, uns anzugreifen. Das brauchten sie aber nicht. Sie verhinderten lediglich das Tauchen und zwangen das Unterseeboot, an der Oberfläche zu bleiben. In Kürze konnte das Flugzeug durch andere, auf Patrouillenflügen befindliche Apparate oder Kriegsschiffe Verstärkung erhalten. In weiteren Stunden waren sogar in England selbst stationierte Verbände an fast allen Punkten der Biskaya zur Stelle.

Später erkannte man auf unserer Seite die Notwendigkeit schwererer bis 5 Kilometer wirkender Flakgeschütze für Unterseeboote. Somit konnten sie Flugzeuge sofort, ehe die Verstärkung eintraf, in die zum Tauchen notwendige Entfernung drängen und verschwinden.

Der englische Rundfunk, der unser Boot schon einmal als vernichtet gemeldet hatte, verkündete wiederum, daß es versenkt worden sei. Hoffentlich vernahmen es nicht irgendwie unsere Angehörigen. Der feindliche Propagandasender »Calais«, der zu bestimmten Stunden in deutscher und französischer Sprache arbeitete, wurde vielleicht doch von ihnen angehört, obwohl es verboten war.

Noch einige Tage Fahrt, teils über, teils unter Wasser, und wir hatten das Hauptgefahrengebiet hinter uns.

Neptun lebt in der Tiefe

Zum erstenmal gehe ich in den Südatlantik. Eine Fahrt dorthin ist begehrter als in den Nordatlantik, weil die Abwehr dort nicht so stark, und auch das Klima weitaus angenehmer ist. Es treten nur selten Geleitzüge auf. Einzeln fahrende Dampfer sind leichter anzugreifen.

Unser Boot nähert sich dem Äquator. Alle normalen Schiffe passieren die Linie über Wasser. Wir dagegen haben die Absicht, sie zu untertauchen.

Ein großes Fest soll gefeiert werden. Schon viele Tage vorher fangen wir mit den Vorbereitungen an. Allabendlich gibt es eine Radioreportage aus dem Schloß Neptuns. Sie wird von uns im Kommandantenraum veranstaltet. Die Radioanlage, zugleich Mikrophonanlage, ist auf den U-Booten vorzüglich; technische Schwierigkeiten ergeben sich also für die Durchführung des Programmes nicht.

Die gesamte Besatzung beteiligt sich. Sängergruppen finden sich zusammen und erfreuen uns mit eigenen Liedern. Da drei Erschwernisgrade der Äquatortaufe existieren, kommt es darauf an, die Neulinge in drei Gruppen einzuteilen. Neptun ist bedacht, daß keine Seele aus einer Region in die andere kommt, ohne vorher geläutert zu sein. Diese Seelenreinigung geht durch die Taufe selbst vonstatten. —

Jeder versucht, dem anderen etwas anzuhängen, um ihn in die nächste Gruppe zu bringen. Natürlich bedeutet dies Steigerung der »Qualen«, die der einzelne zu erleiden hat. Wir kennen die Beschreibungen der üblichen Methoden. Es waren bestimmt Qualen, die ausgestanden werden mußten, wenn nach alten Seemannsbräuchen verfahren wurde. Da gab es zum Beispiel die Sitte des »Kielholens«. Mit einem Strick wurden die Seeleute unter dem Schiff durchgezogen. Da nun ein Fahrzeug unter Wasser nicht glatt, sondern mit Muscheln und anderen rauhen Dingen bewachsen ist, kann man sich leicht den Erfolg vorstellen. Oft ertranken auch Täuflinge, wenn sie sich am Kiel festhakten. — Aber wir leben nicht mehr in barbarischen vergangenen Zeiten, sondern in der »humanen« Gegenwart!

Eine Reportage: Im Schloß sind Neptun, seine Tochter Thetis, der Hofpolizist, der Leibarzt und anderes Gefolge versammelt.

Hofpolizist: »Melde Seiner Majestät gehorsamst: Habe bei meinem allmorgendlichen Streifzug ein Schiff gesichtet. Es steuert langsam unserer heiligen Linie zu. Verdächtig ist, daß es sich nicht, wie Pflicht wäre, angemeldet hat. Es ist mit einer Tarnfarbe angestrichen. Ich habe das Fahrzeug so erst im letzten Augenblick gesehen; gerade konnte ich noch rechtzeitig zur Seite springen, sonst wäre ich überfahren worden. Und dann, was mir noch niemals vorgekommen ist: Ich wollte den Namen feststellen und aufschreiben; ich näherte mich vorsichtig, denn die Gestalten auf dem Schiff machten durchaus einen zur Vorsicht mahnenden Eindruck; sie trugen Bärte, wie zur Zeit der Raubritter. Ich suchte meinen Notizblock; als ich wieder aufschaute, war das Schiff verschwunden. Ich fand es nicht mehr. Morgen werde ich alles aufbieten, um es ausfindig zu machen.«

Neptun: »Das ist wirklich unerhört. Schwere Strafen müssen verhängt werden. So etwas habe ich auch noch nicht vernommen.«

Thetis: »Das ist ja ganz furchtbar. Wenn das so ist, werde ich morgen nicht mit meinem Wasserpferdchen ausreiten. Ich hatte mich schon so sehr darauf gefreut!«

Die Unterhaltungen setzten sich längere Zeit fort. Zwischendurch spielte das Hoforchester (es sind unsere Schallplatten). Ständig ergeben sich neue Einfälle. Wir haben viel Spaß. Zunächst einmal wird für alle Taufkandidaten die erste Erschwernis verhängt. Gründe für zusätzliche Einzelbestrafungen werden auf folgende Art gefunden:

Hofpolizist: »Seine Majestät werden entsetzt sein! Da sehe ich heute noch im Morgengrauen auf diesem unheimlichen, fahrbaren Untersatz eine Gestalt auf der Brücke — zu allem Überfluß trägt sie einen roten Schal — mit einem seltsamen Instrument. Sextant soll es heißen. Und mit diesem Apparat holte er die Sterne vom Himmel, maß die Höhe und benahm sich überhaupt unglaublich ungebührlich in der heiligen Region. Ohne Respekt dieser Knabe. Heißt Obersteuermann, schlage vor, ihm Tauferschwernis zweiten Grades zu geben.«

Neptun: »Dies hat er wohl verdient.«

Thetis: »Vater, wenn das so ist, dann kann ich nachts nichts mehr sehen und habe Angst. Die Welt wird doch jeden Tag schlechter. Der böse Mensch, der die Sterne vom Himmel holt, muß strenger bestraft werden, sonst treibt er gar sein unheilvolles Wesen noch weiter.«

Neptun: »Da hast du recht, meine Tochter. Tauferschwernis drei!«

Die Besatzung hört gespannt zu. Das Opfer wird von den Kameraden gebührend aufgezogen. Aber auch sie schweben in Gefahr, ebenfalls an die Reihe zu kommen, denn Neptun entgeht nichts.

Hofpolizist: »Auf diesem Teufelsschiff fällt mir seit einigen Tagen eine Person ganz besonders ins Auge. Sie trägt einen langen Bart, der ausgerechnet auch noch rot ist; unglaublich, diese Frechheit! Wenn ich einen roten Bart hätte, würde ich bei Seiner Majestät einen neuen Kopf beantragen. Aber mit dieser ausgefallenen Farbe hat es bestimmt seine Bewandtnis. Der Bart wird mit Blut gefärbt sein!«

Neptun: »Meint Er?« —

Hofpolizist: »Ohne Frage, Majestät!«

Neptun: »So berichte Er!«

Hofpolizist: »Anscheinend ist diese Person sogar bei den Kameraden gefürchtet. Ich habe gesehen, daß täglich Matrosen zu ihm gehen. Sie stehen offensichtlich in seinem Teufelsbann, sind blaß und sehen krank aus. Er läßt sie den Mund aufmachen, schaut mit gierigen Augen hinein, prüft mit gefährlichen Instrumenten das Fleisch, vielleicht will er sie braten und verspeisen; legt ihnen trotz der tropischen Hitze warme Marterverbände um den Hals und läßt sie weiße Pillen schlucken. Anderen gibt er eine gelbe Flüssigkeit, die anscheinend abscheulich schmecken muß, denn seine Opfer verziehen beim Einnehmen das Gesicht, als ob sie vergiftet würden.«

Thetis (schreit geängstigt): »Vater, gebiete Einhalt, ich kann nicht mehr!«

Neptun: »Gewiß, geliebte Tochter, sei dessen sicher! — Tauferschwernis drei für diesen Bösewicht!«

Am nächsten Abend, wir stehen kurz vor dem Passieren der Linie, nimmt die Reportage ihren Abschluß.

Neptun: »Wo bleibt der Hofpolizist? — Ist er gar unter die Räuber geraten? Man suche ihn augenblicklich!«

Leibarzt: »Bei Einbruch der Dunkelheit sah ich ihn eiligst davonlaufen. Es war unmöglich zu folgen. Später habe ich seine Hose auf der Wäscheleine gesehen.«

Thetis (die Musik unterbrechend): »Da kommt er. Oh, wie schlecht er aussieht!«

Neptun: »Wo hat Er seine Hofuniform, was ist das für eine seltsame Hose?«

Hofpolizist: »Verzeihung Majestät, ich habe von der gelben Flüssigkeit auf dem Teufelsboot probiert . . .«

Neptun: »Von diesem seltsamen Individuum, das sich mit dem Titel Bootsarzt tarnt?«

Leibarzt: »Wie, es gibt noch einen zweiten Arzt in diesen Regionen? Ihm müssen wir sein Handwerk legen! Ich schlage Tauferschwernis vier für diesen Unhold vor!«

Neptun: »Ich würde ihn am liebsten die Linie nicht passieren lassen. Vorerst Tauferschwernis vier, aber gründlich!«

Unser Bordarzt erhielt somit die Höchststrafe. Sie wird nur im Ausnahmefall verhängt und ist nach altem Glauben tödlich. Wir nehmen es nicht ernst.

Das große Ereignis geht vonstatten. Neptun hat sich mit seinem Gefolge eingeschifft. Der Hofpolizist trägt ein breites Schwert; Thetis strahlt in blühender Schönheit. Es ist ein Matrose, der sich gründlich rasiert hat, geschminkt ist und eine lange, wallende Haarperücke (aus einem Strick hergestellt) trägt.

Der Leibarzt untersucht als erstes die Täuflinge auf Tauglichkeit. Sein Kopf ragt aus einem weißen Bettlaken, eine riesige Holzbrille ziert die Nase. Die Opfer haben, je nach dem Grad ihrer Bestrafung, eine oder mehrere Pillen zu schlucken. Sie gehen gerade in den Mund und schmecken abscheulich. Dann wird mit einer großen Motorenspritze eine besondere Flüssigkeit in den Mund gepumpt, die aus Essig, Treiböl, Pfeffer und Parfüm besteht. Der Erfolg läßt in den meisten Fällen nicht lange auf sich warten. Neptun kann reiche Opferspenden entgegennehmen.

Dann passieren die Kandidaten den Hofpolizisten, der die endgültige Tauferschwernis bekanntgibt. Fast alle zeigen dieser hohen Autorität gegenüber nicht den nötigen Respekt oder grüßen Thetis nicht ehrfurchtsvoll genug; auch hat man ihr die Füße zu küssen. Sie geht barfuß, nur mit Sandalen bekleidet. Die »dumm aufgefallenen« Opfer zwingt der Polizist, sich zu bücken und schlägt ihnen mit seinem breiten Schwert »sanft« auf die dafür bestimmte Stelle des Körpers. Der Hofpolizist ist ein Hüne von Gestalt. Heute sieht er furchterregend aus.

Dann tut der Hofbarbier seine Pflicht. Seifenschaum schmiert er mit großem Pinsel in Nase, Mund und Ohren, fährt dann mit übergroßer Holzschere in Bart und Haaren herum. — Rückwärts, tief gebückt, geht es in die Zentrale. Durch den sogenannten Marterkasten muß ein jeder. Wir hatten ihn aus alten Kisten zusammengestellt. Hinein ragen einige Wasser- und Preßluftschläuche. Um durch die vielen Windungen zum Ausgang zu gelangen, braucht man eine Minute. Wasserstaub dringt in die Lungen, die Opfer husten und spucken. —

Im Maschinenraum geht es einige Male durch die Bilgen, so daß man anschließend wie ein Mohr aussieht. Auch stößt man sich an vielen Kanten und Schrauben, da Eile geboten ist, um die festgesetzte Zeit einzuhalten. Wird sie überschritten, so wiederholt sich das Vergnügen. Und zum Abschluß geht es kopfüber in ein Heringsfaß. Vier kräftige Arme packen den Täufling, und ehe er zur Besinnung kommt, ist es geschehen. Wenn er dann mit der Luft am Ende ist, mit den Beinen zu strampeln anfängt und man Mitleid empfindet, wird er wieder herausgezogen. — Es ist überstanden. Unter die Brause und dann einen Schnaps, der zur Ehre des Tages uns wieder einmal erlaben darf. Zum Schluß wird die feierliche Urkunde über den vollzogenen Akt überreicht.

So haben wir den Äquator »unterquert«. Das große Ereignis liegt hinter uns. Der Dienst geht in der gewohnten Weise weiter.

Nach einiger Zeit wird unser Bordarzt krank. Er klagt über Schmerzen im Unterleib. »Ich habe es gewußt, ich kehre nicht zurück«, sind seine Worte. »Jetzt sterbe ich!« — Sechzehn Stunden später erfüllt sich seine Ahnung. —

Blutrot geht die Sonne auf. Die Geschütze sind durchgeladen. Eine kurze Ansprache des Kommandanten. Drei Ehrensalven und unser Kamerad, der Bordarzt, wird dem Meere übergeben, in eine Hängematte eingenäht und mit der Kriegsflagge zugedeckt. Armer Kerl — er hat es von Anfang an innerlich gespürt. Wir haben ihm mit unserem Spott bitter unrecht getan. An Ahnungen und Aberglauben soll man nicht rühren. In der Laune des Übermuts war ihm Tauferschwernis vier auferlegt worden — das Wort der alten Seefahrer hatte sich erfüllt. Und obendrein hatten wir genau um Mitternacht vor dem Ableben unseres Kameraden auf der Brücke den Schrei eines Vogels vernommen. Den Segelschiffsfahrern der Vergangenheit galt dies als Zeichen, daß der Tod Einkehr halten würde.

Wir lachten fortan nicht mehr über so etwas. »Es gibt mehr Dinge zwischen Himmel und Erde, als unsere Schulweisheit sich träumen läßt.«

Der ursprüngliche Plan besagte, daß wir vor Freetown mit acht Booten operieren sollten. Zwei waren auf dem gemeinsamen Marsch schon kurz nach dem Auslaufen verlorengegangen. Von den restlichen waren drei vermißt; also wahrscheinlich auch gesunken. Ein weiteres war durch Bombentreffer schwer beschädigt. Es bemühte sich, den nächsten Hafen zu erreichen. Das siebente mußte Rückmarsch wegen Brennstoffmangels antreten. Von den acht vorgesehenen Booten waren wir also das letzte noch kampffähige! — Es ließ sich nicht daran rütteln. Der bisherigen U-Boots-Taktik war mit dem Radar ein Ende bereitet worden. Juni 1943.

Verschiedentlich versuchten wir anzugreifen. Vergebens. Es handelte sich um schnelle Schiffe. Ihnen war nicht beizukommen. Sie erfaßten uns in ihrem Gerät, zeigten das Heck und liefen davon. Kurze Zeit später erschienen dann Flugzeuge und suchten uns. Der Schiffsverkehr wurde umgeleitet, und wir mußten das Gebiet wechseln. Wir waren nicht mehr Katze sondern Maus! — Wenn wir auch für die Kriegsführung durch Binden feindlicher Kräfte unsere Pflicht erfüllten, so waren wir doch ohne Erfolge unbefriedigt. Es war kein Krieg mehr. Nur noch Kampf um das nackte Leben.

Auf dem Rückmarsch hielten wir uns in der Nähe der spanischen Küste, außerhalb der Dreimeilenzone. Viele Fischerfahrzeuge gab es dort; von ihnen konnten wir im gegnerischen Radar schwer unterschieden werden. Oft sahen wir, wie feind-

Aufgewühlte See

TAGS GETAUCHT
NACHTS AUFGETAUCHT

INSEL BRANCA
KAPVERD. INSELN

ÄQUATORTAU

AUFGETAUCHT

BUENOS
AIRES

17. AUGUST 1945
MAR DEL PLATA

Von Norwegen nach Argentinien:
die Route der U 977

Handelsschiff, durch Magnettorpedo in zwei Teile zerrissen

liche Flugzeuge Fischdampfer beleuchteten. Unsere Brückenwache bewährte sich immer wieder. Niemals vor Erreichen von 50 Meter Tauchtiefe detonierten die Bomben. Wir fuhren nur bei Dunkelheit aufgetaucht. Die Waffen waren besetzt und klar zum Schießen. Mit den Nerven sah es böse bei uns aus. Jedes Geräusch ließ uns zusammenfahren. Möwen, die im Fernglas auf geringe Entfernung riesengroß erschienen, wurden oft für Flugzeuge gehalten. Auf einen plötzlich auftauchenden Scheinwerfer warteten wir, und dann fünf Sekunden bis zum Bombenwurf.

»Dünnmann« nannten wir unseren zweiten Bootsmaat. Ein Prachtkerl, wenn auch furchtbar lang und dünn. Er saß am Vierling. Seit Kriegsbeginn fuhr er auf U-Booten. Er hatte Rheumatismus und war übernervös, blieb aber ein vortrefflicher Schütze. Der richtige Mann, um vier ausschlaggebende Rohre zu bedienen.

Plötzlich helles Licht an Steuerbord. Im Nu hat unser Bootsmaat sein Geschütz geschwenkt. Vier nicht abreißende rote Strahlen blitzen durch die Nacht. Er schießt vortefflich. — Der Kommandant reißt ihn vom Geschütz. »Sind Sie denn wahnsinnig, Sie beschießen einen Leuchtturm!«

Zum Glück ist er weit genug entfernt und unsere Granaten zerlegen sich vorher, sonst hätte die feindliche Propaganda Stoff für längere Zeit gehabt: »Deutsche Untat. Beschießung von Neutralen.« — Dünnmann trägt keine Schuld. Wir alle hatten einen Schreck bekommen, als das Licht hinter einem Felsen zum Vorschein gekommen war.

Saint Nazaire. — Es gibt kein Flugzeuggeleit mehr. Die deutsche Luftwaffe wird an anderen Fronten gebraucht. Nur zwei Geleitfahrzeuge machen Sicherungsdienst.

Fliegeralarm im Stützpunkt. Die Stadt brennt. Schwärme viermotoriger, amerikanischer Bomber ziehen über uns hinweg. Sie glitzern in der Sonne. Es ist Mittag. Hoffentlich lassen sie nichts über uns fallen! Sie sind zwar hoch, vielleicht 7000 Meter, aber man kann nie wissen. Die dicke Einlaufzigarre, die jedesmal der Kommandant spendiert, hat diesmal einen kleinen Beigeschmack. Wir sehen deutsche Jäger kreisen. Blitze, Fallschirme öffnen sich. Hier schwimmt ein Handschuh im Wasser, dort ein Stiefel. Flugzeuge überschlagen sich. Brennend stürzen sie zur Erde. Viele explodieren beim Aufschlag.

Zweiter Wachoffizier zu mir: »Wie im Kino. So macht der

Krieg direkt Spaß. Habe mir schon immer mal gewünscht, so einen richtigen Luftkampf zu sehen.«

Ein Mann schwimmt im Wasser. Er hat Mühe, vom Fallschirm freizukommen. Wir nehmen ihn auf. »Der spricht ja deutsch, der Kerl«, meint Moses. — Einer unserer Jagdflieger. Er feiert heute seinen vierundzwanzigsten Geburtstag und vierundzwanzigsten Abschuß. Er besitzt das Ritterkreuz, ist schon viermal abgeschossen worden und erhält nun Heimaturlaub. Wahrhaftig ein Festtag. Wir feiern die Nacht zusammen.

Zwei Tage später fahre ich mit ihm nach Paris. Dort erhält er ein altes Jagdflugzeug zur Überführung nach Berlin für Schulzwecke. Ich darf mitfliegen. Ein großes Erlebnis für mich. Allerdings ist es unbequem, denn ich hocke wie ein Kaninchen hinter dem Führersitz, aber es dauert dafür auch nur zwei Stunden.

Trotz der vielen Trümmer in der Reichshauptstadt ist die Stimmung keineswegs schlecht. Der Großteil der Bevölkerung ist vom Endsieg überzeugt. Die Zeitungen sprechen von neuen Waffen. Das Thema wird viel diskutiert.

In Erwartung neuer Waffen

Als ich in die Flottille zurückkam, gratulierten mir die Kameraden; ich wußte nicht warum. — »Deine Abkommandierung zum Kommandantenlehrgang liegt vor.« — Auch der Kommandant und der Ingenieur stiegen aus; sie sollten Ausbildungsaufgaben in der Heimat erfüllen. — Es kam, wie es kommen mußte: Unser bewährtes Boot lief aus und kehrte nicht zurück. Es widerfuhr mir zum dritten Male.

Unser Flottillenchef gab ein Abschiedsfest. Wir waren das älteste Boot im Stützpunkt. Wie sehr hatten sich die Reihen unserer Waffe gelichtet! Unzählige Fotografien von Gefallenen bedeckten die Wände der Messe, wie wir das Kasino nannten. Es wurde nicht verheimlicht. Wir waren stolz auf unsere Kameraden. Sie haben sich nicht gedrückt und sind nicht krank geworden. Sie taten stillschweigend ihre Pflicht, schrieben das Testament und fuhren gegen den Feind. —

In Neustadt in Holstein unterzog ich mich der Ausbildung am

F-Gerät (Fahrgerät). Es hatte die Aufgabe, die kostspieligen wirklichen Übungen mit Dampfern, Sicherungsfahrzeugen und was sonst noch dazugehört, zu ersetzen. Die Ausbildung konnte somit schneller vor sich gehen.

Der Kommandantenschüler stieg in den naturgetreu nachgebildeten Turm eines Unterseebootes. Kreiselkompaß, Ruderstand, Rechenanlage usw. befanden sich am richtigen Platz. Durch das Sehrohr blickend, sah er das Meer mit seinen Wellen. Sogar Sonnenaufgang konnte markiert werden. Bei den ersten Übungen erschien ein Dampfer, später gab es Geleitzüge mit Rauchfahnen und verschieden großer Bugsee, der Geschwindigkeit entsprechend. Der Kommandantenschüler am Sehrohr gab seine Befehle: »Beide Maschinen große Fahrt voraus! Hart Backbord!« Der auf ein fahrbares Gerüst montierte Turm drehte sich, verringerte oder vergrößerte die Entfernung zum Ziel; in einem Wort, alles ging naturgetreu vonstatten. Sogar die Geräusche waren vernehmbar. Man schätzte die Entfernung, ließ die entsprechenden Werte in die Rechenanlage drehen, fuhr seinen Angriff und schoß. Beim Herunterdrücken des Abfeuerhebels stoppte die Anlage, und gemachte Fehler traten klar zutage. Eine wirklich hervorragende Schulung. Das F-Gerät war wohl eine damals in der Welt einzig dastehende Anlage.

Dann ging es nach Danzig zum praktischen Lehrgang. Hier hieß es zeigen, was man gelernt hatte: Tag- und Nachtangriffe. Geschlafen wurde wenig. Unzählige Übungstorpedos verließen die Rohre.

Nach bestandenen Abschlußprüfungen durften wir einen Wunschzettel schreiben und unter drei Möglichkeiten eine auswählen: Ablösung eines Kommandanten an der Front, Einsatz in der U-Boots-Ausbildung als Schulbootskommandant oder Übernahme eines Neubaus von einer bevorzugten Werft. Hier spielte natürlich die Lage zum eigenen Wohnort eine große Rolle.

Die Front stellte im Augenblick ein sicheres Selbstmordkommando dar. In der Heimat dagegen konnte man seine Kenntnisse festigen und warten, bis neue Typen herausgebracht wurden. Großadmiral Dönitz sprach viel davon. Es war deutlich zu erkennen, daß erfahrene U-Boots-Kommandanten aus dem Atlantik gezogen wurden, um sie für Neubauten zurückzuhalten.

Ich wünschte mir einen Neubau von der Hamburger Werft Blohm und Voß. Es kam jedoch nicht so, wie ich dachte; die Führung hatte andere Pläne mit mir und kommandierte mich nach Pillau zur 21. U-Boots-Flottille. Sie zählte um die 36 Boote und diente ausschließlich dem Zweck, U-Boots-Nachwuchs auszubilden.

»U-148« vom Typ II d wurde mein Boot. Seine Wasserverdrängung betrug 300 Tonnen. Es war die letzte Konstruktion kleiner Boote dieser Art. Ihres geringen Aktionsradius und der geringen Geschwindigkeit wegen galten sie als nicht mehr brauchbar für den Fronteinsatz. Das Operieren dicht unter der englischen Küste war durch den gegnerischen Einsatz des Radar so gut wie unmöglich geworden. Von Funkmeßlandstellen wäre man sofort eingepeilt und hätte eine mörderische Abwehr auf sich gezogen.

Im allgemeinen hat der Typ II eine ähnliche Konstruktion wie größere Boote. Er ist nur kleiner, und es geht noch enger zu. Die Besatzung, einschließlich des Kommandanten, ißt und wohnt im Bugraum. Der Dienst gestaltet sich anstrengender, da die Besatzung geringer ist, aber die Aufgaben nicht weniger sind. Offiziere und Soldaten haben sechs Stunden Wache und sechs Stunden frei, sofern man überhaupt von Freizeit sprechen kann, denn die Torpedos wollen geregelt und der innere Bootsdienst nebenbei versehen sein. Als Kommandant kann man sich keine Sekunde dem Blickfeld der Besatzung entziehen; die Männer sehen, wie man die Wäsche wechselt, und werden alle menschlichen Schwächen gewahr. Sie wissen, wie lange man schläft, ob man schnarcht, wie oft man sich wäscht; sie kennen einen besser als den eigenen Bruder. Man ist Kamerad und muß dabei doch Vorgesetzter bleiben; es darf keine Widerrede geben, Befehle müssen unverzüglich ausgeführt werden. Hier wird die Führereigenschaft eines Vorgesetzten in besonderer Weise auf die Probe gestellt. Äußere Großschnäuzigkeit versagt bald.

Durch meine Kommandantenstellung war ich der für alle Geschehnisse an Bord verantwortliche Vorgesetzte geworden. Das bedeutete für mich eine erhebliche Umstellung; als Wachoffizier hatte ich einen anderen Pflichtenkreis gehabt. Nun muß ich bestrafen und Entscheidungen fällen. Für etwaige Fehlgriffe gab es keine Entschuldigungen mehr wie bei einem Wachoffizier, für den man oft das Wort findet: »Nun, er wird es noch lernen, er ist noch jung!« — Mit dem Jungsein war es, trotz meiner 23 Jahre, die ich 1943 zählte, vorbei. Es gab zwei Möglichkeiten: Man war der Stellung gewachsen und erhielt einen der viel besprochenen neuen U-Boots-Typen oder man flog raus.

Besonders schwierig war es für mich, dem höheren Befehl nachzukommen und wöchentlich zwei Vorträge zu halten. Wenn man eine Stunde reden sollte, mußte man sich lange vorbereiten und dicke Bücher lesen, wozu recht wenig Zeit zur Verfügung stand. Es gab keinen Ausweg: Die Nacht ist nicht allein zum Schlafen da! Sofern die Vorträge auf die militärische Lage eingingen, war es nicht möglich, ihre Ungunst mit Redensarten und propagandistischem Schwulst abzutun. Aber andererseits durfte keine Demoralisierung aufkommen. Ob der Krieg verloren war oder nicht, ob noch eine politische Lösung im Bereich der Möglichkeiten lag, konnten wir wirklich nicht übersehen. Ein Soldat, mag die feindliche Propaganda sagen, was sie will, kann nicht zum Verräter am eigenen Volke werden. Es gibt nun einmal allgemeingültige Gesetze, denen letzten Endes jeder Soldat, wo er auch stehen mag, gehorchen muß; die der alliierte Soldat genau so zu erfüllen hatte wie wir. Wir konnten die Politik nicht bestimmen. Nachdem die Frage Krieg oder Frieden entschieden war, mußten wir kämpfen. Es hieß: Gehorsam Vorgesetzten gegenüber! Manneszucht aufrechterhalten! Meutereien mit allen Mitteln unterdrücken! Soldaten darf nicht der Mut genommen werden. Sie wären dann keine Soldaten mehr; wie könnte man von ihnen die Erfüllung der militärischen Grundsätze verlangen? — Ich mußte darauf gefaßt sein, einen meiner Zöglinge auf mein neues Frontboot zu bekommen. Was sollte ich mit entmutigter Mannschaft tun, die nicht weiß, wofür sie kämpft? Wer hatte wirklich Einblick in die großen, weltentscheidenden Geschehnisse? Ist der Durchschnittsmensch nicht ein kleines Rädchen im großen Staatsgebilde und in der Weltpolitik? Sind Soldaten, wenn sie auch vergeblich und für nicht allgemeingültige Ideale kämpften, von der Geschichtsschreibung nicht immer anerkannt worden? Denken wir an die Kriege der Vergangenheit, von den Spartanern bis zu Napoleon!

U-Boots-Fahrer wurden in großer Zahl ausgebildet. Außer unser Flottille gab es eine weitere dieser Art in Gotenhafen. Das Ausbildungsprogramm war wirklich in jeder Hinsicht hervorragend. Wir unterschieden eine praktische und eine theoretische Schulung. Die theoretische fand in Unterrichtsräumen an Land, in Spezialklassen statt, denn wir bildeten Matrosen, Unteroffiziere, Oberfeldwebel und Offiziere aller Fachgebiete gleichzeitig im U-Boot-Fahren aus. Die ständige Besatzung auf den Schulbooten war auf ein Mindestmaß beschränkt. — Die eine Woche um die andere einsteigenden Schüler hatten, jeder auf dem später für ihn vorgesehenen Posten, unter Aufsicht des Stammpersonals die Anlagen selbständig zu bedienen. Nur wenn man die Maschine selbst betätigt und die entsprechenden Befehle selbst gegeben hat, erschließt sich das Verständnis für das komplizierte Unterseeboot. Vervollständigen wird man sein Wissen während der halbjährigen Mindestausbildungszeit, die für neue Boote in der Ostsee vorgeschrieben ist, ehe sie eingesetzt werden. Beherrschen wird man es erst, wenn man einige Fahrten an der Front hinter sich gebracht hat — vorausgesetzt, daß man dann noch lebt.

Für uns Ausbilder war natürlich das Fahren mit Neulingen keine reine Freude und die Verantwortung für die uns anvertrauten Menschenleben groß. So gingen während meiner gut einjährigen Tätigkeit ohne Kampfhandlungen allein vier Boote bei Übungsfahrten in der Ostsee verloren, obwohl die Boote im Höchstfalle nur zwei Stunden nach vorheriger Funkmeldung im vorgeschriebenen Tauchquadrat tauchen durften und bei Ausbleiben der Wiederauftauchmeldung umgehend Suchaktionen eingeleitet wurden. Nicht zu sprechen von anderen Havarien, die durch falsche Bedienung auftraten. Ich bin heute noch stolz auf meine Besatzung. Es ist niemals ein noch so geringfügiger Schaden aufgetreten.

Wir waren ein Herz und eine Seele geworden. Jeden Vornamen kannte ich und nicht zuletzt die Familienverhältnisse. Nach meiner Auffassung war dies wesentlich, denn nur so kann ein Vorgesetzter richtig behandeln und jedem gerecht werden. Offizier sein erschöpft sich nicht im Geben mehr oder weniger sturer Befehle und in der Überwachung ihrer genauen Ausführung, sondern bedeutet ein menschliches, persönliches Verhältnis. Die Untergebenen müssen Vertrauen zu ihrem Vorgesetzten haben und dürfen so wenig an seinem menschlichen Wert wie an seinem Können zweifeln. Ist dies der Fall, so hat der Vorgesetzte es selten nötig, jemanden zu bestrafen. Die charakterlich festeren Kameraden erziehen die Schwächeren. Dieses gute Verhältnis darf nicht mit Nachgiebigkeit und Schwäche verwechselt werden. Der Vorgesetzte, der psychologisch richtig vorgeht, weiß, wann er die Zügel wieder straffer zu nehmen hat. So brachte ich es von Zeit zu Zeit, alle Vierteljahr, meiner Besatzung nahe, daß ich auch einen strengeren Ton beherrschte und den Dienstbetrieb dementsprechend zu gestalten wußte. Dann wurde die nächsten Tage furchtbar geschimpft, ich sei doch ein toller Militarist; aber nach dem darauffolgenden geselligen Zusammensein — wir veranstalteten periodisch Bootsfeste — hatte man es überwunden, und auch der jüngste Matrose war von der Notwendigkeit der Auffrischung überzeugt. Es ging ein weiteres Vierteljahr gut. Nur in äußersten Fällen bestrafte ich offiziell, denn ich wußte, wie leicht und oft ohne bösen Willen Bestimmungen übertreten wurden. Meist waren Mädchen und Alkohol daran schuld. Ich versuchte, wo es ging, Vergehen intern, mit Strafwachen und sonstigen mir zustehenden Mitteln, zu ahnden. Die Soldaten waren dann dankbar, daß ihr Führungsbuch nicht belastet und sie dadurch in der Beförderung zurückgestellt wurden. Sie zeigten sich doppelt eifrig.

Unser gegenseitiges Vertrauen war so groß, daß ich mich mit dem Vorschlag meiner Unteroffiziere einverstanden erklärte, eine Schnapsbrennerei auf dem Boot einzurichten. Sie tranken, wie wir alle, gern mehr, als offiziell zustand. In den Wintermonaten kamen wir durchgefroren und von Frost geschüttelt aus der Ostsee, wo nicht selten 20 Grad Celsius unter Null herrschten, und das vierstündige Stehen auf der offenen, mit Eis überzogenen Stahlbrücke wahrhaftig zur Qual wurde. Es lag dann nichts näher, als sich einen heißen Grog zu genehmigen. Ich gab die Erlaubnis, obwohl ich wußte, daß eine Denunzierung bei der vorgesetzten Dienststelle unangenehme Folgen hätte haben können.

Der Zusammenhalt in der Kriegsmarine war einzigartig, besonders unter uns Crewkameraden. Wir hatten eine besondere interne Zeitung, in der alle möglichen Angelegenheiten und Ereignisse, nicht zuletzt Beförderungen und Auszeichnungen, behandelt wurden. Die Crew hatte ihre Gesetze; wer gegen sie verstieß, wurde unweigerlich aus der Gemeinschaft ausgeschlossen. Sie entschied auch über die Beförderung zum Offizier, denn sie konnte ein Veto einlegen. Die Kameraden, die sich selbst aufgrund des engen Zusammenlebens und der vielen Gespräche natürlicherweise genau kennenlernten, besser als es Vorgesetzte vermögen, besaßen das richtige Urteil. Die Crew fühlte sich für alle ihre Mitglieder verantwortlich und war bestrebt, sich ihren guten Ruf zu wahren.

Im Jahre 1944 ging ein Aufruf durch unsere Zeitung, daß an einem bestimmten Tage ein großes Treffen in Ostpreußen geplant sei. So schwer es auch im vierten Kriegsjahr durchzuführen war, es wurde zustande gebracht. Wer irgendwie konnte, kam. Die Crewkameraden nahmen Urlaub, fuhren von ihren Familien weg, nur um sich wieder einmal zu sehen und die Verbindung nicht abreißen zu lassen. Wir waren wie Brüder. Ein flottes Fest wurde aufgezogen. Obwohl es nicht leicht war, konnten Hotelzimmer reserviert werden. Alles war bestens vorbereitet. Sogar die Teilnahme von Mädchen wurde sichergestellt. Was ist letzten Endes ein Fest ohne das weibliche Geschlecht? Wir brachten die richtige Anzahl zusammen: Ballett-, Theater-, höhere Töchterschülerinnen und Mädchen der Bekanntenkreise mit ihren Freundinnen wurden eingeladen. Es klappte vorzüglich. Weit über 200 Personen waren zu bewirten. Den Abschluß bildete ein Opernbesuch und Umzug durch Königsberg. Marineflieger, Vorpostenboot-, Minensuchboot-, Schnellboot-, Torpedoboot-, Zerstörer-, Schlachtschiff- und U-Boot-Fahrer, eingesetzt in fast allen Ländern Europas, fanden sich zusammen. Wie hatten sie sich verändert! Noch vor wenigen Jahren junge Burschen, und jetzt Männer in verantwortungsvollen Stellen. —

Einen besonders netten Spaß erlaubten sich meine Unteroffiziere mit einem Oberfähnrich, der im Begriffe war, seine ersten U-Boots-Schritte zu tun. Wie die meisten der Schüler litt auch er unter Seekrankheit. Schlechte, stickige Luft verursacht leicht das »Opfern«. Die Mehrzahl gewöhnt sich daran. Nur wenige stellen sich als vollkommen U-Boot-untauglich heraus. Unser Oberfähnrich ließ sich jeden Tag vom Funkmaat, der zugleich Sanitätsaufgaben erfüllte, heimlich ein Mittel gegen dieses unschöne Leiden geben. Nun kann man schon schwerlich etwas Geheimes in der kleinen Röhre tun und zweitens gar nicht, wenn man eine komische Figur abgibt. Dem »Patienten« wurden kleine, weiße Zäpfchen verabreicht, die in eine gewisse Stelle des Körpers eingeführt werden und als Beruhigungsmittel wirken sollten.

Der Oberfähnrich glaubte aber, man wolle ihn zum Narren halten. Er aß die Zäpfchen. Seltsamerweise erfüllten sie auch so ihren Zweck. Natürlich wußte davon die ganze Besatzung und schaute ihm beim Verspeisen dieser Dinger in diebischer Freude zu. Selbst als ich ihn einmal freundschaftlich darauf hinwies, daß er das bewußte Zäpfchen in die falsche Öffnung des Körpers steckte, meinte er sich auch von mir verulkt. Ich ließ ihn bei seinem Glauben. Die Hauptsache war, die Arznei erfüllte ihren Zweck. Das tat sie ohne Zweifel. Sogar als eines Tages der Flottillenchef zu Gast war, ließ er sich nicht von seiner eigenartigen

Methode, sie einzunehmen, abbringen. Ich hatte natürlich den Flottillenchef auf das bevorstehende Schauspiel hingewiesen und ihm prophezeit, daß sogar er als Kapitän nicht diesem Offiziersanwärter seine falsche Meinung austreiben könne. Es geschah wie immer: Er aß das Zeug. »Sie machen das falsch. Sie müssen es anders zu sich nehmen«, sagte der Flottillenchef, natürlich auch leicht schmunzelnd, denn es war zu spaßig. — »Ich weiß schon, Herr Kapitän. Mein Kommandant hat Sie beredet«, war die Antwort. Wir lachten.

Am darauffolgenden Tage sollte er endlich eines Besseren belehrt werden. Wir warten alle darauf. Der Funkmaat hat einem Stück Kreide die gleiche Form gegeben. Der Unterschied vom Originalzäpfchen ist mit bloßem Auge kaum feststellbar.

Oberfähnrich: »Haben Sie noch so ein Ding?«

Funkmaat: »Ja, aber diesmal ist es das letzte, wir müssen neue beantragen.«

Der Oberfähnrich geht auf den Turm und schiebt es verstohlen in den Mund. — Die wachfreie Besatzung steckt ihre Köpfe hinter jedem Vorsprung hervor, um das »große Ereignis« zu erleben. Diesmal scheint das Zäpfchen ganz besonders schlecht zu schmecken. Er kaut und kaut; anscheinend ist es nicht hinunterzukriegen. Weißer Schaum steht ihm schon vor dem Mund. Er will sich nicht blamieren. Einige beginnen zu lachen. Aber als ich ihn nun etwas frage und auf die Antwort hin bemerke, er habe ja plötzlich so eine zarte Stimme, auf das Märchen von Rotkäppchen und dem Wolf anspielend, gibt es kein Halten mehr: schallendes Gelächter .Jetzt merkt auch er die Niedertracht, aber zu spät, der größte Teil war bereits im Magen.

Erstaunlich nur, daß er an diesem Tage nicht seekrank wurde. Auch am nächsten Tage nicht, obwohl er natürlich kein Mittel mehr verlangte. Die Kreide hatte ihn geheilt!

Eine kleine Abwechslung in der eintönigen Ausbildung. Täglich das gleiche erzählen, täglich auf die gleichen Fehler aufmerksam machen, immer auf der Hut sein, daß nicht unbedacht ein falsches Rad gedreht wird. — Die Front braucht U-Boot-Nachwuchs.

Mein Flottillenchef war ein schon bei Kriegsanfang für die Versenkung eines Flugzeugträgers mit dem Ritterkreuz ausgezeichneter Kapitän. Er besaß wegen seiner sachlichen, allem Schwulst und Schwätzerhaften abholden Art in hohem Maße unser Vertrauen. Er verhehlte uns Kommandanten gegenüber nicht den Ernst der Lage: Nur der Einsatz neuer, entscheidender Waffen könne den Verlust des Krieges abwenden.

Über neue Waffen wurde überall viel gesprochen. Es kann als erwiesen gelten, daß auf fast allen Gebieten an neuen Konstruktionen gearbeitet wurde. Man hätte es seit Anbeginn des Krieges mit viel größerem Nachdruck tun müssen. Infolge des raschen Westfeldzuges war die Situation zu optimistisch eingeschätzt worden. Denken wir daran, daß nach der Niederlage Frankreichs die deutschen Kriegsindustrien zum Teil auf Friedensproduktion umgestellt worden sind! Als der Krieg in ein kritisches Stadium getreten war, bestand das Problem darin, neue entscheidende, für die Frontverwendung einsatzfähige Kampfmittel rechtzeitig in ausreichender Menge herauszubringen. Ein Wettlauf mit der Zeit begann. Der Produktionsapparat litt zusehends unter den alliierten Bombenangriffen. Unheilvolle Verzögerungen und ernste Ausfälle nahmen ständig zu.

Trotzdem blieb im Vertrauen auf eine günstige Wendung die Stimmung in Volk und Truppe erstaunlich gut. Die Gründe sind zunächst in den an und für sich schon ausgezeichneten soldatischen Eigenschaften des deutschen Volkes zu suchen. Die Art, wie das Thema der neuen Waffen von der Propaganda behandelt wurde, kam stimmungsmachend hinzu.

In Broschüren und Nachrichtenblättern, die nur einem kleinen Kreis zugänglich waren, wurde das uns alle bewegende Thema: Wie ist der Krieg zu gewinnen, welche Möglichkeiten stehen uns zur Verfügung? auf ganz besondere Art ausgeführt. Gute Aufsätze erörterten die Prinzipien neuartiger Waffentechnik. Fotokopierte ausländische Zeitungs- und Zeitschriftenartikel legten die Schlußfolgerung nahe, daß manche Dinge schon erprobt wurden. So war die Rede von großen, schnell fliegenden Geschossen, die beobachtet worden waren, von neuen Flugzeugen, deren Formgebung und Antrieb von dem Gewohnten in auffälliger Weise abwichen. Die Wiedergabe warnender gegnerischer Äußerungen, daß man auf Überraschungen deutscherseits gefaßt sein müßte, tat ihr übriges. Da nun diese Nachrichtenblätter geheim waren, lag natürlich ein besonderer Reiz in ihrer Lektüre. Psychologisch übt es immer eine eigenartige Wirkung aus, wenn sich jemand in einer privilegierten Lage als Mitwisser von Geheimnissen fühlen kann. Es hebt das Selbstbewußtsein. Er wird nicht unterlassen, auch anderen einige Andeutungen zu machen. So sickerten von den höchsten Stellen

Gerüchte über entscheidende Kampfmittel in die breite Masse. Wenn dann einmal das Gespräch auf die hoffnungslose Lage kam, ergriff sofort jemand das Wort und wies darauf hin, daß solche Gespräche nur aufgrund völliger Unkenntnis geführt werden könnten, denn man habe wohl noch nicht gehört . . . — Der Wunsch ist oft Vater des Gedankens. Viele bedrückte Gemüter wurden wieder hoffnungsvoll. Wir werden den Krieg mit neuen Waffen gewinnen! Wehe dem, der noch pessimistische Äußerungen macht, er ist dumm und weiß nichts von den großen Fortschritten in der Kriegstechnik.

Großadmiral Dönitz kam in regelmäßigen Abständen von drei Monaten zu uns, um das Ausbildungsprogramm zu inspizieren. Er hielt aufmunternde Reden und endete fast immer mit den Worten: »Wir werden den Krieg bis zum Endsieg fortsetzen!« Nach der offiziellen Musterung blieb er dann häufig bis zum nächsten Tage in unserer Flottille und pflegte den Abend im Kreise der Schulbootskommandanten zu verbringen. Oft saß ich neben ihm. Immer machte er auf mich den gleichen energischen, zuversichtlichen Eindruck und schien vom Endsieg überzeugt. Er sprach kurz und abgehackt. Kritischen Äußerungen begegnete er, indem er auf hochmoderne B-Boots-Typen verwies, die zu fabelhaften Leistungen imstande seien. Schon im April 1944 sollten jeden Tag zwei der neuen Boote vom Stapel laufen; das wären also monatlich 60 und jährlich 720. Er betonte, wenn er die Seekriegslage nicht beurteilen könne, so könne es keiner. Auch sei er stets mit Hitler zusammen, und die Stimmung im Hauptquartier verrate höchste Zuversicht, und zwar berechtigterweise. Die Luftwaffe verfüge über neue Flugzeugtypen, und der glückliche Umschwung käme in absehbarer Zeit; nur müsse im Augenblick noch durchgehalten werden. Auch versprach er uns Schulbootskommandanten die ersten neuen Boote, denn wir hätten große Praxis durch die täglichen Übungen mit unseren Schülern; zudem seien wir die wenigen überlebenden Frontfahrer. Er hätte uns absichtlich ablösen lassen und für die neuen Typen vorgesehen. — Natürlich freuten wir uns darüber. — Wenn er uns besucht hatte, verspürten wir neuen Auftrieb, und trotz der trüben Gegenwart sahen wir hoffnungsvoll in die Zukunft. Er war unser Chef, hatten den U-Boots-Krieg bis Ende 1942 äußerst erfolgreich geführt und außerdem, wie schon erwähnt, nicht wie andere führende Persönlichkeiten eigene Angehörige von gefährlichen Brennpunkten des Krieges abgezogen.

Auf das Thema umwälzender Neuerungen sei im folgenden nur so weit eingegangen, als es die U-Boots-Waffe betrifft.

Das normale Unterseeboot hat vier Maschinen: zwei Diesel- und zwei Elektromotoren. Aufgetaucht wird mit den Dieselmotoren gefahren und unter Wasser mit den Elektromaschinen. Es liegt auf der Hand, daß diese Verhältnisse nicht ideal sind, da jeweils nur die Hälfte der vorhandenen Energien eingesetzt werden kann, während die andere gleichsam toter Ballast ist. Hinzu kommen die gewaltigen Akkumulatoren, deren meterhohe Zellen fast die Hälfte des unteren Bootsraumes einnehmen. Die Bleiplatten sind im Gewicht schwerer als die gesamte übrige Maschinenanlage. Wenn es gelänge, einen Einheitsmotor für Über- und Unterwasserfahrt ohne Batterien zu entwickeln, könnte die Leistung ganz bedeutend gesteigert werden. Vor allen Dingen würde größere Geschwindigkeit unter der Wasseroberfläche ermöglicht. — Wir haben gesehen, daß Unterseebootskrieg nicht gleichbedeutend mit langandauerndem Unterwassermarsch sein konnte, denn die entscheidenden Operationen fanden an der Oberfläche statt. Der Grund hierfür lag in der geringen Unterwassergeschwindigkeit, die äußerstenfalls nicht einmal neun Seemeilen betrug. Wenn man sie fuhr, erschöpfte sich der Strom in 1 bis 2 Stunden. Aufgetaucht hingegen konnten wir wochenlang 18 Seemeilen, also über 30 Stundenkilometer, laufen. Das Boot war wendig.

Der Konstrukteur Walther hatte die ideale Lösung des Einheitsmotors gefunden: Er bestand aus einer mit besonderem Brennstoff angetriebenen Turbine. Bei verhältnismäßig geringem Gewicht und Volumen war die Leistung weitaus größer als bei allen bisher bekannten Schiffsantriebsmitteln. Das Wesentlichste und die Größe der Erfindung lag aber darin, daß dieser Walthermotor nicht mehr auf Luftzufuhr angewiesen war, sondern den zur Verbrennung notwendigen Sauerstoff aus Wasserstoffsuperoxyd erhielt, das in Tanks mitgeführt und gespalten wurde. Der neue Antrieb bedeutete die Erfüllung des Wunschtraumes der U-Boots-Fahrer aller Zeiten. Man konnte von einer entscheidenden Umwälzung sprechen. Einige verglichen die Neuerung mit dem Rückstoßantrieb von Flugzeugen, der die Luftfahrt revolutionierte. — Mit Versuchsbooten dieser Art war man unter Wasser so schnell wie Überwasserkriegsfahrzeuge hoher Geschwindigkeit. Es ist müßig, darüber nachzudenken, was das für den Ausgang des Krieges bedeutet hätte. Denn die gewonnen Schlachten der westlichen Alliierten sind nicht zuletzt auf den gewaltigen überseeischen Nachschub zurückzuführen, der auch für den erfolgreichen Widerstand und späteren Vormarsch Rußlands eine vielleicht nicht genug gewürdigte Rolle spielte. Großadmiral Dönitz erwähnte uns gegenüber nicht nur dieses geheimnisvolle Kampfmittel, sondern teilte uns vertrauensvoll Einzelheiten mit, die sich bestätigten.

Ich kann nicht beurteilen, warum erst im Jahre 1943 und nicht schon viel früher von der U-Boot-Kriegsführung eine so grundlegende Maßnahme verfügt wurde, wie die Zusammenfassung aller Sachverständigen auf einer Arbeitstagung. Sie sollten die entscheidenden neuen Pläne entwerfen.

Sämtliche zur Verfügung stehenden U-Boots-Experten versammelten sich in einem Kurort im Harzgebirge mit dem Auftrage, für den Walther-Antrieb einen neuen Typ zu konstruieren. In erstaunlich kurzer Zeit war das Projekt ausgearbeitet. Es handelte sich um ein Boot, das ungefähr doppelt so groß war wie der bisher übliche 600-Tonnen-Kampftyp. Es unterschied sich von ihm äußerlich durch die Aufteilung des einheitlichen Druckkörpers in zwei übereinanderliegende mit geringerem Durchmesser. Hierdurch erreichte man weit höhere Stabilität und konnte die Maschinenanlage getrennt vom Raum der Besatzung unterbringen, was bei dem neuartigen Antrieb angesichts der Entstehung ungesunder Gase zweckmäßig erschien. Das Boot war für 300 Meter Tauchtiefe konstruiert; es hätte also bei der deutschen Gründlichkeit und hohen Sicherheitszugabe noch erheblich tiefer gehen können. Unser alter Kampftyp war zum Beispiel für 100 Meter Tauchtiefe berechnet. Ende des Krieges gingen wir damit jedoch auf 300 Meter. Ein Boot schaffte es sogar auf 350 Meter.

Es stellte sich heraus, daß der bisher erprobte Walthermotor nur für ein erheblich kleineres Boot geeignet war; die Vergrößerung bereitete Schwierigkeiten. Ein Versuchsfahrzeug des kleinen Walther-U-Boot-Typs lag auf der Halbinsel in einem verdeckten Schwimmdock. Ein Crewkamerad war darauf Offizier. Daß das neue Prinzip funktionierte, konnte also nicht bestritten werden. Aber leider hatte sich die Auswertung für einen größeren Kampftyp zunächst verzögert.

Es wurde eine Zwischenlösung gefunden, bei der man auf den Einbau des Walthermotors verzichtete, sich jedoch die neue Konstruktion zunutze machte. Im unteren Druckkörper waren die Akkumulatoren untergebracht. Im oberen hatte man die gewohnten Maschineneinrichtungen eingebaut, nur besaßen die Elektromotoren eine erheblich größere Leistungsfähigkeit als bisher. Außerdem erhielt das neue Boot den sogenannten Schnorchel.

Dieses Wort, in der internationalen Öffentlichkeit vielfach als Schnorkel oder Schnörkel falsch geschrieben, ist ein plattdeutscher Ausdruck für Nase. Schon die Holländer hatten im Jahre 1940 auf ihren Unterseebooten ein Luftrohr. Aber sie benutzten es nur zur Durchlüftung ihrer Boote, während deutscherseits der neuentwickelte Schnorchel das Arbeiten der Explosionsmaschinen unter Wasser ermöglichte und somit das wichtigste Problem löste. Mit den Dieselmotoren konnten jetzt auch unter Wasser die Batterien aufgeladen werden. Das U-Boot war auf diese Art befähigt, so lange unter der Wasseroberfläche zu bleiben, bis der Brennstoff erschöpft war — operative Möglichkeiten, die das Radar weitgehend ausgeschaltet hatte, wurden neu erschlossen!

Der Schnorchel ist ein Luftrohr, das hydraulisch aufklappbar oder gleich dem Periskop ausfahrbar ist. Es ist in den Zuluft- und Abgasschacht unterteilt. Geht das Boot versehentlich zu tief oder berührt eine Welle den oberen Teil, so verschließt sich das Rohr automatisch und verhindert das Eindringen von Wasser, entweder durch eine mechanische Schwimmvorrichtung oder durch eine elektrische Kontaktanlage.

Das nach den neuen Gesichtspunkten konstruierte und mit dem Schnorchel ausgerüstete Boot ist unter dem Namen »Typ XXI« bekannt. Trotz Nichteinbau des geplanten Walthermotors könnte man es durchaus als Neuheit bezeichnen. Es war stromlinienförmig und ausschließlich für die Unterwasserfahrt gebaut. Die Schrauben wiesen in ihrer Richtung nach den Seiten und nach unten, so daß sich der Druckpunkt bei Tauchfahrt im günstigsten Punkt des Bootes befand. Man mußte mit ihnen oft entgegengesetzt wie bei normalen Zweischraubenschiffen manövrieren. Die Unterwassergeschwindigkeit betrug 16 Seemeilen und konnte lange Zeit durchgehalten werden. Es hatte im Vorschiff sechs Torpedorohre; außer den Torpedos, mit denen diese geladen waren, befanden sich 12 weitere in Magazinen dahinter. Dadurch ergab sich die bisher nicht vorhandene Möglichkeit, in ungefähr drei Minuten zum ersten Male, und in weiteren acht Minuten zum zweiten Male nachzuladen, so daß sämtliche Torpedos, also 18, innerhalb von 15 Minuten geschossen werden konnten. Eine Neuerung sollte auch das Schießen ohne Gebrauch des Sehrohres auf 50 Meter Tiefe darstellen. Die erforderlichen Werte gab in wenigen Sekunden ein neues Meßgerät, weitaus genauer, als es durch das frühere Schätzen möglich war.

Mit den neuen Torpedos, die seit einiger Zeit auch schon von den alten Booten geschossen wurden, erhielt der neue Typ eine einzigartige Kampfkraft. Bei Kriegsausbruch hatten wir zwei Torpedoarten im Einsatz, einen mit elektrischem Antrieb und einen anderen mit Heißluftdampfgemischantrieb. Der elektrische Torpedo hatte bei einer Geschwindigkeit von 30 Seemeilen den Vorteil, ohne Blasenbahn unbemerkt seinen Weg zu ziehen. Der andere ließ hingegen durch aufsteigende Luft und Abgase weiße Schaumstreifen zurück. Unter Umständen konnte der Gegner sie sehen und ihnen ausweichen. Der Vorteil des Kolbenmaschinen-Torpedos gegenüber dem elektrischen lag in höherer Geschwindigkeit und größerem Aktionsradius. Er lief bei einer Einstellung von 30 Knoten annähernd 20 000 Meter, bei einer Geschwindigkeit von 40 Knoten 10 000 Meter und bei 44 Knoten 6000 Meter weit; der elektrische hingegen im Höchstfalle 6000 Meter. Von den Möglichkeiten der Torpedos, Schwenkungen durchzuführen, war schon die Rede; zunächst waren es 90, bei den geplanten Modellen jedoch 180 Grad. Das U-Boot hatte die Möglichkeit, mit den vorderen Rohren direkt nach hinten zu schießen. Das Hecktorpedorohr erübrigte sich, dem Boot konnte eine günstigere Form gegeben werden, und es gewann an Geschwindigkeit. Bisher war die Möglichkeit, daß der Schuß sein Ziel nicht traf, sehr groß. Denn oft mußte infolge einsetzender Abwehr übereilt geschossen werden. Die Werte für unsere Schußunterlagen beruhten ja auf Schätzung, wobei natürlich leicht Fehler unterlaufen können. Der einmal am feindlichen Dampfer vorbeilaufende Torpedo war verloren und ging am Ende seiner Laufstrecke unter.

Ganz andere Möglichkeiten boten sich hingegen mit unserm neuen Torpedo. Er bedrohte das aufs Ziel genommene Objekt so lange, bis seine Antriebsmittel erschöpft waren. Er konnte berechnete Schleifen laufen.

Dieser komplizierte Vorgang sei an einem Beispiel erklärt: Ein feindliches Schiff wird beschossen. Geschätzte Werte: Abstand 1000 Meter, Geschwindigkeit 12 Seemeilen. Kurs Süd. In Wirklichkeit mag die Entfernung nicht genau 1000 Meter betragen, sondern zwischen 800 und 1200 Meter liegen. Innerhalb dieses Bereichs müßte sich also unser Torpedo hin- und herbewegen, wenn er sein Ziel nach dem ersten erfolglosen Vorbeilaufen noch erreichen soll. Es stehen zwei Schleifen zur Verfügung, eine größere und eine kleinere. In jedem Falle läuft der Torpedo, wenn er nicht gleich trifft, eine Strecke weiter, als die eingestellte Entfernung beträgt, macht eine Wendung, kreuzt den Gegenkurs und vollzieht die zweite Wendung in einem entsprechenden Abstand vor der eingestellten Entfernung. Wenn nicht eine weitere Vorkehrung hinzukäme, nützt dies allein nichts. Denn der Torpedo würde hinter dem Schiff zurückbleiben, da es sich fortbewegt. Man stellt im »Aal« daher noch zusätzlich den Gegnerkurs und eine Vormarschgeschwindigkeit ein. Dadurch wird erzielt, daß er nicht hinter dem Schiff zurückbleibt und daß er senkrecht den Gegnerkurs kreuzt. Die Trefferaussichten sind am höchsten, wenn der Torpedo rechtwinklig zum Ziel läuft.

Man wird die Vormarschgeschwindigkeit anders ansetzen als die geschätzte Gegnergeschwindigkeit. Denn wären sie gleich und der Torpedo liefe beim ersten Male beispielsweise 20 Meter hinter dem Heck vorbei, so würde er bei jedem weiteren Schleifendurchgang auch 20 Meter hinter dem Heck den Schiffskurs passieren. Gibt man aber dem Torpedo eine andere Vormarschgeschwindigkeit, sagen wir 14 Meilen bei einer geschätzten Schiffsgeschwindigkeit von 12 Meilen, so ist der Erfolg verbürgt. Der Torpedo, der beim ersten Male hinten vorbeigeht, kann bei seinen späteren Durchgängen aufholen und wird das Schiff letzten Endes auf einem dieser Durchgänge treffen.

Ist die Schätzung sehr unsicher, so setzt man zwei Torpedos ein. Der erste mit einer um zwei Meilen größeren Vormarschgeschwindigkeit und der zweite mit einer um zwei Meilen geringeren. Es kann theoretisch nicht daneben geschossen werden. Bei sechs Torpedos wohl auch in der Praxis nicht.

Vor angreifenden Kriegsfahrzeugen kann nunmehr eine wirkungsvolle Torpedosperre gelegt werden. Die Aussicht des Gegners, nicht getroffen zu werden, ist gering. Auch »um die Ecke«, in Hafeneinfahrten beispielsweise, kann neuerdings geschossen werden. Der Feind wird nichts gewahr, bis er Opfer der Torpedos geworden ist. Die Torpedos sollen möglichst in einer um zwei Meter größeren Tiefe als das Schiff Tiefgang hat laufen. Sie hinterlassen keine Spur. — Die große Schleife wird hauptsächlich in Geleitzügen angewandt. Schießt ein Unterseeboot in Geleitzügen mit derartigen Torpedos, so muß ein Warnsignal gegeben werden, damit sich andere, in der Nähe befindliche U-Boote durch rechtzeitiges Tauchen der Gefahr, selbst getroffen zu werden, entziehen können.

Der vom Feinde am meisten gefürchtete ist jedoch der akustische Torpedo. Von dem normalen Elektrotorpedo weicht er durch eine zusätzliche auf das Steuer gekoppelte Horchanlage ab, die außerordentlich kompliziert ist und mit Verstärkergeräten wohl sechzig Röhren zählt. Man kann mit diesem Aal schießen, ohne das Ziel überhaupt gesehen zu haben, ohne die Entfernung und sonstigen Werte für die Schußunterlagen zu kennen. Nach Verlassen des Rohres fährt dieser Torpedo selbständig einen Kreis. Das U-Boot geht vorsorglich auf größere Tiefen, um nicht vielleicht selbst sein Opfer zu werden. Hört der Torpedo Schiffsgeräusche, so nimmt er automatisch die Richtung der Schallquelle und läuft auf den hinteren Teil des Dampfers, wo er Maschinen- oder Ruderanlagen, also die wesentlichsten Teile, trifft. Kommt er genau von hinten auf, so kann er vom Schraubenstrom abgelenkt werden und am Ziel vorbeigehen. Er macht erneut seinen Suchkreis und trifft. Die Horchanlage ist so empfindlich, daß der Torpedo sogar gestoppt liegende Fahrzeuge wahrnimmt, auf denen Hilfsmaschinen, wie Lüfter oder Pumpen laufen, was ständig der Fall ist. — Mit ihm wurden im Jahre 1944 in einem Monat an die 80 feindliche Zerstörer und Korvetten versenkt. Es kam so weit, daß U-Boots-Jagdfahrzeuge in der Zeit nach dem Einsatz dieses »Wundertorpedos« keine Unterseeboote mehr angriffen. Sie wären mit tödlicher Sicherheit verloren gewesen. Später gelang es den Alliierten, den akustischen Torpedo in einigen Fällen mit nachgeschleppten Geräuschbojen abzuwehren, jedoch beeinträchtigte diese Gegenwehr ihre eigenen U-Boots-Suchgeräte und erleichterte unser Entkommen. — Man bemerkte dies auch vor dem Schuß und konnte statt des akustischen einen Schleifentorpedo einsetzen.

In der Entwicklung begriffen war ein Torpedo mit Rückstoßantrieb, der mit erheblich höherer Geschwindigkeit größere Treffsicherheit aufweisen mußte, da sich fehlerhaft geschätzte Werte aufgrund der kurzen Zeit bis zum Erreichen des Zieles nicht so stark auswirken konnten.

Um die Möglichkeiten der neuen U-Boot-Typen zu beurteilen,

muß man wissen, daß für U-Boots-Jagd spezialisierte Fahrzeuge bei Kriegsende nur bis zu 13 Seemeilen Eigengeschwindigkeit ihre Unterwassersuchgeräte wirksam gebrauchen konnten. Bei höheren Fahrtstufen riefen Eigengeräusche und Strudelbildungen derart große Störungen hervor, daß ihr Einsatz illusorisch wurde.

Zu Erprobungszwecken fuhr unser Typ XXI in der Ostsee versuchsweise Angriffe auf einen durch zehn Zerstörer, also äußerst stark gesicherten Geleitzug. Er griff von links an und schoß im Abstand von 400 Metern sechs Schleifentorpedos. Bei seiner großen Geschwindigkeit unter Wasser bereitete es dem neuen U-Boot keine Schwierigkeiten, in die richtige und günstigste Schußposition zu kommen. — Treffer. — Die Jagdgruppe suchte das Boot auf der vermeintlichen Schußweite. Inzwischen hatte es aber längst seinen Standort gewechselt und schoß aus entgegegesetzter Richtung. Die Zerstörer teilten sich, zwei Boote vermutend. Sofort ging es unter den restlichen Geleitzug und schaltete somit jegliche Abwehr aus, denn bei Bombenwürfen wären die zu schützenden Schiffe selbst gefährdet gewesen. Das U-Boot schoß aus seiner neuen Position quer zum Kurs des Konvois eingestellte Schleifentorpedos, ging auf große Tiefen und entwich mit seiner 18-Seemeilen-Höchstgeschwindigkeit.

Insgesamt wurden mehr Treffer, als Schiffe vorhanden waren, erzielt. Viele Torpedos hatten mehrmals aufgrund ihres Hin- und Herlaufens getroffen.

Zu gleicher Zeit wie Typ XXI wurde »Typ XXIII« entwickelt, ein 120 Tonnen großes Boot, für den Einsatz in den Gewässern um England bestimmt. Es hatte bei geringerer Anzahl von Torpedos gleiche Eigenschaften wie der geschilderte Typ XXI.

Im Versuch befand sich kurze Zeit später »Typ XXVI«. Er besaß nur 800 Tonnen Wasserverdrängung, vermochte aber eine Unterwassergeschwindigkeit von 25 Seemeilen, also rund 50 Stundenkilometer, zu entwickeln. Er wies 10 Torpedobugrohre auf.

Als sehr gut galt in seiner Konstruktion das Zwei-Mann-Unterseeboot, als »Seehund« bekannt. Ihm wurde durch den Verlust der französischen Kanalbasen die Einsatzmöglichkeit genommen. Mit seiner geringen Größe und dem beschränkten Aktionsradius konnte es keine weiten Strecken zurücklegen. Bei Beginn der Invasion war es noch nicht vollendet. Wir U-Boots-

Fahrer rechneten es zu den Kleinkampfmitteln, wie Sprengboote und Ein-Mann-Torpedos, aus denen der Steuermann vor dem Torpedieren mit einem Rettungsschlauchboot ausstieg. Ihr Personal hatte eine getrennte Ausbildung von der unsrigen.

Die neuen Boote sind bis auf eine geringe Anzahl vom Typ XXIII, also den 120-Tonnen-Booten, nicht mehr zum Einsatz gekommen. Nur wenige operierten dicht unter der englischen Küste vor Hafeneinfahrten und waren praktisch von Jagdgruppen nicht zu erfassen. Der kleine, des Nachts nur wenige Stunden aus dem Wasser ragende Schnorchelkopf wurde vom Radar auch bei geringen Entfernungen in den meisten Fällen nicht erfaßt, da er in den Wellentälern verschwand und außerdem mit einer besonderen gummiartigen Masse versehen wurde, welche die Radarstrahlen stark absorbierte. Eine auf dem Schnorchel angebrachte Fu-M-B-Antenne warnte das Unterseeboot schon auf große Entfernung, wenn sich ein suchendes Flugzeug oder Kriegsschiff näherte. Mit seiner hohen Geschwindigkeit war das neue Boot auch in der Lage, Schiffe aus achterlicher Position aufzuholen und anzugreifen. Falls der erste Torpedo fehlgehen sollte, was bei dem geringen Schußabstand, in den es mit seiner Schnelligkeit leicht kommen konnte, selten vorkam, hatte es ohne Schwierigkeiten die Möglichkeit, das feindliche Schiff erneut zu überholen und wieder zu schießen.

Von all diesen Typen lagen bei Kriegsende 208 Boote auf deutschen Werften. Sie waren nicht fertiggeworden. 120 waren vom Typ XXI, dem 120-Tonnen-Boot. Obwohl Großadmiral Dönitz schon im April 1944 ihren Einsatz angekündigt hatte, waren wenige Tage vor der Kapitulation erst zwei auslaufbereit. Die alliierten Luftangriffe hatten die Industrien, die zur Ausrüstung der vielen Boote vorgesehen waren, schwer beschädigt. Es fehlte an Maschinen, an Akkumulatoren, an Sehrohren, praktisch an fast allen wichtigen Bestandteilen.

Zu Weihnachten 1944 hatte ich ein neues Boot bekommen; nur ungern trennte ich mich von meiner alten Besatzung. Ich wurde Kommandant von »U-977«. Es handelte sich um den normalen, durch eine Schnorchelanlage modernisierten Kampftyp. Die neuen Typen, an die so viele Erwartungen geknüpft wurden, standen eben noch nicht zur Verfügung. Die Belastung der deutschen Kräfte war zu groß geworden, die Kriegsmaschinerie mußte zwangsläufig versagen.

Dem gemeinsamen Ansturm von West und Ost war die tapfer kämpfende Wehrmacht nicht mehr gewachsen. Im Januar 1945 geschah die Katastrophe an der Ostfront. Wir mußten unsere Basis in Pillau räumen und sie nach Wesermünde verlegen. Zusammen mit den Wohnschiffen traten wir den Rückzug an. Es war ein bitteres Gefühl, von dem uns lieb gewordenen Ostpreußen zu scheiden. Sagte nicht schon ein Gedicht, das vor Jahren entstanden war: »Ostpreußen, hart in dein karges Schicksal gespannt, zwischen Sturmes- und Meeresgewalten — du hast's am schwersten«?

Der Krieg war verloren. Darüber konnte kein Zweifel bestehen. Denn die nunmehr noch vorhandene einzige Möglichkeit einer Wende lag in einem Angebot der Westmächte, gemeinsam mit den Deutschen gegen den Kommunismus zu kämpfen. An diesen Gedanken schien sich die Führung wie ein Ertrinkender an den Strohhalm zu klammern. Von einer Bereitschaft der Anglo-Amerikaner zu diesem Vorgehen war aber nichts zu spüren.

Meine innersten Gefühle bäumten sich gegen die unnütze Fortsetzung des Krieges auf und empörten sich über das Bild, das unfähige und feige Zivilbeamte boten, die Kinder und alte Leute an die Front schickten, während sie selbst nicht zu ihren Worten standen. Ich war aber Soldat, ich konnte und wollte nicht zum Meuterer werden. Es war für mich eine Selbstverständlichkeit, daß ich meine Leute nicht im Stich lassen, sondern mit ihnen gemeinsam das Ende durchstehen würde.

Mich ernannte mein Flottillenchef zum Führer der Sicherung eines Geleitzuges, den wir bei der Räumung unserer Base zusammenstellten. Sie bestand aus vier U-Booten, die mit vielen Flakgeschützen bestückt waren. Ohne Zwischenfälle erreichten wir Swinemünde.

Die Ostsee war zum Teil vereist und so fuhren wir einen Eisschutz, einen besonderen Stahlkörper, der auf den Bug gesetzt wird und die Deformierung der Bootsverkleidung, vor allem der Torpedorohrklappen, verhindert. Unser Schutz hatte sich durch starke Eisschollen verbogen und drohte seinen Zweck nicht mehr zu erfüllen. Ich lehnte ab, den Weitermarsch in diesem Zustand fortzusetzen. Das Boot kam in die Werft nach Swinemünde. Der Zufall wollte es aber, daß kein Ersatz aufzutreiben war und die Beschaffung längere Zeit in Anspruch nahm.

Meine Flottille hatte sich schon seit geraumer Zeit in Wesermünde eingerichtet. Die Ausbildung neuer U-Boots-Fahrer ging weiter. Es schien widersinnig, denn viele eingefahrene Besatzungen gingen an die Landfronten. Sie hatten ihre Boote bei Bombenangriffen in den Werften verloren.

»U-977« wurde zum Frontboot erklärt. Ich erhielt den Befehl, schnellstens notwendige Überholungsarbeiten in Hamburg bei Blohm & Voss ausführen zu lassen. März 1945.

Anfang April war es fertig. Das heißt fertig vielleicht für Leute, die nicht damit gegen den Feind zu fahren brauchten. Für mich war es in keiner Hinsicht frontklar. Ich beantragte die mir zustehende Auswechslung der Batterien; sie hatten nur noch 70 Prozent der Kapazität. Erneuerung sämtlicher Hauptkuppelungen; sie waren über ein Jahr in Betrieb und konnten jeden Tag zu schleifen anfangen. Weiterhin Turmpanzer gegen Flieger, Auswechslung meines Funkmeßgerätes und eine Mindestzeit zur Ausbildung der Besatzung, denn unerprobte Soldaten waren eingeschifft worden.

Auf Grund meiner Erfahrungen war nur ein in jeder Hinsicht perfektes Unterseeboot ein Kampfinstrument, und jegliche Improvisierung bedeutete Opferung der Besatzung, ohne den geringsten Nutzen für Volk und Vaterland.

Es hieß jedoch: »Abgelehnt wegen Mangel an Material.« Mir wurde der Befehl erteilt, zur Ausrüstung nach Kiel zu gehen. Es blieb nichts anderes übrig. Ich hoffte, daß mein Kommandierender Admiral Verständnis und Einsehen mit der Lage meines Bootes haben würde. Unmißverständlich mußte ich ihm meine Gedanken zum Ausdruck bringen. Ich war es meiner Besatzung schuldig.

Wenige Stunden nach meinem Eintreffen in Kiel kam ich auf seinem Wohnschiff gerade zu einem politischen Vortrag zurecht. Der Redner entwickelte ohne jegliche Logik die Ansicht, daß der Endsieg sicher sei. Den Admiral schien es sichtlich zu beeindrucken. Abschließend gab er einen zuversichtlichen Kommentar.

Nach Beendigung des Vortrages bat ich, ihn sprechen zu dürfen. Freundlich lud er mich ein, in seine Kammer zu kommen. Ich sprach mich aus.

Admiral: »Mein lieber Schaeffer, Sie wissen, wir werden bis zum Endsieg kämpfen, koste es, was es wolle, wir werden siegen. Sie sind ein alter U-Boots-Fahrer, ich sehe es an Ihren vielen Auszeichnungen; und wer soll hinausfahren, wenn Sie es nicht tun? Sie haben die Erfahrungen.«

Er bestand darauf, daß mein Boot, auch ohne frontklar zu sein, in den Einsatz ging. Ich erwiderte nichts mehr . . .

Für wenige Tage fuhr ich noch einmal nach Berlin, um mich von meiner Mutter zu verabschieden. Der Krieg ging mit Geschwindigkeit dem Ende entgegen. Schon wurde die Verteidigung Hamburgs geplant. Das Schicksal des deutschen Volkes schien dem Nichts preisgegeben zu sein, der Tollheit der Forderung nach bedingungsloser Kapitulation.

Meine Reise nach Berlin dauerte 24 Stunden. In fast regelmäßigen Abständen gab es Fliegeralarm; wir krochen unter den Zug und warteten ab, bis es weitergehen konnte. Unzählige Umleitungen. Neben mir saß ein Waffen-SS-Offizier. Unaufhörlich erzählte er von neuen kriegsentscheidenden Kampfmittteln. Ich opponierte, denn zur Genüge waren mir diese Neuerungen aus meinem eigenen Sektor bekannt. Sie waren zwar geplant, aber die Bombenangriffe — — Ja, meinte er, ich könnte dies nicht beurteilen wie er, denn er arbeite in einer Stelle der SS-Führung und täglich sei er auf den Versuchsfeldern. Ich sollte ihn nur besuchen, dann könnte ich mit eigenen Augen unvorstellbare Dinge sehen.

Am Tage meiner Ankunft ging ich wirklich zu der besagten Stelle. Vor dem Eingang mußte ich warten, dann holte mich der neue Bekannte persönlich herein, stellte mich dem Leiter vor, und es ging los. — Es herrschte eine siegeszuversichtliche Stimmung, wie ich sie selbst nicht einmal nach Beendigung des Frankreichkrieges erlebt hatte. Auf Fotografien konnte ich die sonderbarsten Geräte bewundern. Eines nannten sie Todesstrahler. Ihn sollte ich am darauffolgenden Tage mit eigenen Augen in der Praxis besichtigen. Es kam nicht dazu, ich hatte keine Zeit.

Mir ging es in erster Line darum, mich mit meiner Mutter aus-
zusprechen. Schon war klar ersichtlich, daß die Russen auf die
Reichshauptstadt marschierten und dort die letzte entscheidende
Schlacht schlagen würden. Berlin sollte zu einer Festung werden.
Ich sah, wie Straßenbahnwagen umgekippt wurden und man auf
den Straßen Barrikaden errichtete.

Meine Absicht war, meiner Mutter die bevorstehenden
Kämpfe zu ersparen und sie zum Verlassen unseres Wohnsitzes
zu bewegen. Koste es, was es wolle, was auch immer geschehen
möge, sie bliebe in Berlin und wolle nicht auf fremde Leute angewiesen sein, war die Antwort. Sie werde auch mit den Russen
fertig werden.

Sie ist es wahrhaftig geworden!

Ich kehrte zurück. — Jeden Tag lag Kiel im Bombenhagel.
Der Hafen wurde vernebelt, und ich mußte oft mehrmals täglich
mein Boot in irgendeine geschützte Bucht fahren. Es war wie an
der Front. An der offenen Brücke pfiffen Raketenbomben vorbei. Unsere Maschinen mußten langsam laufen. Man konnte
nichts sehen, der Hafen war voller Schiffe. Es hieß abwarten.
Hoffentlich ging es gut! Flugzeugmotoren summten unaufhörlich.
Deutsche Jäger waren nicht mehr zu erblicken.

Zwei Tage vor dem Auslaufen. Das Boot ist voll ausgerüstet.
Gegen Mittag heulen die Alarmsirenen. Wir legen ab. Hinter
mir ist das Boot eines meiner Crewkameraden. Ganz dicht bleibt
es im Kielwasser. Wir sind im Mittelpunkt der Bombenwürfe.
Amerikanische Jagdflugzeuge rauschen dicht über unsere Köpfe.
Es gibt keine Abwehr mehr. Sie wissen es und sind kühn. Hundert Meter neben mir schlagen zwei Bomben in die »New York«,
den Passagierdampfer, mit dem ich einst nach Nordamerika ge-
reist war. Er brennt wie eine Fackel. Ab und zu fliegt knallend
Munition in die Luft. Ein schauriges Feuerwerk. Einschläge hinter dem Boot. »Äußerste Kraft voraus!« Es bleibt sich gleich, ob
man langsam oder schnell fährt, aber es beruhigt die Nerven,
wenn man etwas befiehlt. Detonationen hinter mir. Treffer auf
dem Boot meines Kameraden. In wenigen Sekunden verschwindet es unter der Wasseroberfläche. Nur wenige werden gerettet.

Ich höre, daß mein ehemaliger Kommandant, bei dem ich
einst als Wachoffizier gefahren war, auch in Kiel weilt. Ich
glaube mich an Straße und Hausnummer erinnern zu können
und mache mich auf den Weg, um ihn zu besuchen. Ich finde
mich nicht zurecht, suche und suche vergebens. Es ist schon

zehn Uhr abends geworden und ich weiß mir keinen anderen Rat, als an einem Haus in der mir bekannten Straße zu läuten und zu fragen, ob man ihn kenne.

Eine Hausangestellte öffnet. Ich trage mein Anliegen vor. Noch habe ich nicht ausgeredet, als schon aus dem Obergeschoß eine wütende Frauenstimme ertötnt: »Unerhört diese Belästigung am späten Abend! Bestimmt einer von der Marine!« Ich höre, wie jemand immer noch mächtig schimpfend die Treppe herabsteigt. Schon bin ich darauf gefaßt, von einer alten Hexe Hals über Kopf hinausgeworfen zu werden. Überraschenderweise erscheint aber ein entzückender, hellblondgelockter Mädchenkopf mit funkelnden, blauen Augen. Das habe ich wirklich nicht erwartet. Wahrscheinlich bin ich rot geworden. Ich bitte die Holde vielmals um Entschuldigung ob der späten Störung und trage mein Anliegen erneut vor. Es ist anzunehmen, daß ich mich in der neuen Lage weitaus höflicher als vorher benahm. Wir kamen ins Gespräch. Letzten Endes, als sich herausstellte, daß besagter Kapitän unbekannt sei, fordert mich das Mädchen, das vielleicht 17 Jahre zählt, auf, das Telefonverzeichnis durchzusehen. Ein guter Gedanke. Ich finde im Verzeichnis den Namen meines ehemaligen Kommandanten sehr bald und kann kurze Zeit später mit ihm ein freudiges Wiedersehen feiern.

Meine neue Bekanntschaft hatte ihr ablehnendes Wesen beibehalten. Sie schimpfte auf die Aufdringlichkeit aller Marineangehörigen. Natürlich hatte ich den Stolz, ihr das Gegenteil zu beweisen. Ich fragte, ob sie denn überhaupt jemanden von der Kriegsmarine kenne. Als sie verneinend antwortete, bot ich ihr an, sich an mir ein Urteil zu bilden.

Am nächsten Tag trafen wir uns, und als ich sie noch vor dem Dunkelwerden nach Hause begleitete, denn ihre Eltern hatten ihr nur Ausgang bis um sechs Uhr gewährt, mußte sie mir versprechen, nicht wieder so schlecht über die Marine zu sprechen. Ich hoffe, sie versprach es gerne. — Wir sahen uns niemals wieder. Die Pflicht rief mich.

Es ging nach Norwegen. Hier sollte der Brennstoff ergänzt werden, das Boot zwei Tage Übungen mit dem neueingebauten Schnorchel fahren, und dann würde es in den Einsatz gehen.

Insgesamt bildeten wir für diesen Marsch eine Gruppe von drei Booten. Unter uns ein Boot des neuen Typs XXI. Es war das erste, das an die Front geschickt wurde. In Dänemark lief ich einen Zwischenhafen an. Es war zwar unerwünscht, aber das war nicht so genau zu nehmen. In Dänemark konnte man noch einmal gut essen und das deutsche Verpflegungsamt aufsuchen. Je mehr man an Proviant mitnahm, desto besser war es. — Der Inspektor, eine gute Seele, war nicht kleinlich. Er war nicht so »stur« wie ein Verwaltungsinspektor in Pillau, der sich, statt sinngemäß zu handeln, auf seine Anweisungen berief und infolgedessen große Vorräte dem Feinde überantwortete. Wir hatten ihm nur mit fast handgreiflichem Nachdruck unsere Wünsche klarmachen können. — Butterfässer, Schinken, Eier und alles nur Denkbare schifften meine Soldaten ein. Der Ingenieur zeigte schon Bedenken, daß unser Boot zu schwer und somit das Tauchen gefährdet würde. Jedoch ergab die Rechnung noch größeres Fassungsvermögen. Ein Lastwagen machte erneut die Runde. Meine Besatzung war zufrieden. Wir würden die nächste Zeit gut versorgt sein; immerhin ein beruhigender Gedanke.

Der Kommandant des U-Boots vom Typ XXI erzählte sehr viel von den guten Eigenschaften seines neuen Fahrzeuges; und abgesehen davon war ich natürlich neidisch, denn es war wirklich ein Prachtwerk, so daß ich ihn aus purem Übermut zu einer Wette herausforderte. — Der Marsch von der dänischen zur norwegischen Küste sollte befehlsgemäß getaucht vonstatten gehen. Der Typ XXI hatte unter Wasser eine Marschgeschwindigkeit von über acht Seemeilen, und mein Boot drei. Im Höchstfalle konnte er achtzehn und ich, für lediglich ein bis zwei Stunden, acht bis neun laufen. Trotzdem schlug ich eine Wette vor. Derjenige, der als letzter in Norwegen ankam, hatte einen Kasten Sekt zu bezahlen. Es sollte der letzte während meiner Kriegsmarinezeit sein. Viele waren schon gewonnen und viele verloren worden.

Die Fahrt nach Norwegen galt als überaus gefährlich, da der Seeraum von den Engländern stark bewacht wurde. Man wußte, daß sämtliche Boote, die von Deutschland an die Front gingen, dort passieren mußten. Praktisch alle, denn die französischen Einsatzhäfen waren bereits wieder in Händen des Feindes. Das Gebiet ist sehr klein und deshalb gut zur Sperrung geeignet.

Weit über die Hälfte der Boote ging schon auf ihrer ersten Überführung verloren, vor allen Dingen, da oft wegen Minengefahr bei Fliegerangriffen nicht getaucht werden konnte.

Kaum sind wir aus dem Geleit entlassen, als auch schon feindliche Flugzeuge im Radarabwehrgerät gemeldet werden. Wir schätzen zwölf. Sie kommen rasend schnell näher. Wenig

Wasser, Minen. Es brummt. Wir werden umkreist. Anscheinend will man uns genau erfassen oder vor dem Angriff Verstärkung abwarten. Wir sind auf neuartige Raketengeschosse gefaßt. Sie werden aus den Tragflächen gefeuert. Es sind Vollgeschosse, so daß sie beim Auftreffen auf das Wasser nicht explodieren, sondern in die Tiefe gehen. Sie haben den Vorteil, daß sie tauchenden Unterseebooten nachgeschossen werden können. Ihre Durchschlagskraft ist gleich der Panzerfaust, der Rakete, die mit der Hand gegen Panzer geschossen wird, außerordentlich groß. Sie gehen auf der einen Seite des Bootes hinein, auf der anderen wieder hinaus. Ihr Durchmesser von vielleicht acht Zentimetern hinterläßt ein so großes Loch, daß ein Unterseeboot unweigerlich verlorengeht. Die Treffsicherheit ist im Vergleich zu Bomben um ein Vielfaches größer.

Ich kenne Fliegernachtgefechte zur Genüge. Leuchtfallschirme blenden die Schützen, und es ist unmöglich, Flugzeuge zu erkennen, da sie über der Lichtquelle bleiben; man hört nur das vertraute, unheimliche Brummen. Leuchtgeschosse pfeifen einem um die Ohren. Bomben detonieren. Ein schönes Gefühl: Wehrlos!

Aufgetaucht wären wir unrettbar verloren. Ich gebe trotz Minengefahr Tauchalarm. Es geht gut.

Jedesmal, wenn wir unser Fu-M-B aus dem Wasser stecken, meldet es in der Nähe befindliche Flugzeuge. Scheinbar kennen sie unseren Weg und verfolgen uns. Bis Anbruch des Tages müssen wir noch mit unserem ersten Schnorchelversuch warten. Für meinen Leitenden Ingenieur und viele von der Besatzung ist es noch etwas Neues. Einer der Hauptgründe, warum ich bei einem meiner Vorgesetzten eine kurze Ausbildungszeit des Bootes in der Ostsee beantragt hatte.

Die Stimmung im Boot ist nicht schlecht. Wir sind aus dem Wirrwarr heraus. Wäre durch Zufall unser Boot bei den täglichen Angriffen verlorengegangen, so hätte uns ein allen unerwünschter Landfronteinsatz erwartet. Ich selbst bin auf meinem Boot mein eigener Herr. Ich habe die Besatzung hinter mir.

Das Hauptminengebiet ist passiert. Friedlich ziehen wir auf 50 Meter Tiefe dahin. Die Zeit kommt, daß die Akkumulatoren aufgeladen werden müssen. Eine sichere Angelegenheit mit dem neueingebauten Schnorchel. Aufzutauchen ist nicht mehr nötig; die Dieselmaschinen arbeiten jetzt auch unter der Wasseroberfläche. Im Radar kann der Schnorchelkopf nur schwerlich erfaßt werden.

Hydraulisch hebt sich der Schnorchel. Noch steuern wir auf 20 Meter. Ein Rundblick soll mich davon überzeugen, daß weder Schiffe noch Flugzeuge in der Nähe sind, die unter Umständen ohne Radar suchen. Also vierzehn Meter, Sehrohrtiefe. Nichts in Sicht. Die Motoren springen an. Einer lädt die Batterien, der andere ist auf die Schraube gekuppelt.

Die Fahrmeßanlage geht auf sieben Meilen. Luft strömt durch die Schnorchelanlage ein. Nichtsdestoweniger nimmt der Unterdruck im Boot beachtlich zu. Die Saugwirkung der Maschinen ist zu groß. Der Ingenieur steuert schlecht. Bald schaut der Schnorchel zu weit heraus, bald schneidet er unter. So geht es natürlich nicht. Beim Unterschneiden schließt sich das Ventil, und die von den Dieselmotoren beanspruchte Luft wird aus dem Raum gesogen. 200 Millibar Unterdruck. Der Schnorchelmast kommt wieder frei. Tosend stellt sich der Druckausgleich her. Untergeschnitten, frei. Ständiger Wechsel. Die Ohren schmerzen. Unheimlich, diese Schnorchelei. Mir platzt die Geduld. Ich schimpfe. Natürlich kann ich dem Ingenieur keinen Vorwurf machen. Er schnorchelt zum ersten Male. Aber es ist zu ärgerlich. Wenn oben ein Flugzeug ist, wird es nicht den Angriff unterlassen, weil der Flieger sich sagt, die da unten müssen noch üben.

Mit einer Seeschlange könnte man uns vergleichen. Oben, unten, oben, unten. Jetzt sind wir schon auf 30 Meter. Rund eine Minute können die Diesel Luft aus dem Raum saugen, dann allerdings ist es so weit, daß die Augen anfangen, herauszukommen, und die Trommelfelle zu zerreißen drohen. Die Grenze ist erreicht: 400 Millibar Unterdruck! Die Abgase können nicht mehr entweichen, die Wassersäule über dem Auspuff steht zu hoch. Sie schlagen in den Raum. Schwarz, beißend. Abstellen! Zu spät, Rauchwolken wälzen sich durch das Boot. Fluchtartig verläßt das Personal den Maschinenraum. Die Männer sind geblendet. Tränen laufen aus den Augen. Zum Teil haben sie Tauchretter auf, reißen sie aber wieder ab, da sie sich übergeben müssen. Das ganze Boot ist schwarz verräuchert. Bei bestem Willen ist nichts zu erkennen.

»Auftauchen!« — Ich bin in den Turm unter das Luk gestiegen. Der Qualm kommt nach. Hoffentlich werden die Leute nicht ohnmächtig, ehe die Ventile bedient sind. Vor allen Dingen gebe Gott, daß sich oben kein Flugzeug befindet! An Abwehr ist in diesem Zustand nicht zu denken. Wir sind im wahrsten Sinne des Wortes benebelt. — Es zischt in den Tanks. Das Boot steigt schnell. Den Verschluß des Lukes habe ich schon aufgedreht. Es ist keine Gefahr. Der Wasserdruck verhindert ein selbständiges Aufgehen. Hinzu kommt der mächtige Unterdruck im Boot. — Wir sind an der Oberfläche. Druckausgleich. Ein Rad muß aufgedreht werden, damit sich im Boot atmosphärischer Druck herstellt, sonst läßt sich das Aussteigeluk nicht öffnen. Der Druckausgleich soll nach Vorschrift langsam vonstatten gehen. Meine Soldaten haben aber verständlicherweise nur einen Gedanken: Frische Luft! Mir geht es genauso. Luk auf und raus ist eins. Ich vernehme Schreie, viele halten sich die Hände auf die Ohren. Sie schmerzen gewaltig. Der Druckausgleich ist zu schnell hergestellt worden. Mit dem Wachoffizier suche ich den Horizont ab. Nichts in Sicht. Wir atmen auf. Zum ersten Male rauche ich keine Zigarette nach dem Auftauchen — und das will viel heißen.

Das Boot ist durchlüftet. Ich verzichte darauf, wieder zu tauchen. Zumindest will ich nicht schnorcheln. Ich habe keine Lust, wie eine Ratte vergast zu werden. Der Befehl der Führung besagt: Nach Norwegen nur getaucht fahren, schnorcheln, äußerst gefährliches Seegebiet. — Schwer durchführbar, wenn vorher nicht eine entsprechende Ausbildung erfolgen konnte, weil der Führung die Ostsee als Übungsraum nicht mehr sicher erschien. Eine zweitägige Schulung mit dem Schnorchel soll erst in Norwegen stattfinden.

Die Sicht ist hervorragend. Wolkenloser Himmel, strahlender Sonnenschein. Nur schwerlich können wir also überrascht werden. Mir scheint aufgetaucht zu fahren der sicherste und schnellste Weg, Norwegen zu erreichen. (Auch ist es die einzige Möglichkeit, die abgeschlossene Wette zu gewinnen. Jetzt laufe ich achtzehn Seemeilen und das Boot des Typs XXI nur neun.)

Lange Zeit geht es gut. Nichts ist wahrzunehmen. Zwei Flugzeuge werden gemeldet. Sie fliegen dicht zusammen, sind weitab und werden uns nicht sehen. Ohne Radar suchen sie. Wir hätten es sonst im Abwehrgerät feststellen müssen. Auch bin ich davon überzeugt, daß sie nur befehlsgemäß ihren Patrouillenflug durchführen, ohne besonders aufzupassen, denn schon seit geraumer Zeit fährt kein Unterseeboot mehr am Tage diesen Weg aufgetaucht, und geschnorchelt wird im allgemeinen nur nachts. Den Flugzeugbesatzungen wird es kein Geheimnis sein. Warum sollen sie also ihre Augen unnütz anstrengen? Falls sie näher kommen, ist es immer noch Zeit zu tauchen, ehe sie uns erfolgreich angreifen können. Sie passieren in 6000 Meter Entfernung.

Wir erreichen den Stützpunkt Christiansund-Süd, 26. April 1945. Den Sekt habe ich gewonnen, denn die beiden anderen Boote treffen erst einen Tag später ein.

Großadmiral Dönitz erläßt einen Aufruf, in dem er proklamiert, daß an Kapitulation nicht zu denken ist.

Der Zusammenbruch vollzieht sich in schicksalhafter Weise. Es erreicht uns die Meldung, daß Hitler im Kampf um Berlin gefallen sei. Großadmiral Dönitz übernimmt den Oberbefehl über alle drei Wehrmachtsteile. Er wird Staatsoberhaupt. Man spricht davon, daß er den Kampf von Norwegen aus fortsetzen wolle.

Unser Leitender Ingenieur hat inzwischen »schnorcheln« gelernt. Wir sind auslaufbereit. Allerdings fangen, wie vorauszusehen war, die Dieselkupplungen zu schleifen an. Wir melden es nicht, denn es liegt uns daran, an die Front zu kommen. Fronteinsatz bedeutet für uns eine klare Aufgabe und überantwortet uns nicht dem Durcheinander chaotischer Zustände und sich überschlagender Befehle.

Eine laue Nacht des nordischen Frühlings. Ich habe mich mit meinen Männern unter freiem Himmel auf einem Berge gelagert. Ein Holzstoß brennt. Rot schlagen die Flammen gen Himmel. Die Sterne funkeln. Das Meer schimmert. Dunkle Felsen der zyklopischen Landschaft geben dem Ort eine verhaltene Stimmung.

Wir lagern im Kreise, 48 Männer zählt unsere Besatzung. Die Gespräche gelten in Sorge der Heimat und unseren Angehörigen. Wohl kreist der Becher, denn wir haben Trinkbares in genügender Menge zur Verfügung, doch kann keine lärmende Fröhlichkeit aufkommen. Zu ernst sind unsere Gedanken. Der Vater meines Ingenieurs ist noch in den letzten Tagen gefallen. Im Ersten Weltkrieg hatte er schon einen Arm verloren. Im Volkssturm mußte er nun endgültig sein Leben hingeben. Das ehemals so stolze Deutsche Reich ist zerschlagen, von feindlichen Truppen besetzt.

Das Feuer brennt nieder. Unser letztes geselliges Zusammensein an Land geht dem Ende zu. Am nächsten Tage werden wir auslaufen.

2. Mai. Es war soweit. Noch einmal versuchte der Flottillenchef, den Mut in einer Abschiedsansprache zu heben und endete

mit den Worten: »Kampf bis zum Letzten, wir kapitulieren nie!«

Die norwegische Küste lag hinter uns. Nachts schnorchelten wir. Mein Einsatzbefehl lautete: Vor Southampton aufhalten, wenn möglich, in den Hafen eindringen.

Schon wenige Tage nach dem Auslaufen fiel das Hauptsehrohr aus. Eine ernste Angelegenheit, da es zur Schnorchelfahrt unbedingt erforderlich war. Wir fuhren somit blind, konnten nicht sehen, ob die Maschinen qualmten, oder ob sich Suchgruppen näherten. Das zweite Sehrohr nützte in diesem Fall nichts, da es zu kurz und ausschließlich zu Nacht- oder Dämmerungsangriffen bestimmt war. Es hatte eine besondere Optik, und außerdem konnte man mit ihm direkt nach oben sehen.

Einlaufen wollte ich auf keinen Fall. Unbeirrt setzten wir den Marsch gen Süden fort. Die nervliche Beanspruchung während der Schnorchelfahrt war recht groß, denn nichts Übleres gibt es, als blind zu fahren, ohne zu sehen, was auf der Wasseroberfläche vor sich geht. Zudem wurden entsprechend der Jahreszeit die nordischen Nächte kürzer und heller. Natürlich verwandten wir die Stunden der größten Dunkelheit zum Aufladen der Batterien, aber der Schnorchel zog eine weiße Blasenbahn. Wenn er nun auch noch Rauch entwickelte, so waren wir der Entdeckung noch mehr ausgesetzt. Zu allem Überfluß sind bei der Unterwasserfahrt mit den Explosionsmaschinen die Eigengeräusche so stark, daß eigene Horchgeräte nicht benutzt werden können; damit entfällt die einzige Möglichkeit, festzustellen, ob sich Fahrzeuge, die nicht mit dem Funkmeßgerät arbeiten, nähern. Bei den in diesen Seeräumen auftretenden Schiffen handelte es sich fast ausschließlich um Kriegsfahrzeuge. Allgemein bekannt war die starke und intensive Bewachung gerade dieser Gebiete, die jedes auslaufende Unterseeboot notgedrungen passieren mußte, um in den Atlantik zu gelangen. Natürlich war es leichter, sie hier, als in den Weiten der Weltmeere, erfolgreich aufzuspüren.

Anscheinend sind wir jetzt direkt im Sperrgürtel. Unaufhörlich haben wir den tiefen, typischen Brummton im Radarabwehrgerät. Er schwillt an und ab. Auch die Warnlampe leuchtet hellgrün auf, einmal stärker, dann wieder schwächer. Wenn der Gegner sucht, dreht sich seine Antenne im Kreise, und jedesmal, wenn der Funkstrahl direkt auf das am Schnorchel befestigte Empfangsnetz trifft, sind die Anzeichen in unserem Gerät am intensivsten. Der erfahrene Beochter kann unter Umständen entnehmen, ob man noch unerfaßt oder wahrscheinlich vom Gegner eingepeilt ist. Es ist ratsam, sich dem näher kommenden Feind zu entziehen, auf größere Tiefen zu steuern und den Schnorchelkopf einzuziehen. Anfangs tun wir es immer. Aber es bleibt die Konsequenz nicht aus, daß die Akkumulatoren nicht ausreichend geladen werden können. Zu dem Ausfall der Ladezeit kommt hinzu, daß das Manöver auch noch Strom verbraucht. Aus den drei vorgesehenen Stunden, die zum Laden notwendig sind, werden dann leicht sechs, und das bei Helligkeit und vor allen Dingen, ohne etwas sehen zu können. Es ist, als ob man auf Kohlen stünde; man erwartet jeden Augenblick das Fallen von Bomben. Und dies jeden Tag, ohne Licht, ohne die Sonne zu erblicken. Rauchen verboten, keine Abwechslung.

In den freien Stunden denkt man ständig an die nächste Schnorchelzeit. Wird es gutgehen? Die Boote der alten Typen bleiben ziemlich ohne Ausnahme draußen, trotz Schnorchel und intaktem Sehrohr.

Fünf Tage geht es nun schon so. Die englische Propaganda gibt seit geraumer Zeit jedem deutschen U-Boot nur 40 Tage Lebensdauer, und mit Berechtigung; wir wissen es. 40 Tage im Höchstfall. Acht haben wir schon hinter uns; 32 fehlen noch. Es ist aber nicht gesagt, daß es unbedingt so lange dauern muß. Vielleicht heute, vielleicht morgen. Glücksache. Bestimmung.

Während einer Schnorchelfahrt ist ein Offiziersfunkspruch eingegangen. Der Zweite Wachoffizier übergibt ihn mir. Was ist das. Er enthält eine Art Rückblick auf den Kampf der Unterseeboote. Ungefähr folgendermaßen lautet er:» U-Boots-Männer! Tapfer habt Ihr Euch fünf Jahre als wahre Helden auf den Weltmeeren geschlagen. Stolz könnt Ihr auf Eure Taten zurückblicken. Eure Leistungen sind unvergleichlich und einmalig. Unvergänglich werdet Ihr in die Geschichtsschreibung eingehen. Mögen die Kämpfe aber noch so hart gewesen sein, das schwerste Ereignis steht Euch jetzt bevor; wir müssen kapitulieren und Ihr habt in Zukunft die Befehle der Alliierten auszuführen.« Die Unterschrift war auf dem empfangenen Funkspruch ausgeblieben, denn vor ihrem Empfang schnitt die Antenne auf dem Schnorchel unter.

Von wem stammte der Funkspruch? Konnte ihn Großadmiral Dönitz verfaßt haben? Es erschien unwahrscheinlich nach allem, was vorher war. Vielleicht war es eine List des Gegners, nachdem er eine Funkstelle mit Schlüsselunterlagen erobert hatte. Ich berate mit meinen Offizieren die Lage. Für unmöglich halte ich es, daß Dönitz als Staatsoberhaupt auf die Forderung nach bedingunsloser Kapitulation eingegangen ist. »Wir ergeben uns nie, Kampf bis zum Letzten!« war die Parole. Es ist denkbar, daß die Alliierten mit ihrer Übermacht den letzten Widerstand in diesen Tagen gebrochen haben, ich halte es für ausgeschlossen, daß die Führung sich zu einer förmlichen Kapitulation hergegeben hat.

Ich ziehe mich in den Kommandantenraum zurück. Es ist logisch, daß ich mich zu einer Entscheidung durchringen muß. Ganz allein will ich nachsinnen. Es vergehen Stunden. Die verschiedensten Überlegungen gehen im Kopf herum. Unablässig wühlen die Gedanken.

Am nächsten Tage trifft ein neuer Funkspruch ein. Wiederum bespreche ich die Lage mit meinen Offizieren. Ich halte daran fest, daß uns nicht eine vom Gegner vorgeschriebene Handlungsweise auferlegt werden kann, sofern nicht als erwiesen gilt, daß dies im Sinne unserer eigenen Führung liegt. Nach den letzten empfangenen Befehlen ist es unwahrscheinlich. Ich lehne also die Ausführung dieser Aufforderung ab und halte es für angebracht, nach eigenem Ermessen zu handeln. Jetzt kommt ein Funkspruch und besagt, daß sofort aufzutauchen sei, den Standort zu melden, die Waffen zu vernichten und eine blaue oder weiße Flagge zu zeigen. Unterschrift Alliiertes Komitee. — Mir platzt die Geduld. Ich befehle die Funkanlage auszuschalten, da sie nicht mehr die wirkliche Ansicht der Führung übermitteln kann und nun einem Gegner dient, der uns bis aufs Messer bekriegt hat.

Meine Gedanken haben sich zu einem Plan verdichtet. Ich will ihn meiner Besatzung vortragen. Sie ist bisher von den Vorgängen noch nicht unterrichtet worden. Ich halte folgende Ansprache:

»Kameraden, der schwerste Augenblick für uns und die traurigste Stunde der deutschen Geschichte scheint gekommen zu sein: Der Zweite Weltkrieg ist verloren. Allzu genau wissen wir, was dem deutschen Volke bevorsteht. Die feindliche Propaganda hat nicht mir ihren Äußerungen zurückgehalten. Ich denke an den Morgenthauplan, der Deutschland in eine Ziegenweide verwandeln will, an den Plan, alle deutschen Männer zu sterilisieren. Der Grundstein einer haßerfüllten Politik ist bereits gelegt.

Deutsche Frauen und Mädchen sind den Besatzungsmächten schutzlos zur Vergewaltigung ausgeliefert, Männer sind verschleppt worden. Vergebens haben die deutsche Führung und zuletzt Großadmiral Dönitz darum gebeten, dem deutschen Volk dieses zu ersparen, um der europäischen Zukunft willen. Es ist abgelehnt worden. Der Haß ist zu groß, anscheinend nicht wie anfangs gesagt wurde, gegen den Nationalsozialismus, sondern gegen das gesamte deutsche Volk. Denn die nationalsozialistische Regierung hat mit dem Tode Hitlers ihr Ende gefunden. Wir sind der Willkür schutzlos ausgeliefert. Es liegt nun bei uns, so zu handeln, wie wir es für richtig halten. Die weiße Flagge zu zeigen, das Boot zu versenken oder ein Land anzulaufen, das sich während des Krieges als ehrenhaft erwiesen hat. —

Unter uns ist ein Obermaschinist, der Argentinien kennt und mit Freunden drüben in Verbindung geblieben ist, so daß er manche Auskunft über diese südamerikanische Republik, der eine große Zukunft beschieden ist, geben kann. Auch ich besitze dort Bekannte und Freunde. Nach allem, was ich weiß, ist es einer der fortgeschrittensten Staaten Südamerikas, mit reichen Naturschätzen, riesigen Bodenflächen und Möglichkeiten der Entwicklung, die dem einzelnen eine große Chance geben.

Kameraden, der Gegner fordert unsere Übergabe. Er pocht darauf, daß die Führung kapituliert habe. Nach allen Vorgängen ist es unwahrscheinlich, daß Großadmiral Dönitz in dieser Weise eine förmliche Übergabe vollzogen hat. Der letzte Widerstand mag tatsächlich vom hundertfältig überlegenen Gegner in der Heimat gebrochen, der Krieg tatsächlich zu Ende sein. Für uns kommt es aber nicht in Frage, Befehle des Feindes auszuführen, ohne nähere Umstände zu kennen. Ich bin dafür, den gemeinsamen Marsch fortzusetzen: Ohne kriegerische Handlungen zu begehen. Ich werde kein Schiff mehr angreifen oder versenken, ich will keine Repressalien auf das Haupt Unschuldiger laden. Es ist sinnlos, Krieg auf eigene Faust zu führen. Unser Marschziel soll Argentinien sein. Wir haben große Mengen an Lebensmitteln an Bord, die uns ersparen, das kümmerliche Brot der Gefangenschaft essen zu müssen.

Das, was ich hiermit als meine Überzeugung und meinen Plan unterbreite, ist so schwerwiegend für das Schicksal jedes einzelnen, daß ich nicht als militärischer Vorgesetzter von Ihnen die Ausführung verlangen, sondern sie Ihrer persönlichen Entscheidung, frei von jedem Zwange, überlassen will. Überlegen Sie es sich, stimmen Sie darüber ab. Ich hoffe, daß Sie die schweren Nachrichten mit soldatischer Würde tragen werden.«

Die Abstimmung ging vor sich. Natürlich wurde vorher lange beraten. Meistens bildeten sich Gruppen. Es bestand auch keine Eile; immer ist es schlecht, überstürzt zu handeln.

Von der 48 Mann starken Besatzung stimmten nun 30 für die Fahrt nach Südamerika, zwei wollten nach Spanien, da sie hofften, von dort aus schneller und sicherer zurückzukommen, und weitere 16 hatten nur den einen Wunsch, zu ihren Familien zurückzukehren. Nichts lag für sie näher, denn sie waren verheiratet. Es handelte sich fast ausschließlich um Unteroffiziere; sie waren die Ältesten.

Nach demokratischer Auffassung, »die Mehrheit entscheidet«, wäre es mein Recht gewesen, dem Interesse der Majorität ohne Umschweife zu willfahren. Ich wollte aber auf jeden Fall dem Wunsche der verheirateten Besatzungsmitglieder gerecht werden. Im Unteroffiziersraum hielten wir über die vorhandenen Möglichkeiten Rat. Die offizielle Übergabe des Bootes hätte eine Internierung in einem englischen Kriegsgefangenenlager zur Folge gehabt, und wann Kriegsgefangene entlassen werden würden, konnte nicht vorausgesehen werden. Es besagen zwar die internationalen Abkommen, daß sie nach Kriegsende unverzüglich in ihr Heimatland zu schaffen seien; aber was bedeuten schließlich internationale Abkommen in der heutigen Zeit?

Ich schlug eine Ausschiffung daran interessierter Besatzungsmitglieder an der norwegischen Küste vor. Dort waren sie nahe der Heimat und konnten sich womöglich dahin durchschlagen. Es lag bei ihnen und ihrer Geschicklichkeit.

Kurs Norwegen. In Höhe Bergen sollte das Manöver vonstatten gehen. Wir nahmen Abschied voneinander. Uns war recht traurig zumute. Wir mußten uns trennen. Es ist schwer, Kameraden zu verlassen. Lange Zeit waren wir eine Gemeinschaft, eine große Familie. Mitgefangen, mitgehangen, heißt es in einem besonders ausgeprägten Sinn bei einer U-Boots-Besatzung. Selten hat sie Gelegenheit, aus ihrem Boote auszusteigen, wenn es beschädigt würde und sinken sollte.

Gleiches Essen, gleiche Wachen. Wenn es draußen regnete oder stürmte, wurde der Wachoffizier genauso naß und fror wie der jüngste Matrose. Bei Gefahren standen die Vorgesetzten auf der Brücke. Beim Tauchen stiegen sie zuletzt ein. Am längsten waren sie den Kugeln ausgesetzt. Dies waren die Hauptgründe unseres Zusammengehörigkeitsgefühls. Verkehrt wäre aber, zu meinen, daß auf Grund der engen Gemeinschaft die Disziplin nachließe. Ganz im Gegenteil. Wir hatten zackige Soldaten. Jeden Morgen wurde ich militärisch gegrüßt, und mir beim Betreten der einzelnen Räume Meldung erstattet.

Es war folgendes geplant: Wir wollten bei Dunkelheit die Küste anlaufen und unsere Kameraden in Schlauchbooten ausschiffen. Sie ihrerseits hatten die Absicht, mit einem Boot oder Schiff zu versuchen, nach Deutschland zu gelangen. Lebensmittel wollten sie für vier Wochen mitnehmen. Wir hatten reichliche Vorräte.

10. Mai. Finstere Nacht. Wir näherten uns der Küste. Acht Tage waren wir schon getaucht, und unter Wasser konnte man keinen astronomischen Standort berechnen. Besonders für U-Boote errichtete Peilfunkstationen und »Elektrosonnen« waren nicht mehr in Betrieb. Wir konnten nicht genau wissen, wo wir waren. Leicht wäre es natürlich gewesen, einen Hafen anzulaufen, denn dort gibt es Leuchtfeuer, und man kann sich leicht orientieren. Diese Idee schied aber aus, da wir sofort gefangengenommen worden wären. Also mußten wir an irgendeine unbewachte Stelle der Küste. Das Navigieren an einer fremden Küste, vor allem der norwegischen, ist durch vorgelagerte Felsen gefährlich; Spezialkarten sind unbedingt erforderlich. Wir hatten keine. Wir mußten dieses Risiko eingehen.

Die Unteroffiziere bereiteten sich vor, packten die wichtigsten Sachen in handliches Gepäck und arbeiteten die ersten Pläne zur Durchführung ihres Vorhabens aus. Auch einige Karten größeren Maßstabes nahmen sie mit.

Vielleicht war es das letzte Mal in ihrem Leben, daß unsere Kameraden mit einem Unterseeboot auftauchten. Wenige Meilen standen wir vor der Küste. In der dunklen Nacht erschwerte noch leichter Nebel die Orientierung. Zwei große Gummiboote wurden mit Luft gefüllt. Jeder hatte sein Einmannboot auf dem Rücken. Die vielen Gepäckstücke standen am Oberdeck bereit. Es war Mitternacht. Bald würde es dämmern. Ein Glück, daß es nicht schon Hochsommer war, da wäre es fast immer hell gewesen. Schnell mußte gehandelt werden, und doch mußten wir langsam laufen. Zu viele Riffe waren der Küste vorgelagert. Das automatische Lot meldete ständig die Tiefe. Noch war keine Gefahr, über 100 Meter zeigte es. Abstand fünf Seemeilen. Jetzt drei, zwei. Immer mehr näherte sich das Boot dem Ufer. Flacher und flacher wurde das Wasser. Dichter mußten wir heran. Unmöglich konnten wir unsere Kameraden auf größere Entfernung von der Küste absetzen. Der Wind kam vom Lande. Schwerlich hätten sie gegen Wellen und Strömung mit den Schlauchbooten die Distanz überwinden können. Sie wären aufs Meer getrieben worden, und dort gab es keine Rettung, jedenfalls nicht in ihrem Sinne, unentdeckt die Heimat zu erreichen.

Das Tiefenlot zeigte nur noch wenige Meter. 10; 8; 15. Ständig änderten sich die Meldungen. Das Boot läuft mit Elektromotoren. Einer macht langsamste Fahrt voraus, der andere ist klar zu »äußerster Fahrt zurück«. Würde es klappen? Unmöglich würde man an dieser Stelle ausgerechnet ein deutsches Unterseeboot erwarten.

Ganz leicht kippt das Boot auf eine Seite. Etwas haben wir Grund berührt. Es ist gleich, wir müssen noch näher heran. Unmöglich können sich die Leute schon hier ausschiffen. Noch zwei Kilometer mehr. Eine Seemeile Fahrt macht das Boot. Langsamer geht es bei bestem Willen nicht. Nur die Elektromotoren ermöglichen es. Mit den Dieselmaschinen wären sechs Seemeilen das Langsamste.

Was war das? Der Bug hebt sich. Ohne Stoß und ohne Geräusch. Der Tiefenmesser zeigt immer noch fünf Meter unter dem Kiel. — Äußerste Kraft zurück! Zu spät! Das Vorschiff ragt bis über die Tiefenruder aus dem Wasser. Starke Lastigkeit, vielleicht dreißig Grad. — Schon fünf Minuten arbeiten die Maschinen zurück. Das Boot rührt sich nicht von der Stelle. Wir gehen voraus, lassen die Maschinen entgegengesetzt laufen. Kein Erfolg, die Lage scheint hoffnungslos!

Den sechzehn Kameraden schlage ich vor, das Boot zu verlassen, ehe wir entdeckt werden. Anscheinend sind wir verloren. Bei Anbruch des Tages müssen wir gesehen werden. Sollten wir das Boot sprengen oder intakt übergeben? Noch war Zeit zu derartigen Überlegungen, noch herrschte einigermaßen Dunkelheit.

Der letzte Händedruck. Vielen laufen die Tränen über die Wangen. Die Gesichter drücken Rührung aus. Gute Kerle. Auch für die Zurückgebliebenen kommt einmal die Stunde des Abschieds. Früher oder später. Jeder einzelne wird um seine Existenz für sich kämpfen müssen und es bestimmt nicht leicht haben.

Die Boote gehen zu Wasser. Eins kippt um. Wir liegen zu schräg. Zwei Mann fallen ins Meer. Sie werden aufgefischt.

Zum Umziehen reicht die Zeit nicht. Die Dämmerung setzt bereits ein. Die Männer entfernen sich. Wir winken uns zu. Vielleicht ist ihre Lage jetzt besser als die unsrige. Bewegungsunfähig, auf einem Felsen!

Der Ingenieur arbeitet verzweifelt. Wasser wird aus den Zellen gepumpt. Von links nach rechts und umgekehrt trimmen wir. Die Maschinen geben ihr Äußerstes her. Schraubenwasser quillt am Heck auf. Nutzlos, das Boot rührt sich nicht von der Stelle. Immer kritischer steht es um uns. In einer halben Stunde wird es hell werden und dann ist es soweit! — Kriegsschiff! — Marsch in die Gefangenschaft. Vorbei mit der Freiheit.

Letzte Möglichkeit: Unsere Preßluftflaschen sind voll. Die Druckmesser zeigen 205 Kilo. Vielleicht hebt sich das Boot beim Aufreißen der Ventile, wenn die Luft durch die Tauchzellen strömt und unter dem Boot wieder entweicht. Die Tauchzellen sind unten offen und oben geschlossen. Hoffentlich wird so das Boot wieder flott! Treiböl können wir nicht ausdrücken, wir haben uns ein weites Ziel gestellt.

Preßluft auf alle Tanks. Es zischt. Die Motoren heulen auf. Dreimal äußerste Kraft zurück. Die roten Warnstriche an den Kontrollarmaturen interessieren nicht mehr. Auf der Brücke spürt man es deutlich, wie enorm die Belastung ist. Das Boot vibriert. Ruder hart Steuerbord, hart Backbord! — Hurra — Das Boot bewegt sich. Es geht zurück, der Bug senkt sich. Immer klarer wird die Küste sichtbar. Wir drehen auf der Stelle. Den Weg hat der Navigationsoffizier genau aufgezeichnet. Es geht zurück. Erst langsam und dann immer schneller. Es ist hell, die Maschinen laufen schon große Fahrt. Schwach erkennen wir noch unsere Kameraden. Jetzt geben sie Lichtzeichen mit einer Morselampe. Sie können es sich leisten. Von der Küste aus ist das Blinken nicht wahrzunehmen. Sie zeigen ihr den Rücken. »Gute Fahrt! Sollten wir gefaßt werden, so sagen wir aus, auf Mine gelaufen — letzte Überlebende.« Sie entschwinden unseren Blicken.

Geschützfeuer blitzt an Land auf. Batterien beschießen uns. Alarm!

Wirklich gut klappt es mit der verkleinerten Besatzung. Das Maschinenpersonal fährt fast ohne Vorgesetzte. Alles junge Matrosen. Aber sie verstehen ihr Handwerk.

Für unsere Begriffe ist es noch immer flach. 100 Meter. Wir legen uns auf den Grund. Nun haben wir Zeit. — »Frei wie einst die Väter waren!«, sagte Tell. Wir sind es. Wir fühlen uns wie in einem kleinen Königreich.

Schallplatten werden gespielt. Die Heizer ziehen in den Unteroffizierswohnraum. Etwas mehr Platz kommt nun auf jeden. Mit voller Besatzung war es doch sehr eng.

Sechsundsechzig Tage unter Wasser

Die Stimmung ist gut. Der erste Schritt ist ohne Zweifel geglückt. Wir sind allen gerecht geworden. Diejenigen, die mich jetzt umgeben, haben sich freiwillig für das Unternehmen entschieden. Das Abstimmungsergebnis ist dokumentarisch im Schiffslogbuch festgehalten.

Der Gedanke, daß wir sozusagen »zivilmäßig« unser Bootsleben vor sich gehen lassen sollten, wird abgelehnt. »Für uns bleiben Sie der Kommandant, wir wollen den alten Betrieb beibehalten«, heißt es bei den Offizieren. Auch die Mannschaft ist aus innerer Überzeugung dieser Auffassung. Ich besitze somit meine Machtbefugnisse weiter, das Vertrauen meiner Kameraden bestätigt sie; — ich freue mich darüber und gelobe mir innerlich, diese Männer nicht zu enttäuschen.

Die Atempause, die wir uns gegönnt haben, ist vorüber. Der entscheidende Marsch soll angetreten werden. Von der Küste Norwegens nach Argentinien!

Wir haben uns neu eingerichtet. Alles ist zum Weitermarsch bereit. Die Tiefenruder zeigen nach oben, die nötige Menge Wasser ist gelenzt worden, um das Boot vom Grund zu lösen. Beide Maschinen laufen langsame Fahrt voraus. Es geschieht nichts. Rätselhaft. — Unbeweglich bleiben die Tiefenmesser stehen. »Beide Maschinen halbe Fahrt voraus!« Unverändert. — »Große Fahrt!« — Das gleiche Bild. Sind wir unter einen Felsen geraten? Ganz langsam hebt sich das Boot. Hatte es uns verulken wollen oder waren wir gar betrunken?

Kurs um England herum. Es galt, die größtmögliche Vorsicht walten zu lassen. Der Engländer wird die Ausfahrten strengstens bewachen. Es soll kein Führer des Dritten Reiches entweichen. Der Feind kennt Mut und Draufgängertum, mit dem wir kämpften. Wir wußten, worum es sich bei diesem Kampf handelte: Um das Schicksal Europas. — Die Annahme war durchaus berechtigt, daß die Gebiete um England noch lange Zeit nach Kriegsende in der gewohnten Weise mit vollem Aufwand der Suchgruppen kontrolliert wurden.

Eine Woche ist vergangen. Immer das gleiche Bild. Stets dieselbe zermürbende Anspannung und Ungewißheit. Es ist nicht mehr ein Kampf im militärischen Einsatz. Es ist der Kampf um unsere persönliche Freiheit, für die Durchführung unseres Planes. Tagsüber fahren wir auf 50 Meter und nachts auf Schnorcheltiefe zum Aufladen der Batterien. Eine nervenzerreißende Sache ohne Sehrohr. Auf dem Schnorchelkopf befindet sich zwar eine Fu-M-B-Antenne, aber ist das Warngerät wirklich das letzte Modell und erfaßt es alle Wellenlängen? Zu lange verhinderten in den letzten Kriegsmonaten die ständigen Bombenangriffe Weiterentwicklungen. Vielleicht arbeiten die Alliierten mit neuen Apparaten? — Das Seerohr ist an sich beim »Schnorcheln« unentbehrlich. Unentbehrlich schon insofern, als das menschliche Auge sich letzten Endes durch die Technik nicht vollkommen ersetzen läßt. Schlimm ist es in diesen nördlichen Breiten, daß es nicht mehr richtig dunkel wird. Wir können die Maschinen nicht auf Rauchentwicklung kontrollieren. Bei Dunkelheit wäre es unwesentlich; Rauch würde schwerlich entdeckt werden können. Aber am Tage ist er auf viele Meilen sichtbar. Wir selbst haben ja auf diese Art viele Schiffe ausgemacht und vernichtet. Die Annäherung ohne Radar arbeitender Fahrzeuge oder Flugzeuge können wir nicht feststellen. Ein Kriegsschiff brauchte nur ein Lasso in Form eines Drahtseiles um den Luftmast zu legen und wir wären eingefangen. Rettungslos verloren. — Ein Blinder tappt sich durch ein von Raubtieren gefährdetes Gebiet! Sein einziger Trost, daß er hören kann. Hoffentlich schreit das wilde Tier —

Es ist selten, daß nicht suchende Flugzeuge oder Überwasserstreitkräfte vom Funkpersonal gemeldet werden. Auf einmal verstärken sich die Anzeichen, fast brüllende Laute sind es. »Alarm!« — Im Nu werden die Diesel abgestellt und der Schnorchelmast umgelegt. Wir gehen auf größere Tiefe. Im Horchgerät ist nichts zu vernehmen. Kein Schraubengeräusch. Es muß ein Flugzeug gewesen sein, wahrscheinlich unmittelbar über uns, denn sonst wäre der Brummton nicht durch das ganze Boot hörbar gewesen, und die Alarmlampe hätte nicht einem

Scheinwerfer geglichen. Bomben sind jedoch nicht gefallen. Vielleicht das nächste Mal.

Es gibt keinen Ausweg. Wir müssen wieder auf Schnorcheltiefe. Noch zwei Stunden fehlen zum Aufladen. Wenn wir erst entdeckt sind, wir man uns einkreisen. Man würde alles aufbieten, um uns zu kriegen. Vielleicht sind wir das letzte Unterseeboot? Oder es wird eine wichtige Persönlichkeit auf der Flucht an Bord vermutet. Wir wären verloren. Uns fehlt ein wesentlicher Teil der Besatzung. Die in langer Ausbildung spezialisierten Unteroffiziere sind unentbehrlich. Sie stellen das Rückgrat eines jeden Schiffes dar.

Der Schnorchelkopf schaut wieder heraus. Wir tragen, was wir bisher niemals taten, Tauchretter umgeschnallt. Falls uns eine Bombe treffen sollte und das Boot auf den Grund sacken würde, hoffen wir wenigstens aussteigen zu können. Unheimlich ist es, blind zu fahren. Aber keine andere Möglichkeit bleibt, wenn das Ziel erreicht werden soll. Es heißt, Zeit und Abstand von den gefährlichen Gebieten gewinnen. Noch sind viele Wochen nötig, um in eine sichere Zone zu gelangen.

Neuerdings habe ich erlaubt, während der Schnorchelfahrt im Maschinenraum zu rauchen. Das Boot ist dann gut durchlüftet, so daß keine Batteriegase gefährlich werden können. Die Explosionsmotoren arbeiten sowieso mit Funken. Wenn — was öfters notwendig ist — die seitlich an den Zylindern angebrachten Ventile geöffnet werden, um Verbrennungs- und Druckdiagramme zu nehmen und eine Kontrolle über etwaige Qualmentwicklung zu haben, kommt bei jeder Explosion ein viele Zentimeter langer Feuerstrahl heraus. Warum sollen wir dann nicht rauchen? Das einzige Vergnügen, das uns bei den ständigen Aufregungen noch geblieben ist. Zwei Mann dürfen jeweils in den hinteren Teil des Bootes, bei mehreren würde sich die Trimmlage zu sehr verändern, und der Ingenieur hätte Schwierigkeiten, die vorgeschriebene Tiefe zu halten. Die Tiefenmesser zeigen fast ständig 14 Meter.

18 Tage geht es nun schon so ohne Abwechslung. Die Besatzung wird langsam nervös. Zum Teil haben die Männer tiefe Ränder unter den Augen, die Gesichter fangen an, blaß zu werden und grünlich zu schimmern. Es fehlt das Tageslicht. Keine Sonne, keine frische Luft. Es ist feucht und kalt. An den Wänden bildet sich Schimmel. Die Abfälle der Küchen können nicht außenbords geworfen werden, da wir ständig getaucht sind. Sie

sammeln sich in unangenehmer Weise an. Abgesehen von ekligen Gerüchen können Fliegen, Maden und anderes Getier nicht ausbleiben.

Obwohl 16 Mann ausgestiegen sind, ist es immer noch recht eng. Der ehemalige Unteroffiziersraum ist nur 3,60 Meter lang, etwa 2,20 Meter breit und knapp 2 Meter hoch. Es leben 12 Personen darin. Die Seife wird knapp. Die Wäsche kann nur mit Salzwasser gewaschen werden. Sie wird nicht trocken. Schmutzige Strümpfe liegen herum. Die Spinde sind zu klein, es geht nicht alles hinein. Der eine kommt von der Wache, ist müde und will schlafen; andere spielen Skat. Es muß Rücksicht genommen werden. Dies immerfort, zu jeder Tages- und Nachtzeit. Wir kennen ja überhaupt keinen Unterschied zwischen Tag und Nacht. Ständig künstliches Licht. Ohne zu fragen, darf niemand im Boot hin und her laufen. Die Trimmlage könnte sich verändern.

Der Blick hat nicht die Möglichkeit, in der Ferne auszuruhen. Wir sind von der lebendigen Natur abgeschnitten, wie wir es von der Kultur sind: Es gibt für uns keine seelische Entspannung, nichts, was uns innerlich erfreuen und erheben würde. Immer dieser modernde Gestank.

Man möchte sich in dieser Zwangslage Luft verschaffen, schreien, schimpfen, um sich schlagen. Man darf es nicht; wohin sollte es führen? Man muß sich in diesem Käfig beherrschen. Aber wie lange sollen wir uns noch beherrschen? Wir sind doch auch Menschen. Das Leben scheint unerträglich zu werden.

Wieder ist die Stunde gekommen: Schnorcheltiefe. Während dieser Zeit laufen die Diesel mit Höchstleistung. — Was ist das? Eine Maschine wird abgestellt. Noch weiß der Ingenieur nicht, was vorgefallen ist. Es stellt sich bald heraus. Die Hauptkupplungen haben zu schleifen angefangen und sind heiß geworden — Das hat uns gerade noch gefehlt! Ohne Spezialisten, ohne Sehrohr, ohne tarnende Dunkelheit und dann in einem stark kontrollierten Seeraum. Mit einer Maschine brauchen wir fünf Stunden zum Laden. Es kann nicht ausbleiben, ist mein Gedanke: Einmal müssen wir entdeckt werden!

Wirklich hervorragend arbeitet die junge Mannschaft. In zwei Tagen ist der Schaden behoben. Das Pech scheint uns aber zu verfolgen. Der zweite Diesel fällt aus. Die gleiche Arbeit. Nur nicht den Humor verlieren, den Galgenhumor ... Mit der Zeit werden wir Praxis in der Behebung von Ausfällen dieser Art bekommen. — Wir sollten es wirklich! Von nun an verging kein Tag mehr, an dem nicht irgend etwas los war. Die notwendige Generalüberholung hatte eben nicht stattgefunden; es mußte sich rächen.

Anscheinend war die feindliche Abwehr uns auf der Spur. Kaum, daß der Schnorchelkopf herausgesteckt wurde, als auch schon Anzeichen der Annäherung von Flugzeugen oder Fahrzeugen zu vernehmen waren.

Um Überraschungen aus dem Wege zu gehen, gab es nur eine Möglichkeit: In kurzen Zeitabständen — vielleicht halbstündlich, die Maschine zu stoppen und auf Horchtiefe einzusteuern. Blitzschnell hatte das Manöver vor sich zu gehen.

Der Grund, so zu verfahren, war folgender: Der Gegner wußte von unseren Radarwarnapparaten und mußte damit rechnen, daß er uns nicht überraschen würde, wenn er uns ausschließlich mit seinem Radar suchte. Aus diesem Grunde wandten U-Boots-Jagdgruppen auch Horchgeräte an, denn unter der Wasseroberfläche arbeitende Explosionsmaschinen sind auf große Entfernung vernehmbar. War in Richtung der Geräusche nichts in Sicht, so konnte das Kriegsschiff mit Sicherheit als ihre Ursache ein U-Boot vermuten. Stellte das U-Boot nun seine Maschinen ab, so lag für den Gegner die Annahme nahe, daß das Unterwasserfahrzeug seinerseits mit dem Horchgerät arbeite. Das Kriegsschiff würde daraufhin schnell auch die eigenen Maschinen abstellen. Wir mußten versuchen, zuvorzukommen und so rasch zu verfahren, daß der Gegner keine Zeit hatte, uns durch Stoppen der Maschinenanlage seine Gegenwart zu verheimlichen.

Anfangs spielten wir Offiziere während des Schnorchelmarsches Karten. Ab und zu stand einer auf, ging in den Maschinenraum und rauchte eine Zigarette. Dann öfter. Wir nahmen uns äußerst zusammen und bewiesen gelassene Ruhe. Natürlich erwarteten wir, genau wie alle anderen an Bord, jeden Augenblick die Detonation von Bomben. Ein peinigendes Gefühl, unter Umständen noch nach Kriegsende zu den Fischen zu gehen! Jeden Tag wurde die Lage kritischer. Oftmals mußten wir acht Stunden schnorcheln, denn schon lange konnten die Motoren nicht mehr voll belastet werden. Wie ein rohes Ei faßte die Besatzung sie an. Ob sie wohl durchhielten? Gelegentlich fiel der eine aus, dann der andere. In der Ferne hörten wir oft Wasserbomben oder Explosionen von Minen. Möglicherweise verfolgte man noch andere U-Boote.

Sieben lange Wochen. Keine Abwechslung. Immer die gleichen Gesichter. Die Nerven auf das höchste beansprucht. Abfälle und Schmutz nahmen überhand. Es gab nur die Möglichkeit, den Unrat aus dem Torpedorohr zu stoßen. Ich hatte vor, einen Torpedo mit ins Boot zu nehmen, dann die Abfälle in das leere Rohr zu tun und mit Preßluft herauszudrücken.

Die ersten Meinungsverschiedenheiten traten auf. Sie konnten nicht ausbleiben. Der Erste Wachoffizier war der Ansicht, daß man den Torpedo, statt ins Boot zu nehmen, einfach außenbords schießen sollte, um sich die Arbeit »des Ziehens« zu sparen. Am besten wäre es, so sagte er, die übrigen Torpedos hinterher folgen zu lassen, denn gebrauchen wollten wir sie nicht mehr. Es wäre dann mehr Platz in den Räumen. An sich war diese Idee recht naheliegend. Ich war mir jedoch bewußt, wie wichtig es sein könnte, das Nichtgebrauchen der Torpedos auch durch ihr tatsächliches vollzähliges Vorhandensein unter Umständen beweisen zu können. Die Erklärung, warum wir die Torpedos ins Meer geworfen hätten, wäre sicherlich auf große Zweifel gestoßen. — Nachdem es zu einer kleinen Aussprache gekommen war und der betreffende Offizier die Gründe nicht einsehen wollte, gab ich strikte Anweisung, in meinem Sinne zu verfahren. Das erste Mal nach Antritt unserer gemeinsamen Reise, daß ich den Kommandanten scharf herauskehren mußte. Als wie richtig sollte sich später meine Handlungsweise erweisen!

Die Unterwasserfahrt schien kein Ende nehmen zu wollen. Fünfzigster Tag! — Wir standen zwischen England und Gibraltar. Oft dachte ich an mein eindrucksvolles Erlebnis als Wachoffizier vor dieser Festung. — Es wurde wärmer. Der Sommer begann sich auszuwirken. Der Schimmel nahm überhand, wenn wir die Wände nicht abgerieben, schienen sie in wenigen Tagen grün gestrichen. Die Sachen klebten am Körper. Zum Waschen stand nur Salzwasser zur Verfügung. Das Salz auf der Haut begann zu jucken. Bei vielen stellte sich Ausschlag ein, bei anderen Furunkulose. Es half nichts, wir mußten durchhalten. Noch bis zur Höhe von Gibraltar, dann sollte der Marsch des Nachts über Wasser fortgesetzt werden. Wie wir uns darauf freuten! Wenigstens die Sterne wieder sehen! Konnte man sich den Himmel noch vorstellen?

Einem Mann des Maschinenpersonals war die Hand stark geschwollen. Ein riesiges Geschwür saß genau auf dem Knöchel. Ich hatte große Befürchtungen. Binnen weniger Tage war der Arm bis hinauf zum Schulterblatt dick und weich; die typischen Anzeichen von Wasserbildung. Es gab keinen Ausweg. Er mußte operiert werden. Einen Arzt hatten wir nicht. Bei mit dem Schnorchel versehenen Booten war er entbehrlich, da es zu Fliegergefechten nicht mehr kam. — Der Patient sitzt im Offiziersraum. Blaß, gelblich-grüne Gesichtsfarbe, tiefe Ränder unter den Augen. Dazu der Eindruck des langen Bartes. Rasiert hatten wir uns alle nicht. Es ist bei U-Boots-Fahrern nicht üblich, auch wäre die Haut nicht gegen Kälte, Nässe und Treiböl geschützt.

Auf 80 Meter ziehen wir dahin. Oben ist heller Sonnenschein; jedenfalls denken wir es uns. — Die Instrumente liegen bereit. Ich hole eine Schnapsflasche: das beste Betäubungsmittel. — Die Stelle wird vereist und dann erfolgt der Schnitt. — Unmengen Eiters quellen heraus. Es scheint kein Ende nehmen zu wollen, Eiter und Wasser. Stündlich muß der Verband gewechselt werden. — Wir haben Erfolg, nach einigen Tagen ist die Krisis überwunden. Mir fällt ein Stein vom Herzen. Ich hatte schon geplant, den nächsten Hafen anzulaufen oder den Patienten einem Passagierdampfer zu übergeben. Wir hätten wohl oder übel auf unser Ziel Argentinien verzichten müssen.

Immer, wenn ich allein in meiner Kammer war, kamen mir grübelnde Bedenken. Hatte ich richtig gehandelt? Für das Leben von 31 Menschen war ich verantwortlich. Wenn auch das Unternehmen freiwillig stattfand, so waren doch sehr viele minderjährig. Wider Erwarten gestaltete sich die Fahrt schwieriger als es anfänglich schien. Ich vernahm schon ab und zu heimliche Äußerungen wie: »Wir hätten doch lieber umdrehen sollen, unsere ausgestiegenen Kameraden sind sicher schon Hause und wir müssen dieses Elend und diese Strapazen über uns ergehen lassen. Vielleicht sehen wir das Licht der Sonne überhaupt nicht wieder.« — Einer war sogar gekommen und hatte vorgeschlagen Spanien anzulaufen. Er könne nicht mehr. »Wer einmal A sagt, muß auch B sagen. Ich werde eisern am einmal gefaßten Ziel festhalten. Es heißt Argentinien!« war meine Antwort.

Es muß etwas geschehen. Die Disziplin läßt nach. Gelegentlich werden Gespräche geführt und, wenn ich vorbeigehe, gestoppt. Verdächtig. Die Besatzung ist wirklich mit den Nerven herunter. Täglich die gleiche Aufregung. Schnorcheln, Alarm! Kupplungen schleifen. Sie lassen sich nicht mehr nachstellen,

die Beläge sind herunter; schon hat man Nägel dazwischen geschlagen. Oft qualmt es im Boot. Dann schmerzen die Lungen,
die Augen brennen. Bei jeder Welle schlägt die Klappe auf dem
Luftrohr zu und es herrscht Unterdruck. Dann strömt wieder
mit Öffnen der Klappe Luft herein. Es ist der ständige Druck-
wechsel, der dem menschlichen Organismus am meisten zu
schaffen macht. — Der angehäufte Schmutz erfordert immer
wieder, daß Torpedos aus den Rohren herausgenommen und
dann erneut geladen werden. Der Vorschlag, die »Dinger« einfach herauszuschießen, war am Ende doch berechtigt?

Das ständig schweiß- und ölbedeckte Maschinenpersonal hinter den Motoren leidet besonders unter den schlechten hygieni-
schen Verhältnissen. Seife ist fast gar nicht mehr vorhanden.

Man darf sich nicht, ohne vorher gefragt zu haben, bewegen;
nicht von vorn nach hinten gehen und einen Freund besuchen.
Sind wir Tiere oder Sklaven?

Mir wird gemeldet, daß ein Matrose Schokolade gestohlen
habe. Eine schlimme Angelegenheit auf einem Unterseeboot.
Der Proviant liegt frei herum, er kann nicht verschlossen werden. Wenn ein jeder einfach sich das nimmt, was ihm schmeckt,
so würde der Verantwortliche für die Lebensmittel bald nicht
mehr wissen, was noch zur Verfügung steht. Eine Gefahr für
das Boot. Abgesehen davon bestiehlt man die eigenen Freunde.
U-Boot-Fahrer wissen dies richtig zu bewerten. Es ist Kameradendiebstahl. Fast nie treten Fälle dieser Art auf.

Ich bin gewillt, schärfstens durchzugreifen. Zu genau kennt
die Besatzung meine Ansichten. Ich bin niemals kleinlich gewesen, aber dafür habe ich kein Verständnis. Ohne den Fall als solchen näher zu diskutieren, ordne ich vor dem Abendessen eine
Musterung im vorderen Wohndeck an. — Die Zeit der Musterung ist heran. Der älteste Offizier macht mir Meldung: »Melde
gehorsamst, Besatzung wie befohlen angetreten!« — Ich setze
meine weiße Mütze auf — lange lag sie im Spind —, ziehe mein
blaues Jackett mit den Kreigsauszeichnungen an und gehe zu
den Männern.

Als ich den Raum betrete, erschallt in gewohnter Weise »Achtung«, und alles steht auf.

»Kameraden, Sie wissen besser als ich, warum ich Sie zusam-
mengerufen habe. Es liegt mir nichts ferner als das, Ihnen eine
Moralpredigt zu halten oder Sie gar erziehen zu wollen. Sie sind
alle, ohne Ausnahme, alt genug, um zu wissen, was anständig ist

und was nicht. Gehörten wir nicht der stolzesten Waffengattung einer weltberühmten Wehrmacht an? Wir haben uns in den schwersten Zeiten in einer Weise geschlagen, die in die Geschichte eingehen wird. Nicht umsonst nannte man uns die GRAUEN WÖLFE. — Und jetzt — wollen Sie schlapp machen? Allzu gut merke ich, was los ist. Sie haben keine Lust mehr. Sie machen einen geschlagenen Eindruck. Sie haben es aufgegeben, um die Freiheit zu kämpfen, weil das Leben im Augenblick unerträglich scheint, weil Sie keine Sonne sehen und im Keller leben müssen. Weil die Zukunft im Ungewissen liegt.

Oft höre ich Gespräche, daß wir doch lieber hätten dies oder jenes tun sollen, daß vielleicht der Brennstoff nicht nach Südamerika reicht, daß die Lebensmittel knapp werden könnten, daß es gesundheitsschädlich sei, und was weiß ich noch alles. Meinen Sie, ich sei ein Idiot, wüßte nicht, worauf es ankäme und hätte mir die entscheidenden Fragen nicht überlegt? Warum haben Sie sich überhaupt aus freien Stücken entschlossen, diese Fahrt zu unternehmen und sich mir anvertraut? — Kameraden, es ist zu spät. Ich denke jetzt nicht mehr daran nachzugeben! Ich verlange, daß Sie bedingungslos meine Befehle ausführen. Ich werde vor keinem Mittel zurückschrecken, meinen Willen bis zur letzten Konsequenz durchzusetzen. Sie wissen, daß es meine Absicht ist, Ihnen die Freiheit zu geben. Ob es gutgeht, weiß ich genausowenig wie Sie; daß es aber schiefgeht, weiß ich genau, wenn Ihre Haltung weiterhin so nachläßt wie in den letzten Tagen. Wenn gewisse Elemente anfangen, ihre Kameraden zu bestehlen, dann werden wir bald Mord und Totschlag, vielleicht eine Meuterei erleben. Wir werden wie die Ratten ersaufen, wir werden uns selbst das Schicksal erwählen, das uns einst der Gegner zugedacht hatte. Ein würdiger Abschluß für U-Boots-Fahrer.

Übrigens, wenn ich von Kameradendiebstahl spreche, so greife ich mir kein Beispiel aus der Luft, sondern gebe bekannt, was heute morgen jemand fertiggebracht hat. Das Verwerflichste, was es bei uns gibt: Kameradendiebstahl. Wir werden demnächst unsere Spinde verschließen müssen, wir werden uns nicht mehr trauen können, wir werden unsere Blicke meiden. Wie Verbrecher werden wir mißtrauisch durch das Boot schleichen, nach links und rechts schielend, vielleicht kriecht jemand mit dem Dolch in der Hand hinterher?

Es wird aber nicht soweit kommen, denn ich weiß, daß Sie

ordentliche und ganze Kerle sind; ich hätte anderen nie mein Vertrauen geschenkt. Sie haben sich nur von momentanen Stimmungen unterkriegen lassen. Reißen Sie sich zusammen!

Mit dem Manne, der sich an unserer Gemeinschaft vergangen hat, verfahren Sie so, wie Sie es für richtig halten.« —

Mit diesen Worten gehe ich aus dem Raum. — »Achtung!« — Die Besatzung nimmt, wie in alten Zeiten, Haltung an und reißt die Köpfe herum.

Der Schokoladendieb erhält eine »Abreibung«; einige Tage wird mit ihm nicht gesprochen werden, eine empfindliche Strafe in der Enge des Bootes und bei der Schnorchelei, während der man doch gern einmal in der bedrückenden Atmosphäre ein Wort wechseln möchte.

In der Folgezeit ist meine Besatzung wie umgewandelt. Sie erscheint militärischer als je. Jawohl, Herr und Dienstgrad, wie in der Rekrutenkompanie. — Acht Tage später veranstalten wir ein geselliges Zusammensein, das uns alle wieder kameradschaftlich eint. In den letzten Tagen hatte ich mich sehr zurückgehalten. Binnen kurzem sind wir erneut das, was wir am Tage der Abstimmung waren, ein Herz und eine Seele. Keiner spricht mehr von: »doch falsch gehandelt«, »Spanien« oder anderen Dingen. Die Besatzung ist zu neuem Leben erwacht. Sogar der »Übeltäter« kommt zu mir und entschuldigt sich. Er entwickelt sich in der Folgezeit zu einem wirklich brauchbaren Mitglied unserer Gemeinschaft.

Doch kann der moralische Auftrieb auf die Dauer nicht die Realitäten unseres physisch unnatürlichen Daseins aus der Welt schaffen. —

60 Tage unter Wasser. Jetzt beginnen wir wahrhaftig auch selbst zu verschimmeln. Die letzte Farbe ist aus den Gesichtern entschwunden. Die Augen haben ihren Glanz verloren. Dunkle Bärte rahmen die schmalen und blassen Gesichter ein. Wir haben keinen Appetit mehr, Hustenanfälle mehren sich. Nur noch wenig unterhalten wir uns. Mechanisch wird der Dienst versehen. Man glaubt, wandelnde Leichen zu sehen. Kraftlos, willenlos. Zwei Monate ohne Tageslicht, ohne frische Luft. Oft hatten wir, wenn es zu unerträglich wurde, die Sauerstoff-Flaschen in Anspruch genommen. Sie sind ziemlich erschöpft. Das Holz im Boot beginnt zu verfaulen. Kondenswasser läuft ständig von den Wänden. Kojen, Wäsche, alles ist naß. Die meisten liegen in ihren freien Stunden auf den Betten und dösen vor sich

hin. Die Räume sind schwarz verräuchert. Bald täglich schlagen Qualmwolken aus den Dielen. Es läßt sich nicht vermeiden, wenn der Wasserdruck auf den Auspuffen zu groß wird. Die Maschinen waren auch nicht mehr neu. In den letzten Wochen sind sie stark mitgenommen worden. Ständig diese hohe Belastung. Beim Anlassen konnten sie nicht langsam hochgefahren werden. Sofort äußerste Kraft. Es beansprucht sie zu sehr. Hier und dort fielen elektrische Anlagen aus. Kein Wunder bei der Feuchtigkeit. Das geringe Personal mußte schwer ran. Zum Glück ist der für die elektrischen Anlagen zuständige Obermaschinist an Bord geblieben. Ein wirklicher Fachmann.

Endlich rückt der Tag heran, da ich glaube, den Auftauchbefehl verantworten zu können. Wir haben ein Gebiet erreicht, wo wir uns nach meiner Überzeugung versuchsweise wieder einmal an die Oberfläche trauen dürfen. Die Gesichter hellen sich auf. Das große Ereignis wird der beherrschende Gedanke. Darüber kommen auch Gespräche erneut in Gang.

Heute sind wir 66 Tage unter Wasser. »Heute nacht wird aufgetaucht!« Alle sind elektrisiert. Die Hölle nimmt ein Ende! Ein jeder kostet die Vorfreude aus: Wieder frische Luft atmen, den Wind um das Gesicht spielen lassen, die Wogen des Meeres erleben und den Blick zu den Sternen richten können. Ein kurzes Manöver, und die Bande des Infernos sind für uns gesprengt.

Wir bereiten uns vor. Der Einbruch der Dunkelheit ist nach unseren Berechnungen, die wir heute wie an jedem Tage der Unterwasserfahrt vornehmen, schon erfolgt. Alle Mann sind aufgestanden. Jeder möchte auf die Brücke. Aber das wird nicht möglich sein, noch sind wir nicht weit genug von der Gefahrenzone Gibraltar entfernt.

Das Boot steigt. Ich stehe auf der Leiter am Luk. Wie früher halte ich das nunmehr völlig verrostete Rad zum Aufdrehen in den Händen. Der Mann am Horchgerät hat Rundblick genommen; nichts scheint sich in unmittelbarer Nähe zu befinden. Wir steuern auf 20 Meter.

»Auftauchen!« — Ich spreche das erlösende Wort. Wie eine Zauberformel mag es diesmal in den Ohren der Besatzung klingen. Eine unbändige Freude schwingt in mir. Wie neugeboren fühlen sich alle. Das Leben hat uns wieder!

Luft strömt tosend in die Tanks. Der Tiefenmesser im Turm bewegt sich schnell. Wie im Fahrstuhl geht es an die Oberfläche.

Ingenieur: »Turmluk frei.« Druckausgleich.

Windstärke 12

Wirkung eines Magnettorpedos

Torpediertes Handelsschiff

Getroffener Tanker

Durch Bombe beschädigtes U-Boot

U-Boot im bombensicheren Dock

Ich öffne den Lukendeckel und stehe auf der Brücke. Hinter mir der Erste Wachoffizier. Ein prüfender Rundblick. Kein Fahrzeug in Sicht.

Unter dem Kreuz des Südens

Über mir öffnet sich die Unendlichkeit eines Himmels, an dem die Sterne gleich leuchtenden Diamanten prangen. Dankbar geht mein Blick zu ihnen hinauf. Um mich herum ist die Weite des Meeres. Welche Erlösung von der erdrückenden Enge des stählernen Schiffsleibes! Der Mond strahlt ein mildes Licht aus. Voll Andacht empfinde ich die Allmacht des Kosmos. Ich atme tief. Ein wahrer Balsam ist die reine ozonhaltige Luft. Die Lungen saugen sich mit ihr voll. Ein köstliches Gut: Frische Meeresluft und nicht mehr die verbrauchte ölschwangere Atmosphäre des Unterwasserkäfigs.

Die Brückenwache ist aufgezogen. In der Zentrale haben sich die Freiwachen gesammelt. Sie schauen nach oben. Nur wenig können sie durch das Luk die Sterne sehen. »Frage, ein Mann Brücke?« sind die üblichen Worte, mit denen man sich auf einem U-Boot erkundigt, ob gestattet ist, auf die Brücke zu kommen. Jetzt reiß es nicht ab: Einer, noch einer, und immer wieder einer will nach oben. Eigentlich dürften nur zwei Mann außer der Brückenwache oben sein. Aber diesmal ist es wirklich schwer, nein zu sagen. Bald sind sie fast alle oben versammelt. Nur ein Funker und das diensthabende Maschinenpersonal müssen unten bleiben. Das Radarwarngerät darf nicht außer acht gelassen werden. Vielleicht wird auch hier vom Gegner gesucht. Die letzten Tage war es allerdings schon ruhig hergegangen.

Vom Zauber der Stimmung ist jeder erfaßt. Wir betrachten die vertrauten Sternbilder. Zu lange waren sie uns vorenthalten. Bald werden uns andere, bisher unbekannte, erfreuen. — Die Sterne des südlichen Himmels. Einige von ihnen sind schon sichtbar. Ich kann sie denjenigen Kameraden, die sich noch nie in diesen Breiten aufgehalten haben, erklären.

Wie glücklich wir alle sind! Es wird gelacht und gescherzt. »Ja, so macht das Leben wieder Spaß«, meint Moses. »Keiner wird mich mehr in den Sarg hineinbekommen, der ja schlimmer ist als die grausamsten mittelalterlichen Marteranstalten.« »Dann bleibe doch draußen, wir werden dich in einem Schlauchboot aussetzen«, ist die Antwort. Unser »Übeltäter« befindet sich auch auf der Brücke. Niemand spricht mehr von dem Zwischenfall. Er ist wieder Kamerad unter Kameraden.

Die Nacht vergeht schnell. Keiner schläft. Wir genießen wieder das Dasein. Wir empfinden alles wie eine Gnade, die uns zuteil wurde, ein beglückendes Geschenk: Die Wellen, die weiße Bugsee, Delphine, die sich dem Marsch anschließen. Man kann es nicht in Worte fassen. Die Strapazen sind vergessen. Es ist eine Lust zu leben.

Eigentlich wollten wir vor dem Hellwerden tauchen. Nein, nach dem Sonnenaufgang. Ihn müssen wir auch bewundert haben. Blutrot steigt der Feuerball aus dem Meer. Wolkenloser Himmel. Alle sind wir von dem Schauspiel ergriffen. Keiner spricht. Still betrachte ich die Gesichter. Abgemagert, Falten, die Augen scheinen in tiefen Höhlen zu liegen, graue, ins Gelblichgrünliche schimmernde Haut; die Lippen sind nicht mehr rot, und dann ein wilder Bart. Wie haben sich die einst so frischen Gesichter verändert. Totenmasken ähnlich! Um viele Jahre scheinen sie gealtert. Mein Erster Wachoffizier hat unzählige weiße Haare bekommen.

Es ist hell geworden. — Ohne Alarm, friedlich geht es in die Tiefe. Wir stellen den Dienstplan um. Der Tag wird zur Nacht und die Nacht zum Tage. Bei der Tauchfahrt soll geschlafen werden und der Tagesbetrieb sich beim Überwassermarsch abspielen. Für den Dienstablauf im Boote ist es kein Unterschied, ja man merkt es nicht einmal, da doch immer die gleiche Beleuchtung herrscht. Und die Uhren zeigen auch um Mitternacht 12. Wir nehmen dann die Hauptmahlzeit ein. Also, wir stehen fortan abends auf und legen uns morgens schlafen. Auf diese Art sind wir frisch, wenn es hochgeht, und können die Natur genießen.

Der Nachtmarsch geht unter Einhaltung aller Vorsichtsmaßnahmen vor sich. Die Flakgeschütze sind sorgfältig auseinandergenommen und gereinigt worden. Erstaunlich gut hatten sie sich trotz der langen Zeit unter Wasser gehalten. Jetzt sind sie durchgeladen und an jedem Rohr hängen lange Magazine. Die Brückenwache ist in alter Stärke besetzt, das Radarwarngerät eingeschaltet. Wenn ein Flugzeug oder ein Schiff uns angreifen sollte, wollen wir uns verteidigen. Wir werden nicht kampflos unser Leben hergeben. Wir würden in reiner Notwehr handeln.

Der bisherige Verlauf unserer Unternehmung hatte bewiesen, wie sehr sie von der Energie und dem Willen einer für die Gesamtheit verantwortlichen Person abhing. Ich durfte als Kommandant im Interesse der Sicherheit des Bootes keinen Streit aufkommen lassen. Die weiße Mütze, die ich bewußt trug, sollte auch äußerlich betonen, daß ich meine Befugnisse in vollem Umfange und bis zur äußersten Konsequenz wahrzunehmen entschlossen war. Dem Schicksal dankte ich, daß ich als Schulbootskommandant ausgiebig Gelegenheit gehabt hatte, Praxis in Menschenführung zu erwerben. Noch vor zwei Jahren wäre ich der mit jetzt gestellten Aufgabe nicht gewachsen gewesen. Ich nahm mir vor, fortan streng auf die Durchführung meiner Befehle zu achten und jeden Versuch, die Besatzung in Gruppen zu spalten oder die Disziplin zu untergraben, im Keime zu erstikken.

Der schwierigste und unangenehmste Teil der Reise schien überwunden. Es handelte sich nunmehr darum, den Marsch weiterhin unentdeckt fortzusetzen und zu einem guten Erfolge zu führen.

Unser Brennstoff hatte sich bei Beendigung des ununterbrochenen Unterwassermarsches bis auf 40 Tonnen erschöpft. Dies war einer der Gründe gewesen, weswegen einigen Matrosen Bedenken gekommen waren und ihnen das Erreichen unseres Zieles unmöglich schien. Sie hatten die zurückgelegte Entfernung und den dafür benötigten Brennstoffverbrauch sowie die fehlende Distanz und das dafür notwendige Treiböl errechnet. Der Vergleich der reinen Zahlen fiel auf den ersten Blick erschreckend aus. 40 Tonnen waren für 1800 zurückgelegte Seemeilen verbraucht, für die 5500 fehlenden Seemeilen standen nur weitere 40 Tonnen zur Verfügung. Wir hatten zwar beim Auslaufen eine Tankkapazität für 120 Tonnen, aber in den Tagen vor dem Zusammenbruch konnte man uns nur 80 mitgeben. Die deutschen Vorräte waren erschöpft, synthetische Herstellung und Nachschubwege zerschlagen. Die geringe Menge, die unser Leitender Ingenieur durch geschickte Messungen mehr bekam, war bald erschöpft worden.

Nach ausgiebigen Beratungen und Berechnungen kam ich zum Resultat: Nur noch in dringenden Fällen tauchen, da dies höchst unökonomisch ist. Auf keinen Fall mehr »schnorcheln«!

Ich ordnete an, daß aufgetaucht 10 Stunden mit geringen, nämlich ungefähr 60 Schraubenumdrehungen eines Dieselmotors gefahren werde, und die restlichen 14 Stunden des Tages mit einer Elektromaschine. Auf mögliche Schäden, die durch so langsame Fahrtstufen auftreten, konnte keine Rücksicht mehr genommen werden. Ich errechnete die Ankunft für Mitte August und hoffte außerdem noch 5 Tonnen Treiböl übrigzuhaben. Falls der Brennstoff nicht ausreichen sollte, planten wir, Segel zu nähen und eine Strecke unter Ausnutzung der zum Teil günstigen Strömungen und Winde des Südatlantiks treibenderweise zurückzulegen. Notfalls bestand die Möglichkeit, Brasilien anzulaufen.

Die Stimmung der Besatzung wird zusehends besser. Wir begegnen vielen Schiffen. Sie haben Positionslichter gesetzt. Der Krieg ist für sie vorbei. Eines Nachts überholt uns ein Passagierdampfer. Gedämpfte Tanzmusik schallt zu uns herüber. Menschen gehen auf dem Promenadendeck spazieren. Sehnsüchtig schauen wir auf den »Riesen«, der wie ein Lichtberg anmutet und, als wenn nichts geschehen wäre, majestätisch seine Bahn zieht. Eine Stunde lang bleibt er für uns sichtbar. Der einst so gefürchtete »Graue Wolf« ist zu einem zahmen Hündchen geworden. Es heißt Brennstoff sparen. Wir sacken zurück.

Noch haben wir das Radarwarngerät eingeschaltet. Auf freier Brücke darf nachts nicht geraucht werden. Vielleicht übertriebene Vorsicht, aber es scheint mir sicherer. Bei dem aufgetauchten Nachtmarsch dürfen diejenigen, die rauchen wollen, es im Turm neben dem Seerohr sitzend tun. Beim Überwassermarsch können wir den Rundfunk einstellen, Musik hören und vor allen Dingen auch wieder Nachrichten vernehmen. Über zwei Monate lebten wir von der Außenwelt völlig abgeschnitten. Nunmehr kann man sich über die Lage wieder ein Bild machen. Daß es erschütternd und schlimm in der Heimat aussieht, wird aus den Meldungen klar ersichtlich. Auch die Vorgänge um die Kapitulation vermögen wir zu rekonstruieren.

Irgendeine Wendung, wie etwa ein Zerfall der Siegerkoalition, ist nicht eingetreten. Auf Deutschland lastet das volle Gewicht der Niederlage. —

Daraus ergeben sich für mich wichtige Schlußfolgerungen. Ich bin für das Schicksal und das Wohl meiner Besatzungsmitglieder verantwortlich. Wieder muß ich es mit mir allein ausmachen, und manche Stunde in meiner Kammer vergeht mit Nachdenken und grübelnden Überlegungen. Noch kann ich aber die

Richtung, in der sich zwangsweise meine Gedanken bewegen, nicht allen darlegen, und die Zeit, um endgültige Ratschlüsse zu fassen, ist nicht gekommen. Die Gespräche der Besatzungsmitglieder handeln fast ausnahmslos von der Sorge um die Angehörigen. Viele Männer hatten schon beim Auslaufen keine Nachricht mehr von ihnen erhalten. Quälende Ungewißheit erfüllt die Herzen: Was mag bei der Besatzung den Lieben widerfahren sein? Wie ist es denjenigen ergangen, die geflüchtet sind und nun in den elendsten Verhältnissen irgendwo Obdach suchen müssen? Keine Betten, keine Decken, die Brüder und Väter vermißt, tot oder zu Krüppeln geschossen. Niemand kann Unterstützung erwarten. Jeder hat mit sich selbst zu tun und vermag sich nicht um andere zu kümmern. Der Kampf um ein Stück Brot, ja um Kartoffelschalen hat begonnen. Greise und Kinder verhungern, Totgeburten sind an der Tagesordnung.

Auch meine Mutter ist während der Kämpfe in Berlin geblieben. Wie wird sie diese überstanden haben? Sie wollte nicht weggehen. Viele haben es nicht getan. Tapfere deutsche Frauen und Mütter!

Unser Unterseeboot sah innen verheerend aus. Die Eisenteile verrostet, die Wände grün. Ich gab dem Ersten Wachoffizier Befehl, das Schiff gründlich zu überholen. Wo notwendig, sollte gestrichen, die Munition entrostet und eingefettet werden. Die 66 Tage unter Wasser hatten nicht nur uns, sondern das ganze Boot stark mitgenommen.

Leider hatte der Erste Wachoffizier wenig Verständnis für mein Vorhaben. Er meinte, das Boot würde sowieso vor der argentinischen Küste versenkt werden, und Überholungsarbeiten seien völlig unnütz. Doch ich bestand auf strikter Durchführung meines Befehles. Die Matrosen zeigten sich ausnahmslos willig, und der Zustand unseres Schiffes besserte sich zusehends. Die großen Magazine für die vollautomatischen Zwei-Zentimeter-Schnellfeuergeschütze wurden auseinandergenommen, gereinigt, wieder zusammengesetzt und in die dafür vorgesehenen Halterungen gestellt. Als ein Seemann, um sich die Arbeit zu erleichtern, die Geschosse in unvorsichtiger Weise auf die Flurplatten fallen ließ, wies ich auf die Gefahr einer Explosion hin und forderte, so zu verfahren, wie es in der Artillerieschule gelehrt worden war. Der Erste Wachoffizier wußte es wieder besser und erlaubte sich unpassende Bemerkungen, im Glauben, ich würde sie nicht hören. Als ich ihn in meiner Kammer zur

Rede stellte, zeigte er offen Opposition und brachte zum Ausdruck, daß ich ihm keine Anweisungen geben könne, da ich ja eigentlich kein Vorgesetzter mehr sei.

Das Maß war voll. Niemandem war verwehrt, mir irgendwelche Bedenken und kritische Einwände in gebührender Form vorzutragen. Ich verschloß mich nicht überzeugenden Argumenten. Aber durch das konträre Verhalten des Ersten Wachoffiziers drohte die Gefahr, daß Zwietracht und Spaltung in die Mannschaft hineingetragen wurden. Ich hatte keine Staatsmacht hinter mir, war nicht durch höhere Vorgesetzte gedeckt und mußte darum erst recht durchgreifen. Der Erste Wachoffizier trug im übrigen am Ausfall des Sehrohrs die Schuld, was uns beim Schnorcheln zum Verhängnis hätte werden können. Er hatte bei einem Alarm vergessen, das Periskop einzufahren, wodurch auf 100 Meter Tauchtiefe die Drahtseile dem Wasserdruck nicht mehr standhielten und es krachend auf den Schiffsboden aufschlug, wobei die Prismen durcheinanderfielen.

Ich erachtete alle Vorfälle und sein Verhalten zusammengenommen als ausreichend, um eine an sich mir unliebsame äußerste Maßnahme zu ergreifen. In Gegenwart der gesamten Besatzung enthob ich den Ersten Wachoffizier seiner Stellung. Ich verbot, unsere Reise betreffende Fragen mit ihm zu besprechen und Befehle von ihm entgegenzunehmen. Der bisherige Zweite Wachoffizier übernahm seinen Posten.

Wir nähern uns den Kapverdischen Inseln. Es ist noch dunkel. Jeden Augenblick erwarten wir das Erscheinen der felsigen Berge. Schon lange haben wir kein Land gesehen. Gespannt durchbohrten unsere Augen die schwarze Nacht. Ein Schatten kommt in Sicht, noch einer. Der Abstand verringert sich nur langsam. Es beginnt zu dämmern. Wir tauchen nicht. Bestimmt gibt es keine Ausguckposten auf den Inseln. Die Sonne geht auf. Die massigen Felsen, die mit scharfen Konturen aus dem Meer ragen, bieten einen herrlichen Anblick. Schon erkennen wir an den Abhängen Felder und Grünflächen. Fischerboote mit farbigen Segeln erhöhen die romantische Stimmung.

Wir gehen auf Nachtzielsehrohrtiefe. Das uns verbliebene zweite Periskop ist zwar sehr kurz, aber hier wird niemand auf Strudelbildung der dicht unter der Oberfläche arbeitenden Schrauben achten. Auf höchstens tausend Meter passieren wir die Insel. Jeder hat die Gelegenheit, einmal durch die Prismen zu schauen. Alle sind begeistert. Deutlich erkennen wir im Freien arbeitende Menschen. Eigentlich müßte man sich hier einige Tage erholen! Zwischen den Inseln werden die Alliierten kein U-Boot vermuten.

Aus dem Segelhandbuch ersehe ich, daß einige dieser Inseln unbewohnt sind. Wir begeistern uns an der Idee, eine davon anzulaufen. Schon haben wir Kurs auf das Eiland »Branca«. — »Auftauchen!« — Wir fühlen uns sicher. Die Besatzung ist an Oberdeck. Spiegelglatte See. Strahlend liegt der Felsen in den blauen Fluten, weiß umbrandet sind die Ufer. Eine Unzahl von Delphinen umschwimmt uns im Spiel. Ab und zu erweckt es den Anschein, als wollten die Tiere über unseren Bug springen. Wie dankbar wir ihr fröhliches Tummeln empfinden! Wir nähern uns der Küste. Bis auf einige Fischerhütten ist auch im Glas nichts zu erkennen, was auf das Vorhandensein von menschlichen Lebewesen schließen läßt. Die verwahrlosten Häuschen und Höhlen bieten anscheinend nur Fischern bei Unwetter Schutz. Jetzt werden sie auf den größeren Inseln sein. Vorsichtig, mit nur einem Elektromotor, fahren wir heran. In dem klaren Wasser erkennt man jeden Felsen und jede Untiefe. Nur eine geringe Entfernung trennt uns vom Ufer. Die Brandung ist jedoch so stark, daß wir uns zum Ankern entschließen müssen. Später wollen wir mit Gummibooten versuchen, das Eiland zu betreten.

Die Kapverdischen Inseln liegen im sogenannten Haifischgürtel. Anfängliche Bedenken, zu baden, sind bald überwunden, denn bei der Gegenwart so vieler Schweinsfische liegt keine Gefahr vor. Auch ist die Wasseroberfläche derart spiegelglatt, daß die Annäherung von menschenfressenden Haien rechtzeitig bemerkt werden müßte. Eine nur wenig bekannte Tatsache ist, daß Delphine, die um ein Vielfaches größeren Haie vertreiben oder töten. Sie sind schneller, wendiger und treten fast immer in größeren Mengen auf. Es sollen sich Fälle ereignet haben, daß sie sogar im Wasser befindliche Menschen vor Haien retteten, indem sie eine Art Schutzgürtel um die Schwimmer bildeten und diese mit ihren Körpern an die Küste schubsten.

Der Versuch, mit kleinen Booten die Küste zu besteigen, scheitert an der Brandung. Wir begnügen uns damit, den Anblick zu genießen und uns in dieser schönen Umgebung zu erfreuen.

Wir haben viel Spaß und paddeln mit den gelben Schlauchbooten umher. Verschiedentlich versuchen einige Männer, den

Schweinsfischen nachzuschwimmen oder ihnen vom Boot aus auf den Kopf zu springen. Aber keinem gelingt es, einem Delphin näher zu kommen oder ihn gar zu berühren. Zu schnell sind diese geschmeidigen Tiere.

Die Nacht ist sternklar und warm. Wir feiern ein Bootsfest. Wir wollen einmal den allgemeinen Jammer des Zusammenbruchs vergessen. Nach langem singen wir wieder gemeinsam, sind lustig wie in früheren Zeiten und froh, daß wir noch die Freiheit genießen können. Wir malen uns aus, wie unsere Kameraden hinter Stacheldraht ihre schmale Kost verzehren müssen. Was ist schöner auf der Welt als die Freiheit?

Das morgendliche Bad ist genommen, der Anker gelichtet, ein Diesel hämmert langsam seinen eintönigen Takt. — Kurs Süd, dem Ziel entgegen. Die letzte Insel der Gruppe ist gepeilt und passiert. Ruhig und unbewegt breitet sich das Meer aus. Die Sonne brennt heiß vom Himmel. Die Männer liegen ausnahmslos auf Deck und bräunen sich die blassen Körper. Wie wohl es tut! Ausschlag und Geschwülste verschwinden in wenigen Tagen. Die hageren, zerfurchten Gesichter werden runder und zufriedener. Unstimmigkeiten nehmen ab. Die sich »böse« geworden waren, werden wieder gute Freunde und Kameraden, scherzen und lachen miteinander. Ein an Oberdeck angebrachter Schlauch ist ständig in Betrieb und ermöglicht willkommene Abkühlung bei der starken Hitze.

Man müßte im Ozean baden können, ist der Wunsch eines jeden. Ein Wellenreiter wäre ideal, um sich damit hinter dem Boot herschleppen zu lassen. Ein wirklich guter Gedanke! Er wird sofort verwirklicht. Holz gibt es genug, und Seile selbstverständlich auch. Noch am selben Tage wird ein neugebauter Wellenreiter in Betrieb genommen. Nur wollen wir nicht hinter dem Heck, sondern seitlich gezogen werden. Die Gefahr, in die Schrauben zu geraten, ist dort geringer. Die Leine wird vorn am Bug befestigt, und dann steigt der Mutigste auf das schwankende Brett. An diesem ist ein weiteres Seil als Zügel befestigt. Stehend, kniend oder liegend kann nun der Betreffende Kurven fahren; er schießt förmlich über das Wasser, über kleine Wellen springend, von der Dünung sanft gehoben und gesenkt. Es ist wirklich ein herrliches Spiel.

Vorsichtshalber hat der Reiter einen dicken Anschnallgurt um die Hüften, und mehrere Männer halten das Verbindungsseil. Sollte er ins Wasser fallen, haben sie die Aufgabe, ihn sofort an

Bord zu ziehen, so daß er nicht in die Schrauben kommen kann und die Maschinen nicht zu stoppen brauchen; auch wird dadurch der zum Auffischen notwendige Drehkreis erspart. Es wäre Zeit- und Brennstoffverlust. Abgesehen davon ist es unangenehm, allein im Atlantik zu schwimmen und darauf zu warten, daß man wiedergefunden wird; denn allzu leicht verschwindet für die Suchenden ein so kleiner Menschenkopf in den Wellen, zumal das Rettungsmanöver einen Zeitraum von vielen Minuten und einen Drehkreis von annähernd tausend Metern erfordert. Außerdem gibt es in dieser Gegend Haifische.

Es macht wirklich einen Heidenspaß. Kaum daß es hell geworden ist, reitet schon der erste auf dem Brett, weitere stehen Schlange. Natürlich wird viel Salzwasser geschluckt, denn noch sind wir ungeübt in dem neuen Sport, und die meisten kennen ihn nur aus Kino-Wochenschauen. Selbst bei etwas schlechterem Wetter läßt sich die Besatzung nicht davon abhalten, ihrer neuen Lieblingsbeschäftigung nachzugehen. Verschiedentlich schlagen sich einige, auf den Wellenreiter springend oder hinuntersteigend, an der mit Muscheln bewachsenen Bordwand die Beine auf. Es schreckt keinen zurück. Alle sind zu neuem Leben erwacht. Prächtige Kerle.

Im Boot selbst schläft kaum noch jemand. Die Luft ist zu dumpf und stickig und die Hitze groß. In Hängematten, auf Decken oder Kissen halten sich die Männer im Freien auf. Wir essen sogar an Deck. Gut, daß uns niemand sehen kann. Ein Kriegsschiff mit Hängematten und Sonnensegeln zwischen den Kanonen! Wir schießen auf leere Flaschen, bauen Harpunen und fischen. Ab und zu fliegen Handgranaten ins Meer und bereichern durch aufgetriebenes Getier den Küchenzettel. Fliegende Fische sind besonders schmackhaft. Wir bewundern kleine Segelquallen, die sich mühelos vom Winde dahintreiben lassen. Ein U-Boot-Fahrer hat vor der Besatzung vieler anderer Schiffsarten voraus, daß er das Meer und seine Bewohner besonders nah erleben kann. Die Masse der heutigen Seeleute verfügt gar nicht mehr über die Beobachtungsmöglichkeiten, die er auf seinem Boote besitzt. Er lernt die Meeresbewohner und die zahllosen Arten des Lebens in den Ozeanen denkbar gut kennen. Noch nie aber war mir der Reichtum des Meeres so aufgefallen wie jetzt. Ein Wunder der Schöpfung, die vielen unbekannten Tiere, die alle Farben widerspiegeln.

Beim Passieren von Schiffen schlagen wir einen kleinen Haken und bleiben somit außer Sichtweite. Aber warum diese Umständlichkeit? Wir werden uns verkleiden! — Gesagt, getan. — Schon werden Leinwand und Segeltuch in Streifen geschnitten und so aufgehängt, daß unsere Silhouette der eines normalen Frachtschiffes gleichkommt. Alle haben Einfälle. Sogar der Schornstein fehlt nicht. Aus Blech wird ein Rohr gefertigt und auf eine Büchse mit öligen Lappen gesetzt. Ein angeschlossener Preßluftschlauch ermöglicht bessere Verbrennung. Von nun an weichen wir keinem Schiff mehr aus. Wir sind wirklich ganz naturgetreu. Dicke Rauchschwaden und sprühende Funken steigen, wenn nötig, gen Himmel!

Ein Schrei. — Er kommt vom Mann auf dem Wellenreiter. Ein riesiger Fisch schwimmt neben ihm. Ist es ein Hai? — Noch niemals habe ich ein so gewaltiges Tier gesehen. Zum Glück nur ein Wal. Völlig blaß und schnaufend liegt unser Reiter auf den Planken. Das Seeungeheuer hat ihn arg erschreckt. Der Wal hingegen zeigt sich keineswegs beeindruckt, sondern schwimmt drei große Kreise um unser Boot und bleibt noch mehrere Stunden im Kielwasser. Ab und zu werfen wir eine Ölsardine ins Wasser. Er soll unser Freund werden. »Er könnte uns eigentlich ziehen«, meint Moses.

Wir kommen dem Äquator näher. Die Sonne sticht vom Himmel. Kein Windhauch regt sich. Wir sind im Kalmengürtel, dem Gebiet völliger Windstille, das von Segelschiffsfahrern so gefürchtet war. Selbstgemachte Sonnenhüte schützen Kopf und Nacken vor der Tagesglut. Jeder bastelt sein eigenes Modell. Mein Helm hat einen Durchmesser von fast einem Meter.

Die Linie soll morgen passiert werden. Gleich der Taufe auf der Freetownreise wird das Ereignis organisiert. Nur soll diesmal das Fest auf der Wasseroberfläche stattfinden.

Ich selbst spiele Neptun. Das Schwert des Hofpolizisten fällt unaufhörlich auf die armen Opfer. Auf einige hat er es besonders abgesehen.

Das Fest hat seinen Höhepunkt erreicht. — Flugzeuggeräusche! Schnell wird das Fu-M-B eingeschaltet und besetzt. Sollten wir entdeckt worden sein? Die Ausguckposten paßten bei der Taufe nicht richtig auf, sondern schauten lieber zu, wie ihre Kameraden gequält wurden. Zu sehen ist nichts. Es brummt nur unaufhörlich. Sollen wir tauchen?

Die Flakgeschütze sind besetzt und durchgeladen. Thetis, die Tochter Neptuns, sitzt an der 3,7-Zentimeter-Kanone. Hofarzt und Barbier halten jeder ein Maschinengewehr. Das Gefolge steht bereit, damit gegebenenfalls das Tauchmanöver ausgeführt werden kann. Ein komischer Anblick in der so ernst scheinenden Lage. Männer der einst so gefürchteten U-Boots-Waffe in den lustigen Verkleidungen, aber entschlossen, bei einem etwaigen Angriff ihr Leben zu verteidigen.

Die Geräusche werden schwächer und schwächer. Vielleicht waren es Passagierflugzeuge. Mit gemischten Gefühlen wird das Fest zu Ende gefeiert.

Tage sind vergangen. Dem ehemaligen Ersten Wachoffizier fehlt die Pistole. Ein bedenklicher Fall. Wenn jemand eine Schußwaffe stiehlt, so hat er gewiß etwas damit vor. Der Verdacht fällt auf einen Funker. Er ist bei den meisten unbeliebt, da er sich gern vor Gemeinschaftsarbeiten drückt. Die Räume werden auf den Kopf gestellt und durchsucht. — Vergebens. Mit Leuten, zu denen ich das größte Vertrauen habe, spreche ich eingehend dieses neue Ereignis durch. Sie sollen den Täter ermitteln. Der Fall wird nicht mehr in Gesprächen erwähnt.

Nach genau vier Tagen erhalte ich Meldung: »Pistole gefunden. In einem Sendegerät versteckt. Dieb Funkmatrose.«

Ich lasse ihn zu mir kommen. Er gesteht die Tat.

Musterung im Bugraum. — Wieder eine »Abreibung«. Der Kopf wird ihm geschoren. Vierzehn Tage ist es ihm verboten, an die frische Luft zu gehen. Er wird im Heckraum neben dem Torpedorohr untergebracht und bekommt nur trockenes Brot und Wasser. Selbstverständlich spricht niemand mit ihm. Der Dieb einer Schußwaffe ist unberechenbar. Er steht bis zum Ende der Fahrt unter Beobachtung. —

Unermüdlich zieht unser Schiffchen seine Bahn. Nie setzt das gurgelnde Geräusch des aufquirlenden Kielwassers und der Bugsee aus. Wir sind schwarzgebrannt wie die Mohren, lassen die Beine ins Wasser hängen, essen, trinken und rauchen. Arbeit gibt es nur noch wenig. Die Räume unseres braven Gefährten erstrahlen in neuem Glanz. Der Rost ist verschwunden, die Tropensonne hat das Holz ausgetrocknet. Der Kampf gegen den Schimmel ist gewonnen. Wäsche waschen wir seit geraumer Zeit nicht mehr, sondern ziehen sie, an einer Leine befestigt, eine Stunde hinter dem Boot her. Scharfes Seewasser und Fahrtstrom waschen gründlicher als die beste Waschmaschine. Der Erfinder des Verfahrens wird allgemein gelobt.

Das Radio meldet: »U-530« in Mar del Plata eingelaufen. Gespannt hören wir jede neue Sendung ab. Was wird mit der Besatzung geschehen? Wird sie ausgeliefert werden oder in Argentinien bleiben, in dem Land, das von uns so viel besprochen wurde? Zu schade, daß wir kein Spanisch verstehen. Weitaus interessanter wäre es, die Nachrichten aus direkter Quelle zu hören statt durch zensierte Radiosender anderer Nationen.

Die Zeit vergeht schnell. Wir sehen den am Himmel reflektierten Lichtschein von Rio de Janeiro. Wir kommen südlicher und südlicher. Schon wird es kühler. Die tropischen Zonen sind passiert. Da unser Einsatz im Nordatlantik geplant war, haben wir keine Karten von der südlichen Halbkugel. Wir navigieren lediglich nach Zahlen und zeichnen Übersichtskarten selbst. Die Längen- und Breitengrade wichtiger Küstenstädte entnehmen wir Handbüchern, die zum Glück vorhanden sind. Wohlweislich nähern wir uns nicht der durch vorgelagerte Felsen als gefährlich bekannten brasilianischen Küste. Warum ein Risiko eingehen, um ein paar Stunden durch Verkürzung des Weges zu gewinnen.

»U-530« ist den Nordamerikanern mit der Besatzung ausgeliefert worden. Also mußten seine Männer die Gefangenschaft hinnehmen. Eine bedeutungsvolle Nachricht. Unsere Hoffnung auf Freiheit erleidet einen schweren Schlag. Ich muß jetzt Umstände berücksichtigen, die vorher nicht gegeben waren. Ich habe mich mit der Realität auseinanderzusetzen und darf mich keinen Illusionen hingeben.

Was sollen wir tun? Wäre es vielleicht günstiger, es mit Brasilien oder Uruguay zu versuchen? Oder ist es am besten, das Boot vor der argentinischen Küste zu vernichten, und soll dann jeder auf eigene Faust versuchen, die Zukunft zu meistern? Der Gedanke wäre nicht abwegig, und nach der Auslieferung unseres Vorgängers scheint es das Naheliegende, um nicht auch hinter den Stacheldraht zu wandern. Die Mehrzahl breitet sich auf ein Aussteigen vor. Die Männer nähen sich Rucksäcke und stellen die notwendigsten Sachen zusammen. Sogar Wekzeug planen einige mitzunehmen, um sich möglicherweise als Maschinenschlosser betätigen zu können. Andere, die von Abenteuergeschichten und Wildwestfilmen angeregt sein mögen und von Südamerika allzu romantische Vorstellungen besitzen, haben geradezu phantastische Ideen. Krause Gedankengänge dieser Art mögen auch der Grund des Pistolendiebstahls gewesen sein.

Bisher habe ich immer im Einvernehmen mit der Überzeugung der Besatzung gehandelt. Meine Kommandantenstellung wird von mir nicht als eine Diktatur unter Mißachtung des Interesses der Gesamtheit aufgefaßt. Ich selbst halte mich aus allen Gesprächen heraus, rede weder dafür noch dagegen. Ehrlich gesagt, ist meine Meinung noch nicht gefestigt. Eine schwerwiegende Entscheidung ist zu fällen. Sie muß wohlweislich überlegt sein. Falsches Handeln könnte sich für das gesamte weitere Leben eines jeden von uns ungünstig auswirken. Mit Kriegsgerichten der feindlichen Welt ist nicht zu spaßen.

Die große Mehrzahl ist für die Versenkung unseres Unterseebootes und für das weitere Abenteuer. Es klingt verlockend.

Mein neuer Erster Wachoffizier ist der Älteste und in meinen Augen der geeignete Mann, um so wichtige Probleme zu besprechen. Wir beraten täglich. Des Nachts begleite ich ihn auf seine Wache. Die Entscheidung drängt. Die Besatzung will wissen, woran sie ist. Ich versuche Zeit zu gewinnen. Auf keinen Fall dürfen sich zwei Parteien bilden. Es fehlen nur noch wenige Tage, dann muß gehandelt werden.

In den Beratungen mit dem Ersten Wachoffizier klärt sich meine Ansicht. Die aus einer Versenkung möglicherweise entstehenden Folgen erscheinen zu schwerwiegend. Es kann nicht gutgehen. Versenkt darf nicht werden, ist die Schlußfolgerung, die ich eindeutig und endgültig ziehe.

Mein Plan ist, Mar del Plata anzulaufen. Buenos Aires kommt wegen Fehlens von Spezialkarten nicht in Frage, und selbst wenn wir sie hätten, wäre es ohne Lotsen, wegen der sich ständig ändernden Untiefen, ein Risiko, den über 100 Seemeilen langen Weg im Fluß zur Landeshauptstadt zurückzulegen.

In zwei Tagen muß nach Berechnungen der Leuchtturm von Mar del Plata in Sicht kommen; manche Männer hoffen, das Boot noch versenken zu können. Die letzten Gepäckstücke werden von den Anhängern dieses Vorhabens zusammengelegt.

Ich ordnete eine Musterung an. Die Besatzung ist auf meine Worte gespannt. Jetzt muß die Entscheidung fallen! Ich komme nicht mehr darum herum. Werde ich meinen Plan durchführen können? Die Ansprache wird bestimmend sein. Ich muß es schaffen und werde es schaffen, sind meine Gedanken.

»U-Boots-Männer! Ich bin stolz auf euch! Haben wir nicht eine Tat vollbracht, die uns so leicht niemand nachmacht? Dreieinhalb Monate sind vergangen, seitdem wir den schweren Entschluß in gemeinsamer Übereinkunft faßten. Wir haben ihn nicht nur gefaßt, sondern auch durchgeführt. Wir alle wissen, es war nicht leicht. Uns fehlten, bis auf zwei, alle spezialisierten Unteroffiziere, die Männer, die an sich in einem so komplizierten Mechanismus, wie es ein Unterseeboot ist, unerläßlich scheinen. Vor allen Dingen dann, wenn eine so lange Reise geplant ist und die vor dem Auslaufen erforderliche Überholung ausgeblieben ist. Wir haben es trotzdem geschafft. Unser Schiff befindet sich maschinell in bestmöglichem Zustand. Bis auf das Sehrohr gibt es nichts an Bord, was unbrauchbar ist. Ich möchte dem Maschinenpersonal meinen besonderen Dank aussprechen. Es hat ohne Ausnahme eine tadellose Haltung bewahrt und trotz schwerster Beanspruchung, sei es beim ›Schnorcheln‹ oder unter der Glut tropischer Sonne, seine Aufgabe erfüllt. Auch das seemännische Personal — ich brauche es nicht besonders zu betonen, denn wir sehen es täglich — hat durch unermüdliche Reinigungs- und Malerarbeiten das aus unserem Schiffchen gemacht, was es sein soll — einen Schmuckkasten.

Nur so wurde es uns zur Heimat, konnten wir uns darin wohlfühlen und zufrieden sein. Ich weiß die Arbeit, die darin steckt, zu beurteilen. Ich bin auf Segelschiffen gefahren. — Es ist geschafft. Jetzt sehe ich eure gebräunten und gesunden Gesichter; es ist mir eine innere Befriedigung. Keinen Augenblick bereue ich mein Vertrauen zu euch. Ihr habt bewiesen, daß man mit euch durch dick und dünn gehen kann, daß ihr Männer seid!

Nun, da wir vor dem Abschluß unseres Unternehmens stehen, gilt es, die letzte Entscheidung zu treffen. Ich will es nicht tun, ohne auch diesmal um euer Einverständnis gefragt zu haben. — Es gibt zwei Möglichkeiten: Das Boot zu versenken und schwarz an Land zu gehen oder in Mar del Plata einzulaufen. Ich will versuchen, die Vor- und Nachteile klarzulegen, wie sie sich mir darstellen.

Die Versenkung selbst stellt absolut keine Schwierigkeit dar. Was geschieht aber dann? — Wir paddeln mit den Schlauchbooten an die Küste und stehen nun neuen Schwierigkeiten gegenüber. Es ergibt sich der kritische Punkt, an dem wir nicht recht weiterwissen.

Unsere Übersetzboote müssen vernichtet werden, damit man uns nicht schon am ersten Tage sucht. Sie brennen nur schwer und langsam, da sie aus Gummi sind. Außerdem wären die Flammen weithin sichtbar. Wird Zeit zum Vergraben sein? Nehmen wir an, es würde doch klappen. Wir haben ›Auf Wiedersehen‹ gesagt, uns viel Glück für die Zukunft gewünscht und laufen in 32 Richtungen auseinander, denn in geschlossener Marschformation aufzutreten, erscheint wohl kaum ratsam. Ich selber wäre nicht allzu schlecht dran, denn ich habe Bekannte meiner Familie in der Landeshauptstadt und bin besser ausgerüstet als ihr.

Wie sieht es nun bei euch aus? Ihr müßt in der Uniform euer Heil versuchen, ohne Geld, ohne jegliche Sprachkenntnisse. Ich besitze einen Vorteil, da ich Englisch und Französisch beherrsche. Es wird nicht ausbleiben, daß schon nach kurzer Zeit einer von uns in Händen der Polizei ist und das Landungsgebiet abgesperrt und sorgfältig durchgekämmt wird. Die Alliierten werden Belohnungen auf uns aussetzen, Presse und Radio unermüdlich auf uns hinweisen. Man wird, wer weiß wen, unter uns vermuten, man wird uns für alle nach Kriegsende verlorengegangenen Schiffe verantwortlich machen; denn, bei reinem Gewissen wären wir eingelaufen, wird die Propaganda behaupten. Meint ihr, ihr werdet euch auf die Dauer verstecken können? Sollte es dem einen oder anderen gelingen, so werden seine Personalien auf jeder Polizeistation ausgehängt sein, und ohne den richtigen Namen ist es nicht möglich, eine normale Existenz wiederaufzubauen und sich wirklich frei zu bewegen. Haltet euch vor Augen, Kameraden, was ihr euch mit der Versenkung von ›U-977‹ auferlegen würdet und welche schweren Nachteile sich daraus ergeben können. Unsere ganze Unternehmung würde ein bitteres Ende nehmen; denn sollten wir gefaßt werden, können wir unser einwandfreies Verhalten nach Kriegsende in keinem Punkt beweisen. Das Beweismaterial würde auf dem Meeresgrund liegen. Schuldig gesprochen, sähen wir langen Kerkerstrafen entgegen.

Sollten wir hingegen einlaufen, so kann uns nichts geschehen. Wir haben eine weiße Weste. Haben wir Pech und werden ausgeliefert, so bleibt uns zumindest das Bewußtsein, mehr als ein Vierteljahr unabhängig gelebt zu haben. Wer von uns möchte die Reise, trotz ihrer Härte, als Erlebnis missen? Sie wird für die meisten das Ereignis ihres Lebens darstellen. Wir haben keine Zeit verloren, denn die vergangenen Monate hätten zweifellos in Gefangenschaft unter kärglichen Bedingungen abgesessen werden müssen.

Meiner Ansicht nach, Kameraden, gibt es nur die eine Wahl: Einlaufen. — Überlegt es euch wohl! Es ist aber nun wiederum nicht so, daß ich euch zu etwas zwingen will. Wendet ihr euch gegen meine Meinung, so müßte eure Entscheidung allerdings folgendes einschließen: Einer von euch bringt die Mehrzahl hinter sich, organisiert meine Festnahme und übernimmt für alles Weitere die volle Verantwortung als Kapitän. Er wird dann statt meiner für alles geradestehen müssen, denn es ist allzu klar, daß ich als einzelner gegen 31 Mann machtlos bin.

In einer Stunde will ich vom Ersten Wachoffizier Meldung über das Beratungsergebnis haben.«

Die Besatzung entschied sich in der Mehrheit in meinem Sinne. Ich gab noch besondere Anweisungen, keinerlei Bootseinrichtungen zu beschädigen oder irgendwelche Unterlagen zu vernichten.

17. August 1945. Es ist hell geworden. Strahlender Sonnenschein. Die argentinische Küste ist im Glas erkennbar. Der Leuchtturm kommt in Sicht. Die Bootsbesatzung ist auf der Brücke. Sie ist vollzählig. Niemand hatte Gelegenheit, des Nachts heimlich auszusteigen. Die Entfernung war noch zu groß. Mein Erster Wachoffizier, der die letzten Wachen ging, und ich ließen die Umdrehungszeiger der Maschinen nicht aus den Augen, um gewiß zu sein, daß die befohlene Geschwindigkeit eingehalten wurde. Es war nötig, auf der Hut zu sein. Einige Männer gingen mit dem Gedanken um, sich bei einer Ankunft, die noch während der Dunkelheit erfolgen würde, davonzumachen. Dies hätte unser ganzes Konzept gestört. Wie beweisen, daß außer Besatzungsmitgliedern nicht auch gesuchte Persönlichkeiten an Land gingen? —

Ein Albatros begleitet uns. Er umfliegt das Boot, setzt sich aufs Wasser und läßt uns ganz nahe, vielleicht einen halben Meter, vorbeifahren. Dabei schaut er mit seinen kleinen Augen auf den Turm, als wolle er sagen: »Ihr seht aber mit euren Bärten sonderbar aus, wo kommt ihr denn her?« Eine Büchse Ölsardinen ist geöffnet worden, und jedesmal, wenn der Vogel vorbeitreibt, nachdem er erneut nach vorn geflogen war, wird ihm ein Fisch überreicht. Anscheinend ist er zufrieden, denn er setzt sein Spiel noch längere Zeit fort. Erst als wir versuchen, ihm Brot anzubieten, fliegt er davon.

Noch außerhalb der Dreimeilenzone geben wir durch Lichtzeichen an die Signalstelle: »German Submarine.«

Wir liegen gestoppt. Einige Fischerfahrzeuge umfahren uns.

Neugierig schauen die Insassen auf uns. Die langen Bärte scheinen sehr zu beeindrucken.

In kurzer Zeit treffen das argentinische Minen-Räumboot »Py 10« und zwei Unterseeboote ein. Auf englisch teilt man uns mit, daß ein Kommando an Bord kommen werde. — Ein Motorkutter wird zu Wasser gelassen. Er bringt die angekündigten Soldaten herüber. Das Manöver geht schnell vonstatten. Das Kommando, aus einem Offizier, Unteroffizieren und Mannschaften bestehend, macht einen guten Eindruck. Die weiße Kleidung ist vorbildlich; die Haltung so, wie sie bei Soldaten sein soll.

An Oberdeck mache ich dem argentinischen Offizier Meldung und geleite ihn auf den Turm. Seine Untergebenen verteilen sich im Boot. Der Offizier eröffnet mir, daß er die Aufgabe habe, das Boot in den Hafen zu bringen. Er betont, daß es seine Pflicht sei, eine Versenkung oder Beschädigung des Schiffes zu verhindern. Ich gebe ihm zu verstehen, daß solche Absichten nicht vorliegen.

Ich schlage ihm vor, das Boot in den Hafen zu fahren, da meine Besatzung keine weiteren Sprachen als Deutsch spricht und außerdem die komplizierten Maschinenanlagen nur schwerlich von nicht spezialisiertem Personal bedient werden können. Meinem Ehrenwort wird Vertrauen geschenkt. Ich befehlige zum letztenmal mein »U-977«.

Sie haben Hitler versteckt!

Das Licht des aufgehenden Morgens graute zum Bullauge der Kajüte des Kreuzers »Belgrano« herein, als mich das Trompetensignal eines sich an Deck vollziehenden Wachwechsels aus meinen Erinnerungen aufschreckt und die Realität des Augenblicks wieder gegenwärtig macht.

Nein, ich gleite nicht lautlos auf einer schmucken Segeljacht über das Wasser der märkischen Seen. Ich bin nicht mehr der übermütige Jüngling, der da voller Begeisterung zu den »Grauen Wölfen« ging. Ich bin auch nicht mehr der Kommandant des »U-977«, sondern ein Kriegsgefangener der argentinischen

Flotte und sitze an Bord dieses alten Kreuzers in einer Offizierskammer eingesperrt. Draußen stehen Wachen, um auf mich
aufzupassen. Irgendwo an Bord werden sich meine Kameraden
in ähnlichen Räumen befinden und mit Spannung diesem entscheidenden Tage entgegensehen.

Ob sie geschlafen und ausgeruht haben? Oder ob ihnen die
Erinnerungen und die Gedanken an den zurückgelegten Weg
und an den sich heute vollendenden Lebensabschnitt ebenfalls
den Schlaf nahmen wie mir?

Meine Gedanken eilen zu den Männern meiner Besatzung, zu
diesen prächtigen Kerlen, die bis gestern so wacker ihren Mann
standen und die unerhörte Nervenanspannung der 66tägigen
Schnorchelfahrt so aufrecht und stoisch aushielten. Wo mag
man sie untergebracht haben? Was mag uns allen noch bevor-
stehen?

Ein kleiner schwarzhaariger Matrose in weißer Uniform
kommt herein und bringt mir ein appetitliches Frühstück. Der
Mann mustert mich mit weit geöffneten Augen, so als ob er ein
Wundertier vor sich habe. — Mein mächtiger Bart muß ihn beeindrucken. Wahrscheinlich hat er auch allerlei über die geheimnisvollen deutschen »submarinos« gelesen und gehört.

Das Frühstück mundet mir ausgezeichnet. Und der erste Anflug von Müdigkeit, der sich bemerkbar machen wollte, wird mit
dem Kännchen wohlduftenden Bohnenkaffees sofort ertränkt.
Es ist gerade der richtige Augenblick, um wieder zu geistiger
und körperlicher Spannkraft zu kommen, denn es klopft, und
herein kommen zwei Offiziere, um mich wieder dem Kommandanten des Stützpunktes vorzuführen und das gestern abgebro-
chene Verhör fortzusetzen. Der eine von ihnen spricht englisch.
Ich kann ihn nach meiner Mannschaft fragen und erfahre, daß
sie gut untergebracht wurde und bestens verpflegt wird.

Oben in der Messe werde ich wieder ebenso freundlich be-
grüßt wie tags zuvor. Das neue Verhör beginnt sofort und dreht
sich wieder um die drei Kardinalfragen: Versenkung des brasilianischen Dampfers »Bahia«, späte Ankunft nach der allgemeinen Kapitulation und ob irgendwelche politischen Persönlichkeiten an Bord mitgenommen wurden. Es müssen zudem zahlreiche
Nebenfragen beantwortet werden. Da ich aber in jedem Falle
klar und sicher antworten kann und immer wieder auf meine
Bordpapiere hinweise, weicht langsam die angesichts unseres
ungewöhnlichen Falles gebotene Skepsis aus den Gesichtern der

Argentinier. Der Chef des Stützpunktes erklärt mir, daß die Dokumente, die ich ihm gestern bei der offiziellen Übergabe meines Bootes aushändigte, zur Zeit von Fachleuten übersetzt und geprüft würden. Das Vorhandensein dieser Papiere würde die Klärung aller Fragen entscheidend erleichtern. Das vor uns und vor dem Sinken der Bahia eingelaufene Boot »U-530« habe kein einziges Bordpapier vorweisen können, sei aber vor dem Tode Hitlers ausgelaufen und von vornherein von jedem Verdacht ausgeschlossen gewesen. Ich bedeute ihm, die Tatsache, daß an Bord des »U-977« kein einziger Torpedo fehle und obendrein alle Navigationsunterlagen vorhanden seien, dürfte wohl ausreichen, um auch von uns diesen Verdacht zu nehmen. Jeder Mann an Bord des »U-977« sei sich darüber im klaren gewesen, daß irgendeine kriegerische Handlung nach dem alliierten Siege widersinnig geworden war und schwere Folgen für uns ergeben hätte.

Der Flottillenchef wünscht ferner von mir zu wissen, warum wir gerade nach Argentinien zur Kapitulation gekommen seien. Das fällt mir nicht schwer zu begründen: »Die technische Beute eines Krieges, zu der ebenfalls die U-Boote der unterlegenen Nationen gehören, wird nun in die Hand der Mächte wandern, die den siegreichen Block führen. Auch die Sowjets werden so Kenntnis von unseren verbesserten Geräten und neuen Typen bekommen. Ich bemühte mich darum, den später als Tatsache erkannten Kapitulationsbefehl des Großadmirals Dönitz in einer Form auszuführen, bei der einer Nation, die sich wie Argentinien in der ganzen Affäre ›Graf Spee‹ so ritterlich gegenüber der deutschen Marine benommen hat, ein Vorteil entstand. Andererseits habe ich auch an meine Mannschaft gedacht. In keinem gegnerischen Lande durfte sie auf bessere Behandlung hoffen als hier, weil zwischen Argentinien und unserer Heimat niemals Haß, sondern erst seit relativ kurzer Zeit ritterliche Gegnerschaft bestanden hat. Und dann, Herr Kapitän, spielte bei mir auch noch ein geheimer Gedanke eine große Rolle: Ich habe gehofft, daß während der 66 Tage, die wir unter Wasser dieser freundlichen Küste zustrebten, sich vielleicht in der großen Politik Wandlungen grundsätzlicher Natur vollziehen würden. Leider habe ich umsonst gehofft.« — Meine Worte beeindruckten den Argentinier sichtlich, aber er schweigt.

Was in den nächsten Tagen und Wochen geschah, bedarf keiner ausführlichen Schilderung. Die argentinischen Behörden überzeugten sich von der Richtigkeit meiner Angaben. Doch während diese Untersuchung schwebte, begann die Zeitung »El Dia« in Montevideo eine verhängnisvolle Kampagne im Sinne der Behauptung, daß Hitler an Bord meines Bootes nach Patagonien und dann in die Antarktis geflohen sei. Man kann sich denken, wie diese Geschichte in der ganzen Welt wirkte, nachdem unter den Trümmern der Reichskanzlei nicht eine Spur von dem Herrn und Gebieter des Dritten Reiches gefunden worden war. Das Stichwort aus Montevideo wurde überall aufgegriffen. Sensationsberichte überfluteten die Weltpresse. Ich saß indessen in Gefangenschaft und war zum Schweigen verurteilt. Ich wußte nicht, worüber ich mich mehr ärgern sollte, über diese verantwortungslose Sensationsmache oder über Meldungen, aus denen die unritterliche und kurzsichtige Form sprach, in der die einst so stolze und mächtige deutsche Wehr von den Siegern zerschlagen wurde.

Eines Tages gab es eine Überraschung: Ich wurde einer Gruppe hoher anglo-amerikanischer Offiziere vorgeführt, einer Untersuchungskommission, die eigens nach Argentinien entsandt worden war, um den »mysteriösen Fall des U-977« aufzuklären. Diese Herren waren hartnäckig: »Sie haben Hitler versteckt! Reden Sie schon! Wo steckt er?«

Da ich auch ihnen nichts anderes sagen konnte, als ich bereits den Argentiniern gegenüber erklärt hatte, wurden sie ungeduldig, denn draußen in der Welt verursachte die Reise meines Bootes immer noch Schlagzeilen. Keine Zeitung erkannte die große Leistung einer der ersten Unterwasser-Langstreckenfahrten der Kriegsgeschichte an. Alle Berichte, Informationen, Reportagen, Spekulationen und zusammengelogenen Geschichten drehten sich immer wieder um das gleiche Thema, um den »Hitler-Versteckter Heinz Schaeffer«. Dieser aber stand zur Wahrheit und brachte die Herren in Harnisch, die da unbedingt an Hand seiner Informationen den längst totgesagten Führer noch fangen wollten. Um mich unter stärkeren Druck setzen zu können, veranlaßten sie meine Verbringung nach den USA. Meine Mannschaft und das brave »U-977« folgten nach.

Ich landete in einem Lager für prominente Kriegsgefangene in Washington, wo sich hohe deutsche militärische Persönlichkeiten befanden. Wochenlang wurde mir immer und immer wieder von den Amerikanern der Satz entgegengeschleudert: »Sie haben Hitler versteckt!« Wochenlang versuchte ich, nachzuweisen, wie unsinnig dieses ganze Gerede war. Schlüssige Beweise konnte ich ebensowenig vorlegen wie mir andererseits etwas nachgewiesen zu werden vermochte. Dieser Punkt erledigte sich von selbst. Nicht so die Angelegenheit »Bahia«. Sie nahm immer bedrückendere Formen an, da unsere gesamten Navigationsunterlagen, ja selbst unsere zehn Torpedos, nicht als stichhaltige Argumente angesehen wurden. Wir hätten, wie teilweise andere deutsche U-Boote, ja 14 Aale an Bord haben können. Im übrigen hielt man es für möglich, daß unsere ganzen Bucheintragungen gefälscht sein konnten. Doch zu guter Letzt kam doch noch eine klare Beweisführung zu unserer vollständigen Entlastung zustande: Zusammen mit der Meldung über das Sinken der »Bahia« hatte das brasilianische Marineministerium genaue Angaben über die Wetterlage an dem Ort der Katastrophe gefunkt. Sie wurden mit den Wettereintragungen des betreffenden Tages an Bord von »U-977« verglichen und ... stimmten natürlich nicht überein, weil wir an einem anderen Ort gestanden hatten. Wettereintragungen, das wagte auch niemand zu behaupten, ließen sich nicht fälschen. – Das Verfahren wurde niedergeschlagen.

Zuvor kam es zu einem typischen Screening-Zwischenfall. Otto Wehrmut, der Kommandant des ebenfalls in Mar del Plata eingelaufenen »U-530«, und ich wurden überraschend konfrontiert, indem man uns in die gleiche Kammer einsperrte und uns scharf beobachtete. Wir kannten uns bis zu diesem Augenblick nicht, begriffen aber sofort, was das Ganze sollte. Man rechnete damit, daß wir nunmehr »in der ersten Wiedersehensfreude« vor den rings um uns geheim untergebrachten Mikrophonen die »inside-story des Geisterkonvois« entschleiern würden und mag recht verärgert gewesen sein, als man nur die Wahrheit über die unabhängigen Fahrten beider U-Boote vernahm.

Nach Monaten meiner Gefangenschaft bekam ich von einem guten englischen Freund einen Ausschnitt aus einer britischen Zeitung zugeschickt. Er zeigte eine Aufnahme, die mich seltsam erschütterte: Eine Explosionsfontäne auf dem Wasser. Zahllose derartige Fontänen hatte ich während des Krieges gesehen, wenn die »Grauen Wölfe« zubissen. Ich wußte, daß gerade diese Fontänen die Führer der alliierten Nationen aufs tiefste beunruhigt hatten, in jener Zeit, da im deutschen Rundfunk eine Sondermeldung nach der anderen die gewaltigen Erfolge der deutschen U-Boot-Waffe verkündete. Aber das Zeitungsbild, das an jenem Morgen vor mir lag, trug die Überschrift: »The End of U-977«. Aus dem begleitenden Text ging hervor, daß mein braves Boot auf Befehl des Kriegsdepartements durch Torpedierung auf dem Wasser versenkt worden war. Ich verabschiedete mich von ihm in Gedanken, denn so wie es mit seinem Schnorchel unser Leben sicher über den Atlantik brachte, hätte es ebensogut unser stählerner Sarg in der Tiefe des Meeres werden können. Wir hatten das wackere Boot eigentlich der argentinischen Marine zugedacht, dabei aber die Auswirkungen kontinentaler Abmachungen übersehen.

Daß für die Alliierten alles, was sich auf unsere U-Boot-Waffe bezog, von höchstem Interesse war, liegt auf der Hand. Ernste Fachmänner unter ihnen gaben sich Rechenschaft, was unsere Neuerungen hätten bedeuten können. Dr. Vannevar Bush, der leitende Kopf der nordamerikanischen wissenschaftlichen Arbeiten an der Waffenentwicklung, drückt sich folgendermaßen über unsere neuen U-Boot-Typen aus: »Wenn sie frühzeitig genug herausgebracht worden wären, hätten sie den Rückschwung des Pendels verursacht, so weit, daß der ganze Lauf des Krieges anders und sein Ausgang zweifelhaft geworden wäre.«

Bei der Besetzung Ostdeutschlands ist den Russen die größte Zahl der im Bau befindlichen Unterseeboote auf den Werften Danzig, Stettin und Königsberg in die Hände gefallen. Außerdem ist anzunehmen, daß die Sowjets in den Besitz des Walthermotors für große Boote gekommen sind. Die Westmächte fanden nur einige Teile, die später nach London gebracht wurden.

Über die Situation, die mit dem Aufbau einer großen sowjetischen U-Boot-Waffe — man spricht von 1000 Booten — auf Grund der ihnen zugänglich gemachten Erfahrungen gegeben ist, will ich weiter keine Betrachtungen anstellen. Welche Befürchtungen im Lager der USA vorliegen, beweist eine weitere Äußerung des nordamerikanischen Experten Dr. Bush: »Wenn wir bald mit einem technisch und industriell starken Feind in Krieg gerieten und dieser Gegner wirksam moderne Konstruktionen im Kampf zur See einsetzen würde, müßten wir auf einer neuen und höchst ungünstigen Grundlage wiederum mit der Arbeit beginnen, das Unterseeboot niederzuringen.«

So paradox es klingen mag, ist das Unterseeboot gerade durch das Radar erneut zu einer so wichtigen Waffe geworden. Es ist das bisher einzige Kampfmittel, das sich vor dem Entdecktwerden schützen kann. Jedes Flugzeug, alle weite Strecken überbrückenden Raketen und V-Geschosse können erfaßt werden, und somit ist es möglich, ihnen entgegenzuwirken. Das moderne U-Boot hingegen ist imstande, getaucht die Weltmeere zu befahren und unter Umständen Atomwaffen gegen die Produktionszentren und Häfen des Gegners einzusetzen. Ob Unterwassersuchgeräte mit großem Wirkungsbereich entwickelt werden können, ist nach den bisherigen Erfahrungen fraglich. Verschiedene Salzschichtungen, Strömungen und Temperaturunterschiede werden stets große Ungenauigkeiten durch die Brechung ausgesandter und reflektierter elektroakustischer Wellen verursachen. Die wirkungsvollste Methode scheint am ehesten darin zu liegen, große Unterseeboote mit kleinen, unter Verwendung des akustischen Torpedos gleich unserem »Zaunkönig«-Typ zu bekämpfen. Wird es gelingen?

Die Bedrohung, die die neuen U-Bootskonstruktionen darstellen, erkennt man aus der Einstellung des Baus von Großkampfschiffen, deren enorme Kosten in keiner Weise mehr gerechtfertigt erscheinen: Bei einem Typ wie »Bismarck« oder »Missouri« kommen sie etwa den Aufwendungen für die Anlage einer Stadt von 100 000 Einwohnern gleich. Die neuen Möglichkeiten des U-Bootes scheinen solche großen Kampfeinheiten auf den Weltmeeren auszuschalten.

Deutschland, das Land, das in diesem Kriege die größten Erfahrungen auf dem Gebiete des U-Boot-Krieges sammelte und die wegweisenden Neuerungen entwickelte, zahlte einen hohen Preis für den Schatz neuer Errungenschaften, der heute anderen seefahrenden Völkern zur Verfügung steht. Die Verluste der deutschen U-Boot-Waffe waren gewaltig: von rund 720 unmittelbar am Feind eingesetzten Booten wurden ungefähr 640 versenkt. Nach Angaben des Vizeadmirals Assmann in der Zeitschrift »Foreign Affairs« fielen von 40 000 Mann der U-Boot-Waffe 30 000. — Ob diese Zahlen den abschrecken werden, der wieder versuchen wird, mit völlig neuen U-Boot-Typen die Seeherrschaft an sich zu reißen?

Nachdem in Washington meine Angelegenheit klargestellt war — die Behandlung war keineswegs unanständig wie andernorts, wo die USA-Wehrmachtführung den ausführenden Organen nicht so sehr auf die Finger sehen konnte —, wurde ich nach Deutschland verschifft. Meine Mannschaft war schon zuvor nach Hause verbracht worden. Die Reise verlief ohne besondere Zwischenfälle. Das Schiff konnte aber in keinem deutschen

Hafen anlegen, da alle Piere mit alliierten Schiffen verstopft waren. So fuhren wir direkt nach Antwerpen, wo wir gelandet wurden.

Aus »technischen« Gründen wanderte ich aus amerikanischer in britische Kriegsgefangenschaft. Nun versuchten auch noch die Briten ihr Heil mit dem »Hitler-Verstecker« Heinz Schaeffer, unterzogen mich neuen Verhören und taten so, als ob ihre nordamerikanischen Vettern nicht gründlich genug gewesen seien. Doch auch ihnen konnte ich nichts Neues erzählen. Sie standen aber unter offensichtlicher Wirkung der Legende von »U-977«, und zwar in so starkem Maße, daß sie mich nach vergeblichen neuen Ausquetschungen nicht in einem normalen Kriegsgefangenenlager, sondern ausgerechnet in einem Camp für »schwere Fälle« unterbrachten und zunächst so behandelten, als sei ich eine der Größen des gestürzten Regimes.

Nun, auch diese Periode überstand ich, konnte allmählich alles aufklären und befand mich eines Tages als Zivilist auf der Straße, als freier Mann, sofern man in einem besetzten Lande überhaupt frei sein kann. Nun galt es, sich durch den Wirbel der Nachkriegszeit, durch ein Meer von Trümmern, Elend, Schmerz und Niedrigkeit ebenso wacker durchzuschnorcheln wie einst durch den »blanken Hans« in Richtung Argentinien.

Und dabei war ich gerade, als, wie bereits beschrieben, in den Straßen Düsseldorfs wieder das Thema »U-977« auf mich zukam, da ja der Señor Szabo in Buenos Aires offenbar weitaus klüger war als alle alliierten und assoziierten Untersuchungskommissionen zusammengenommen. In der ersten Minute haben mich seine Ausführungen nur komisch berührt, zumal natürlich die Nachrichtenagenturen die Feststellungen seines Buches zusammenhanglos und in sensationeller Form zitierten. Sie weckten in mir immerhin den Wunsch, das Buch des Bonaerenser Journalisten einmal zu lesen. Erst viel später ging er in Erfüllung, als mir Freunde aus Argentinien das Buch besorgten.

Gespannt schlug ich es auf und stolperte zunächst über den vielversprechenden Untertitel: »Das neue Berchtesgaden in der Antarktis« und über eine Widmung an keinen Geringeren als an den britischen Dichter Gilbert Keith Chesterton. Dann lese ich ein prosaisches Vorwort von einem gewissen Clemente Cimorra, der da versichert, daß die Argumente Szabos »wirklich beeindruckend« seien, denn nun wisse man, daß der »schwarze Vogel Hitler« seine Flügel über 14 Millionen Quadratkilometer der weißen, unschuldigen Unendlichkeit des antarktischen Kontinents ausgebreitet habe. Es folgt ein offener Brief Ladislao Szabos an die Herren Georg C. Marshall, Wiacheslaw Molotow, Ernest Bevin und Georges Bidault, in welchem der Verfasser den »Großen Vier« mitteilt, daß er am 16. Juli 1945 in der Bonaerenser Zeitung »Critica« einen ausführlichen Bericht über die Flucht Hitlers und genaue Angaben über seine Verstecke veröffentlicht habe. Die Tatsachen hätten inzwischen diese damaligen Feststellungen in ihren kleinsten Einzelheiten bestätigt. Abschließend fordert Szabo die vier Großmächte auf, den versteckten deutschen Diktator sofort zu suchen und festzunehmen. Das sei eine Gewissensaufgabe, um eine Wiederkehr des Nazismus zu verhindern. Der Brief ist im März 1947, also zu einer Zeit datiert, da die Untersuchung gegen meinen Waffenkameraden Wehrmut und gegen mich längst abgeschlossen war. Dennoch heißt das erste Kapitel in dem Szabo-Buch: »El Enigma de los Submarinos« (Das Rätsel der U-Boote) und behandelt die Übergabe des »U-530« in Mar del Plata. Er knüpft an diesen Vorgang Spekulationen an, die sicher Edgar Wallace noch im Grabe vor Neid erblassen lassen.

Kapitel zwei gilt schon meinem Boot, dem »U-977«. Jetzt wird die Sache für mich interessant, aber die Schlußfolgerung eines Mannes, der von U-Booten offensichtlich nicht mehr Ahnung hat als ein Eskimo von Zentralafrika, sind so wenig stichhaltig, daß man sie nicht einzeln zu zerpflücken braucht. Einige Kostproben mögen dennoch festgehalten werden: Da wird zum Beispiel erklärt, es sei in höchstem Maße verdächtig, daß an Bord beider U-Boote größere Mengen Zigaretten gefunden worden seien, wo doch jeder wisse, daß an Bord nicht geraucht werden durfte. Der Leser dieses Buches ist im Bilde, wie es sich damit verhält. Da sowohl »U-530« als auch »U-977« sehr lange, unvorhergesehen lange, getaucht gefahren waren, hatten sie bei ihrer Ankunft noch reichlichen Vorrat an Zigaretten. Hier irrte also unser Sherlock Holmes.

Genauso schief liegt er mit seinen Spekulationen um die Mannschaftszahl. Szabo behauptet, die deutschen U-Boote dieser Klasse hätten im Höchstfalle 16 bis 18 Mann Besatzung an Bord gehabt. »Um so verdächtiger« sei es, daß wir mit 32 Mann an Bord in Argentinien eingetroffen seien. Von gleicher Güte sind alle übrigen Argumente. So sagt er zum Beispiel auf Seite 109, daß ich mein Rundfunkgerät nicht benutzen durfte, um jeder Ortung aus dem Wege zu gehen, erklärt aber dann munter auf Seite 111, daß ich von der Einfahrt Wehrmuts in Mar del Plata durch Radio erfahren habe. Während im ersten Teil des Buches die Dinge noch so dargestellt werden, als ob Hitler bei mir oder bei Wehrmut an Bord gewesen sei, schwenkt plötzlich die Geschichte um. Es ist auf einmal von einem »Geisterkonvoi« die Rede, in dessen Geleit die beiden U-Boote gefahren sein sollen, ohne daß wir Kommandanten überhaupt wußten, was gespielt wurde.

Jules Vernes hätte seine Freude an der üppigen Phantasie Szabos gehabt, wenn ihm das Buch zu Gesicht gekommen wäre. Bilder von Hitler und Eva Braun, Bilder von einem Mädchen mit zwei »hitlerähnlichen« Knaben, Bilder von unseren U-Booten, von Männern mit arktischen Masken, von den Trümmern der Reichskanzlei, von amerikanischen Suchkommandos im Führerbunker, Edda-Sprüche und geschickt gemischte Zeitungszitate zaubern neben falschen Darstellungen über unsere Reise und aus Archiven ausgegrabenen Reminiszenzen über die Expedition des deutschen Flugzeugträgers »Schwabenland« in die Antarktis eine künstliche Vernebelungsatmosphäre, die dann Szabo gestattet, den absoluten »Gipfelpunkt« seiner Darstellung zu erklimmen: Im Jahre 1938, behauptet er, habe die »Schwabenland« in der Antarktis im Auftrag des Admirals Dönitz das »neue Berchtesgaden« hergerichtet. Dorthin sei Hitler mit seiner Frau, seinen Kindern und seinem Hofstaat geeilt. »U-530« und »U-977« hätten seinen »Geisterkonvoi« geschützt, seien aber im Südatlantik ausgeschert und lieber nach Argentinien gefahren.

Im übrigen haben die Sprüche der argentinischen, nordamerikanischen und britischen Behörden längst Herrn Szabo widerlegt gehabt, bevor er sein Buch in Satz gab. Es ist gewiß, daß, wenn ich auch nur den leisesten Hinweis auf den »geheimen Aufenthalt Hitlers« hätte geben können, die Vernehmungen in Washington und Belgien nicht so verlaufen wären, wie sie tatsächlich verlaufen sind. Vom Standpunkt einer sachlich zwar auf der ganzen Linie anfechtbaren, aber recht spannend geschriebenen Kolportagegeschichte aus gesehen, hat der Sohn der großen Pußta eine Leistung vollbracht, aber derartige Geschichten, bei denen halbe Wahrheiten, ganze Lügen und tolldreiste Spekulationen miteinander vermengt werden, sind stets zu verwerfen, wenn sie ausschließlich dazu beitragen, geschichtliche Vorgänge zu verdunkeln und zu mystifizieren.

Die Berichterstatterin einer Bonaerenser Zeitschrift hat sogar Herrn Szabo noch übertrumpft und Hitler 1948 noch irgendwo in Patagonien »interviewt«, aber auch sie hat mit ihrem Geschreibsel nur noch humoristische Wirkungen erzielen können.

Ich habe mit der Lektüre dieses Buches höchst amüsante Nachmittage verbracht. Alle Behauptungen Szabos konnten natürlich einen alten Seemann längst nicht so erschüttern wie der Umstand, daß ein derartiger Unsinn in der zivilisierten Welt überhaupt gedruckt und gelesen wird. Es würde mir nicht schwerfallen, hier mit diesem Buche eines mit der morbiden Sensationslust einer kopflos gewordenen Welt spekulierenden »Journalisten« Zeile um Zeile vernichtende Abrechnung zu halten, aber man soll wiederum derartige Drucksachen nicht ernster nehmen, als sie es verdienen. Daß ich mich überhaupt mit Herrn Szabos Darstellung befasse, ist ausschließlich auf die Ausführlichkeit zurückzuführen, mit der sie von der Weltpresse wiedergegeben wurde, und weil sie dazu beitrug, die letzte Fahrt des »U-977« zu einem »Geheimnis« zu verdichten, das Klärung verlangte.

In der Heimat hatte ich in bezug auf Hitler bereits Anflüge von mystischer Wiederkehrerwartung. Manche Menschen glaubten einfach nicht, daß Hitler tot sei und dachten insgeheim an seine Rückkehr aus dem unbekannten Elba. Das war die sehr ernste Seite der Legende über die Reise des »U-977«. Die Sensationsstorys des »Dia« von Montevideo und des Herrn Szabo in Buenos Aires können ungewollt einem deutschen Erwartungsmystizismus, und damit einem gefährlichen Leerlauf, einer unheilvollen Resignation als Grundlage dienen. Nichts aber wäre dem deutschen Aufbau und der Zukunft Europas schädlicher als derartige »gemütvolle« Unklarheiten. Gott wird uns nur helfen, wenn wir uns selber helfen und nicht darauf warten, daß Geister uns zu Hilfe eilen. Dieser Gedanke war ausschlaggebend für meinen Entschluß, die Wahrheit über die Fahrt des »U-977« niederzuschreiben, auf die Gefahr hin, daß man mich, den unbekannten U-Boot-Kommandanten, nicht gerade für berufen halten könnte, ein U-Boot-Buch zu schreiben.

Ein anderer gewichtiger Grund bewog mich, diese Zeilen in Druck zu geben. Erst vor wenigen Monaten las man in der gesamten Weltpresse, daß das mit einem deutschen Schnorchelgerät ausgerüstete USA-Unterseeboot »Pickerell« einen »absoluten Rekord« mit einer Unterwasserfahrt von 21 Tagen aufgestellt habe. Wenn man überhaupt in diesem Zusammenhang von Rekorden sprechen kann, so darf man kaum die Leistung des »U-977« schweigend übergehen, denn der Besatzung dieses Bootes gebührt die Ehre, eine der ersten Unterwasser-Langstreckenfahrten der Seegeschichte durchgeführt zu haben. Ich bin es meinen Männern schuldig, diese Feststellung zu treffen und dieses Ereignis festzuhalten, damit es nicht ebenso vergessen wird wie manche hervorragende Leistung deutscher Menschen in der verhängnisvollen Endphase des Zweiten Weltkrieges.

Außerdem ist durchaus nicht einzusehen, warum alle Kriegsbücher nur von der Heldenperspektive aus geschrieben werden sollen. Das Kriegserlebnis der Männer, die anständig ihre Pflicht taten, ohne im großen Rahmen des Geschehens aufzufallen, hat ebenfalls ein Anrecht darauf, dargestellt zu werden, denn hohe Orden sind durchaus nicht immer ein zuverlässiger Maßstab für den Einsatz des einzelnen. Die Göttin Fortuna tanzt sehr gern im Gefolge des Mars.

Mir erschien zudem außerordentlich wichtig, in aller Öffentlichkeit festzustellen, daß nicht alle Siegernationen sich nach der Niederlage des Deutschen Reiches dem deutschen Soldaten gegenüber unritterlich benahmen. Meines Wissens sind die Übergaben des »U-530« und des »U-977« die einzigen Kapitulationsakte nach dem 9. Mai, die in würdiger und soldatischer Form verliefen. Argentinien hat damit den Großmächten und der Welt ein Beispiel gegeben, das in dieser unheilvollen Zeit festgehalten zu werden verdient. Damals in Mar del Plata sah man in uns keine »Barbaren und Kriegsverbrecher«, sondern lediglich Patrioten, die ihre selbstverständliche Pflicht erfüllt hatten. Entsprechend hat man uns behandelt. »U-977« lief zufällig am 17. August, dem Tage des argentinischen Nationalhelden, General San Martin, in Mar del Plata ein. Die Offiziere der argentinischen Marine machten mich auf diese Tatsache aufmerksam und waren einigermaßen darüber erstaunt, daß meine Männer und ich durchaus über den großen südamerikanischen Staatenbildner im Bilde waren. Sie erklärten uns dann, daß der große Kapitän der Anden, der stets den besiegten Gegner großmütig und ritterlich zu behandeln wußte, ihnen eine Tradition hinterlassen habe, der sich auch der letzte Sohn der großen Pampa-Republik verpflichtet fühle. Sie würden stolz darauf sein, wenn wir später berichten könnten, daß sie uns in diesem Sinne behandelt hätten. Das Zeugnis der Spee-Matrosen und das Zeugnis der Besatzungen zweier deutscher U-Boote bestätigt auf immer, daß auch in der Stunde des Triumphes, der anderen jede Besinnung nahm, in Argentinien der ritterliche sanmartinianische Geist fortwirkte und verhinderte, daß sich zwischen den beiden Völkern ein Haßgebirge türmte.

Für mich persönlich stand es seit jenen Tagen der ersten Berührung mit argentinischen Menschen fest, daß es sich in einer unritterlich und gewöhnlich gewordenen Welt wohl lohnen würde, in Argentinien zu leben, denn nichts empfindet der unterlegene Kämpfer tiefer, als die ritterliche Würdigung seines Einsatzes und seiner Haltung durch die Sieger.

Und in Argentinien lebe ich heute! Unter seiner Fahne fand ich die Ruhe, um dieses Buch zu schreiben. Unter seinen Sternen wurden die Erinnerungen an die stolze deutsche U-Boot-Waffe, an heiße Kämpfe und an die 66tägige Unterwasserfahrt mit »U-977« wieder lebendig. Und auch hier, fern der Heimat meiner Väter, trage ich noch mit mir das größte Vermächtnis, das mir der Zweite Weltkrieg hinterließ: den Glauben an den deutschen Menschen!

Sachbuch-Bestseller als Heyne-Taschenbücher

Pauwels/Bergier
Die Entdeckung des ewigen Menschen
7009 / DM 4,80

De Camp
Versunkene Kontinente
7010 / DM 6,80

Hans Holzer
PSI-Kräfte
7011 / DM 4,80

Heydecker/Leeb
Bilanz der tausend Jahre
7012 / DM 8,80

Alistair MacLean
Der Traum vom Südland
7013 / DM 6,80

Robert Payne
Die Griechen
7014 / DM 8,80

Hans Otto Meissner
Herrlich wie am ersten Tag
7015 / DM 8,80

Marchetti/Marks
CIA
7016 / DM 6,80

Vincent H. Gaddis
Geisterschiffe
7017 / DM 5,80

J. E. S. Thompson
Die Maya
7018 / DM 7,80

Hans Hass
Welt unter Wasser
7020 / DM 7,80

Thorwald Dethlefsen
Das Leben nach dem Leben
7021 / DM 5,80

Pauwels/Bergier
Aufbruch ins dritte Jahrtausend
7022 / DM 7,80

Theo Löbsack
Versuch und Irrtum Der Mensch: Fehlschlag der Natur
7023 / DM 5,80

Erich von Däniken
Erscheinungen
7024 / DM 6,80

A. G. Galanopoulos / Edward Bacon
Die Wahrheit über Atlantis
7025 / DM 6,80

Karl Steinbuch
Ja zur Wirklichkeit
7026 / DM 5,80

Eugen Kogon
Der SS-Staat
7027 / DM 6,80

Bernhard Grzimek
Auf den Mensch gekommen
7028 / DM 7,80

Hannes Lindemann
Überleben im Stress – Autogenes Training
7029 / DM 6,80

Gerhard Konzelmann
Die Araber
7030 / DM 7,80

Bedford/Kensington
Das Delpasse-Experiment
7031 / DM 6,80

Karlheinz Deschner
Das Kreuz mit der Kirche
7032 / DM 7,80

Matthias Pusch
Die Römer
7033 / DM 6,80

C. P. Fitzgerald
Die Chinesen
7034 / DM 7,80

Evelyn Wells
Nofretete
7035 / DM 7,80

Der Zweite Weltkrieg
in Romanen und Tatsachenberichten als Heyne-Taschenbücher